体育赛事
综合影响事前评估

THE PRE-EVENT
EVALUATION OF
THE IMPACT OF

SPORT
EVENTS

黄海燕　著

社会科学文献出版社
SOCIAL SCIENCES ACADEMIC PRESS (CHINA)

黄海燕

　　教授，博士生导师，现任上海运动与健康产业协同创新中心副主任、上海体育学院体育产业发展研究院副院长、长三角地区体育产业协作会常务副秘书长。上海体育学院体育人文社会学博士，上海财经大学应用经济学博士后，美国佐治亚大学国际体育管理研究中心博士后。2011年获"全国百篇优秀博士论文作者"荣誉，2012年获"教育部新世纪人才"称号，2014年获"全国体育事业突出贡献奖"，2016年获"上海市浦江人才"称号。主持国家级及省部级课题20余项，发表科研论文100余篇，其中SSCI论文7篇，CSSCI论文50余篇。获上海市科技进步奖、上海市哲学社会科学优秀成果奖等省部级科研奖10项。参与起草国务院2014年46号文件、国办2016年77号文件，国家体育产业"十二五"规划、"十三五"规划，以及上海、浙江、福建等省市体育产业实施意见与规划。

摘　要

　　体育赛事综合影响事前评估研究是一个新兴的领域，目前还没有完整的理论架构和体系，为了构建较为科学、完整的体育赛事综合影响事前评估理论与方法体系，本研究以可持续发展理论指导下的三重底线评估框架为基础，综合运用理论研究与实证分析相结合、抽象与具体分析相结合、定性分析与定量分析相结合、微观分析与宏观分析相结合的方法，通过对国外 227 篇学术文献和 60 篇具体赛事评估报告的内容分析，以及对国内 14 位体育赛事理论和实务领域专家两个轮次的咨询，对体育赛事综合影响事前评估的问题进行了全面、系统的探讨。在此基础上，通过对 2009 年上海 ATP1000 大师赛综合影响事前评估的实证分析，验证了本文所构建的体育赛事综合影响事前评估和方法应用的可行性。

　　主要研究结论如下。

　　第一，体育赛事是指以体育竞技为主题的、一次性或不经常发生的且具有一定期限的活动。它起源于祭祀活动，萌芽于体育游戏，并从运动竞赛的传统表现形式发展成为现代的一种提供竞赛产品和相关服务产品的特殊事件。体育赛事具有聚集性、体验性、外部性和综合性等特征，它还是一个较为复杂和系统的项目，牵涉的利益相关主体较多，故对举办地经济、社会和环境领域的影响较为复杂。运用基于可持续发展理论指导下的三重底线评估框架能够对体育赛事给举办地带来的各种影响进行较为全面的评估。

　　第二，当前国外对体育赛事综合影响的理论研究和实际评估，更加关注于体育赛事的经济影响领域，其次是体育赛事的社会影响方面，而对体育赛事的环境影响领域关注程度最小。

　　第三，体育赛事综合影响框架体系共包括 29 个体育赛事的综合影响指标，其中二级指标 16 个，三级指标 13 个。在 16 个二级指标中，体育赛事经济影响方面的指标 10 个，社会影响指标 4 个，环境影响指标 2 个。

第四，体育赛事综合影响事前评估指标体系共包括 3 个一级指标（经济影响、社会影响、环境影响）；13 个二级指标（给举办地带来的新的消费、对宏观经济指标的积极影响、对赛事相关产业的拉动、提升城市知名度和城市形象、赛事运作获得会计收益、赛事运作的经济风险、居民的自豪感、提高居民生活质量、扰乱举办地居民的正常生活、安全隐患及恐怖主义、改善环境、环境污染与破坏和资源消耗）和 29 个三级指标（外来游客的消费额、赛事组织在本地的支出额、对举办地 GDP 的贡献率、政府税收收入增加量、新增就业岗位数、居民收入增加额、对赛事相关产业 GDP 的贡献率、参与赛事的国家数、参与报道的媒体数量、参与报道的媒体级别、赛事收入与成本的差额、政府财政支出额、居民自豪感的价值量、居民获得休闲机会的概率、居民增强体育健身意识的概率、居民学习新事物新技能机会的概率、居民直接参与赛事及相关活动的概率、交通堵塞及拥挤成本、噪声污染损害的价值量、犯罪及破坏公物行为、消费指数的上升程度、安全隐患及恐怖主义事件发生的概率、对居民进行环保宣传的概率、进行城市环境治理的概率、破坏自然环境的面积、产生的垃圾量、二氧化碳的排放量、水资源消耗量和能源消耗量）。

第五，体育赛事综合影响事前评估指标体系中 3 个一级指标的权重系数基本相似，其中社会影响的权重系数最高（0.3565），经济影响次之（0.3513），环境影响的权重系数最低（0.2922）。这反映出在当前我国的体育赛事综合影响事前评估中，需要重视影响体育赛事社会影响的因素及其结果。从二级指标的权重看，实际的体育赛事综合影响事前评估，在经济影响方面，要重视影响"提升城市知名度和城市形象"和"对赛事相关产业的拉动"等方面的因素及其评估结果；社会影响方面，要重视体育赛事对举办地社会带来的负面影响；环境影响方面，要更加关注体育赛事举办对改善举办地城市环境的作用。

第六，模糊综合评判法是适合体育赛事综合影响事前评估的一种有效方法。

关键词 体育赛事　事前评估　指标体系　模糊综合评判

Abstract

Pre-event evaluation of the impact of sport events (PEISE) is a new and immature field in the world at present. In order to construct a theoretical system in this area, this paper relies on TBL (Tripple Bottom Line) evaluation framwork under the guidance of the sustainable development theory. Using the methods of combination of theory research and empirical analysis, abstract and concrete analysis, qualitative and quantitative analysis, this paper completely and systematically discusses the subject of PEISE through analysis of 227 pieces of academic literatures and 60 concrete tournaments assessment report abroad, and use the Delphi Technique to consultate of 14 domestic experts in theoretical research and practical operation of sport events. On this basis, through empirical analysis of e-valuation of the impact of Masters 1000 in Shanghai, this paper has verified the feasibility of the system in terms of PEISE.

The main conclusions are as follows:

Firstly, sport events refers to the one-time or non-recurring activities in the theme of sports competition, which continuing a certain period of time. It originated in religious activities, budded in sports games, and developed from traditional form of sports competition into a modern special events manifesting provision with competition products and related services. Sport events retains the gathered, experimental, external and integrated characteristics. Furthermore, it is also a more complicated and systematic project and involved in a great many of stakeholders, which result in relatively complicated impact on the host area in the economic, social and environmental fields. Application of TBL relied on the sustainable development theory is able to have more comprehensive assessment of a variety of effects which sport events bring.

Secondly, the aboard theoretical research and realistic assessment on the impact of sport events attach great importance to the economic impact, followed by social impact. Environmental impact is of the least concern.

Thirdly, the framework system of the impact of sport events contains 29 indexes, including 16 secondary indexes, 13 tertiary indexes. The secondary indexes include 10 economic indexes, 4 social indexes and 2 environmental indexes.

Fourth, the framework of PEISE contains 3 first-class indexes (economic indexes, social indexes and environmental indexes), 13 secondary indexes (indexes of simulating new consumption, positive influences on macroeconomic index, driving related industries, enhancing city image, accounting income of events operation, economic risk of operation, civic pride, advancing resident's life quality, interference with resident's common life, security and terrorism, improving environment, environment contamination and resources consumption.) and 29 tertiary indexes (indexes of foreign tourists consumption, contribution to GDP, increase of government tax, increase of employment, increase of resident's income, contribution to related industries GDP, numbers of participating nations, numbers and ranks of participating media, margin of profit, fiscal expenditure, value of residents' pride, probability of resident's leisure opportunity, probability of enhancing exercise awareness, probability of study new things, probability of residents participating sports events, cost of traffic jam, value of noise contamination, crime and destruction of public property, increase of consumption index, probability of security risk and terrorism, probability of propaganda on environment protection, probability of city environment improvement, damage area of destructed environment, the amount of generating waste, emission of CO_2, consumption of water and energy.).

Fifth, the weight coefficients of the three first-class indexes of the impact framework system of sport events are similar, with the largest weight coefficient of social impact (0. 3565), being followed by weight coefficient of economic impact (0. 3513) and the smallest weight coefficient is the environmental impact

(0. 2922). This reflects that it should attach great importance to the factors and results of social impact in the domestic realistic assessment of the impact of sport events. With regard to the weight of the secondary indexes, it should attach great importance to the factors and results of enhancing city image and driving related industries of sport events in the assessment of the impact of sport events in the field of economic impact; in the field of social impact, we should pay more attention to the negative impact; in the field of environmental impact, improving the environment of the host city need to be paid more attention.

Sixth, fuzzy comprehensive evaluation is an effective method of evaluation of pre-event evaluation of the impact of sport events.

Keywords Sport Events Evaluation Pre-event Index Fuzzy Comprehensive Evaluation

目　录

图目录

表目录

第一章　绪论

第一节　研究背景与选题意义

一　研究背景

（一）城市营销时代的到来

20 世纪 90 年代以来，科学技术日新月异，经济全球化突飞猛进，人类开始了一个全球化竞争的新时代。竞争不仅仅停留在企业层次，而且扩大到城市层次。随着全球竞争、经济转型、技术变化和政府权力转移等因素的变化，很多城市面临经济发展速度减缓、失业率上升、城市特色丧失的危机，这些危机导致人口外迁、投资减少和收入下降。例如，美国 2/3 的州和 3/4 的城市都在遭遇财政危机，这种收支上的失衡导致了城市经济的衰退。欧洲作为现代工业文明的起源，其城市问题的出现更具普遍性，英格兰北部、法国西部、意大利南部的很多城市都出现了危机，造成了整个区域的经济衰退。发展中国家的城市同样遇到类似问题，1988 年巴西最大城市里约热内卢宣布城市破产，而更多发展中国家的城市则面临"黎明前的黑暗"，难以突破现有的发展瓶颈，同时又受到"不进则退"的威胁。①

在这样的背景下，营销思想被引入城市经济理论，"场所营销（Place Marketing）"和"城市营销（City Marketing）"理论被提出，并逐步成形。20 世纪 80 年代末和 90 年代初，菲利普·科特勒等人系统地提出了城市营

---

① 孙靖帮．基于经济全球化下的城市营销理论与战略模式研究［D］，新疆大学，2007：1.

销理论，城市营销理论步入了蓬勃发展阶段。①

在理论的指导下，城市营销的实践也在众多城市如火如荼开展，现在已经有越来越多的城市运用城市营销的理论来指导自身的城市建设。世界各国的城市，一方面要迎接外部环境变化所提出的挑战，另一方面因经济内容的不断丰富和经济活动的演化，城市内部在规划、建设和管理等诸多方面做出相应的调整。这使得城市的发展格局和增长方式正在从根本上发生改变。

（二）体育赛事产业的迅速发展

从世界范围看，体育赛事产业近年来发展极其迅速。其中美国、加拿大、澳大利亚和英国等西方发达国家的体育赛事产业发展最快。

美国是世界上体育赛事产业最为发达的国家，尤其是职业体育，最著名的是美国四大职业体育联赛。当然，美国还有很多其他职业体育赛事，这些赛事都拥有大量的现场和电视观众（见表1-1、表1-2）。据美国体育用品联合会的统计，2005年美国职业体育赛事现场观众人数排在前五位的分别是美国职业棒球大联盟赛事（74385100人次）、美国职业篮球联盟赛事（21369078人次）、美国冰球职业联盟赛事（19854841人次）、美国橄榄球职业联盟赛事（17011986人次）、职业棒球小联盟赛事（15636000人次）；境内电视观众人数排在前五位的分别是美国橄榄球职业联盟赛事（105874000人次）、美国职业棒球大联盟赛事（76744000人次）、美国职业篮球联盟赛事（60877000人次）、国际赛车联合会温斯顿杯系列赛（45588000人次）、职业高尔夫球联赛（37899000人次）；除了职业体育赛事之外，美国的大学生体育赛事也非常受欢迎，2005年美国大学生橄榄球联赛以及美国大学生男子篮球联赛的现场观众人数分别达到了43486574人次和30586645人次，位居美国所有体育赛事现场观众人数的第二和第三位。此外，美国还积极举办各种大型的、一次性的体育赛事，20世纪80年代以来，美国先后于1984年和1996年举办了两届夏季奥运会，2002年还在盐湖城举办了第19届冬季奥运会。除此之外，还有美国网球公开

---

① 菲利普·科特勒，凯文·莱恩·凯勒．营销管理（第12版）［M］，上海：上海人民出版社，2006：25-32.

赛、F1 汽车大奖赛、芝加哥马拉松赛、波士顿马拉松赛等一大批国际知名赛事，可以毫不夸张地说，美国已经成为全球名副其实的体育赛事之都。

表 1 – 1 美国职业体育赛事现场观众人数一览（2005 年）

体育赛事名称	观众总数（人次）
美国职业棒球大联盟赛事（Major League Baseball）	74385100
美国职业篮球联盟赛事（National Basketball Association）	21369078
美国冰球职业联盟赛事（National Hockey League）	19854841
美国橄榄球职业联盟赛事（National Football League）	17011986
职业棒球小联盟赛事（Minor League Baseball）	15636000
国际赛车联合会温斯顿杯系列赛（NASCAR Winston Cup Series）	6300000
职业冰球小联盟赛事（Minor League Hockey）	6179000
赛马比赛（Horse Racing）	5979000
职业牛仔竞技联合会赛事（Professional Rodeo）	5429000
国际赛车联合会"Busch"系列赛（NASCAR Busch Series）	3911000
职业高尔夫球联赛（Professional Golfers Association）	3200000
竞技场橄榄球联盟赛事（Arena Football League）	2939000
职业足球联盟赛事（Major League Soccer）	2900715
职业篮球小联盟赛事（Minor League Basketball）	2625000
职业网球赛事（Professional Tennis）	1970000
职业拳击赛事（Professional Boxing）	1931000
印地赛车（Indy Car Racing）	1914000
美国短道直线加速赛（National Hot Rod Association）	1835000
国际赛车联合会卡车系列赛（NASCAR Truck Series）	1708000
冠军方程式赛车（Champ Car Racing）	1490000
职业保龄球赛事（Professional Bowling Association）	1310000
美国女子职业篮球联赛（Women's National Basketball Association）	1087000
职业曲棍球赛事（Professional Lacrosse）	1019000
室内足球联赛（Major Indoor Soccer League）	992000

资料来源：National Sporting Goods Association，http://www.nsga.org/public/pages/index.cfm? p-ageid=864.

表 1-2　美国职业体育赛事境内电视观众人数一览（2005 年）

体育赛事名称	观众总数（人次）
美国橄榄球职业联盟赛事（National Football League）	105874000
美国职业棒球大联盟赛事（Major League Baseball）	76744000
美国职业篮球联盟赛事（National Basketball Association）	60877000
国际赛车联合会温斯顿杯系列赛（NASCAR Winston Cup Series）	45588000
职业高尔夫球联赛（Professional Golfers Association）	37899000
国际赛车联合会"Busch"系列赛（NASCAR Busch Series）	27981000
职业网球赛事（Professional Tennis）	26187000
赛马比赛（Horse Racing）	21560000
印地赛车（Indy Car Racing）	19366000
职业牛仔竞技联合会赛事（Professional Rodeo）	18862000
职业拳击赛事（Professional Boxing）	18094000
竞技场橄榄球联盟赛事（Arena Football League）	17094000
美国冰球职业联盟赛事（National Hockey League）	13870000
职业保龄球赛事（Professional Bowling Association）	13470000
美国女子职业篮球联赛（Women's National Basketball Association）	12220000
国际赛车联合会卡车系列赛（NASCAR Truck Series）	12073000
职业足球联盟赛事（Major League Soccer）	10010000
职业棒球小联盟赛事（Minor League Baseball）	9668000
美国短道直线加速赛（National Hot Rod Association）	7900000
职业篮球小联盟赛事（Minor League Basketball）	7126000
冠军方程式赛车（Champ Car Racing）	6678000
职业冰球小联盟赛事（Minor League Hockey）	3315000
职业曲棍球赛事（Professional Lacrosse）	3103000
室内足球联赛（Major Indoor Soccer League）	2338000

资料来源：National Sporting Goods Association, http://www.nsga.org/public/pages/index.cfm? pageid = 864.

　　加拿大对体育赛事产业也十分重视，除了每年举办橄榄球职业联赛、冰球职业联赛以及加拿大站 F1 汽车大奖赛等常规赛事外，加拿大还积极申办各类国际体育赛事。为此，加拿大政府有关部门还制定了《国际体育赛事申办战略》，支持地方政府和各类体育组织的申办工作。① 近年来，在这一战略计划的实施下，加拿大已经成功举办了美国运通杯高尔夫球锦标赛、菲斯蔓杯滑雪世界杯赛、第六届世界游泳锦标赛、世界青年举重锦标赛、北美土著居民运动会、U-20青年足球世界杯赛、世界青年篮球锦标赛等数十项国际体育赛事。此外，加拿大还成功申办了2010年温哥华冬奥会等一系列国际体育赛事。

澳大利亚体育赛事产业的发展也如火如荼。自澳大利亚成功举办2000年奥运会之后，体育赛事就成为澳大利亚经济发展的重要助推器，出现了墨尔本、悉尼等世界著名的体育赛事城市。2007年，位于英国伦敦的著名国际体育咨询机构Arksports的一项最新研究结果表明，澳大利亚的墨尔本和悉尼在"世界都市举办大型体育赛事指数评选"中分别位于第一位和第二位。② 此外，体育赛事已经成为澳大利亚诸多城市发展战略的重要组成部分，各州政府管辖的活动事件运作公司纷纷成立，如西澳大利亚州的事件公司Event scorp、昆士兰的事件公司QEC、维多利亚州的墨尔本大事件公司、新南威尔士州的特殊事件有限公司、南澳大利亚州的澳大利亚大事件公司AME等等，这些政府控股的公司持续地对各种体育赛事的引进和营运操作直接负责，这对澳大利亚体育赛事产业的发展起到了极大的推动作用。

英国的体育赛事产业在世界上一直久负盛名，很多世界顶级赛事都与英国有着渊源。目前，除了著名的足球职业联赛外，温布尔顿网球公开赛、伦敦马拉松赛、F1英国大奖赛以及高尔夫球英国公开赛等都是世界著名的体育赛事。英国的很多城市，如伯明翰、谢菲尔德、曼彻斯特等，为了实现城市的产业结构转型纷纷制定了相关体育政策，以期达到城市再造的目的，体育赛事在其中扮演着非常重要的角色。此外，为了促进英国体育赛事产业的发展，英国政府还制定了一份《世界级体育赛事计划》，这份计划是想利用发行彩票所获得的公益金对符合该计划要求的体育赛事进

---

① Government of Canada. Federal Policy for Hosting International Sport Events, Jan. 2008.

② 世界都市举办大型体育赛事指数评选北京列第八〔EB/OL〕, http://news. xinhuanet. com/sports/2007-04/04/content_5935238. htm, 2007-04-04.

行资助，从而达到英国体育赛事产业可持续发展的目标。① 值得英国人骄傲的是，"世界都市举办大型体育赛事指数评选"中位列第四的伦敦还成了2012年夏季奥运会的举办城市，这对英国体育赛事产业的发展起到了积极的推动作用。

除了上述发达国家外，包括中国、南非在内的发展中国家的体育赛事产业也开始迅速崛起。2008年的北京奥运会和2010年南非足球世界杯赛就是发展中国家体育赛事产业发展的一个缩影。目前，北京、上海、广州已经成为我国体育赛事产业发展较为迅速的地区，这些地区的体育赛事活动日趋活跃，数量、规模大幅上升，高水平、有影响的国际赛事频现，奥运会、亚运会、F1中国大奖赛、女足世界杯赛、网球大师杯赛、中国网球公开赛等一批有影响的国际体育赛事纷纷进入中国，在未来几年内，中国和南非领衔的发展中国家必将成为世界上体育赛事产业发展最迅速的国家。

（三）可持续发展理论的提出

传统的发展观认为发展就是单纯的增长，是利用自然资源尽可能多地生产物质财富的活动。18世纪的产业革命揭开了这一发展的序幕。然而此后的实践表明，片面追求经济增长给人类带来了一系列世纪性难题，这种高消耗、高污染、高增长的传统发展战略越来越多地受到严峻现实的挑战，于是环境问题开始作为一个重大的科学技术问题被一些科学家提出。同时人们进一步体会到，仅靠科技手段，用工业文明方式作为定式去修补环境是不能从根本上解决环境问题的，必须在各个层次上调控人类社会的行为和支配人类社会行为的、打着工业文明烙印的思想和观念，可持续发展作为一种新发展观悄然兴起，并日益引起国际社会的关注。而1987年世界环境与发展委员会（WCED）公布的具有划时代意义的研究报告《我们共同的未来》更是标志着可持续发展理论的形成。报告中提出"既满足当代的需求，又不危及后代满足需求能力的发展"即是可持续发展。② 1997年，中国向联合国提交《可持续发展国

---

① UK Sport. World Class Events Programme, http://www.uksport.gov.uk/pages/world_class_events_programme.

② 世界环境与发展委员会. 我们共同的未来 [M]，北京：世界知识出版社，1989：22-45.

家报告》，根据具体国情，中国对可持续发展的认识和理解主要强调以下几个方面：可持续发展的核心是可持续发展的重要标志，是资源的永续利用和良好的生态环境，可持续发展要求既要考虑当前发展的需要，又要考虑未来发展的需要，它是不以牺牲后代人的利益为代价来满足当代人利益的发展，实现可持续发展战略必须转变思想观念和行为规范。①

企业在员工、社区、环境组织及政府等多个利益相关方的压力下，也开始引入可持续发展的理念，关注企业的社会责任。当前，澳大利亚政府主管部门已经率先采用三重底线（TBL）报告制度，要求所有企业从以往仅提供财务报告的形式，转变为提交经济、社会和环境影响的全面报告，用以监督和管理企业的社会与环境行为，并且作为一种有效的决策辅助工具，在重大决策前确定并评估项目的环境、社会和经济影响。除了澳大利亚率先采用该制度外，许多大型企业和跨国公司，如 IBM 和惠普公司等都先后采用了这一制度。在国内，企业社会责任问题也开始成为人们关注的话题，召开了多次有关企业社会责任和可持续发展的论坛，2008 年"两会"期间，全国人大代表、中国工商银行安徽分行行长赵鹏的提案则直接提出要在上市公司建立企业社会责任报告制度。②

可持续发展理论对体育赛事也产生了一定影响，随着体育赛事的逐渐增多，国外发达国家的政策制定者在关心体育赛事对城市的经济影响之外，也越来越关心体育赛事对城市社会和环境所带来的影响，他们已经开始将举办体育赛事与城市可持续发展的目标联系起来。③

二 选题意义

（一）理论意义

纵观国内外对体育赛事影响评估的理论研究，可以发现，相关的研

---

① 朱启贵. 可持续发展评估 ［M］. 上海：上海财经大学出版社，1999：3 - 4.
② 人大代表赵鹏建议建立上市公司社会责任报告制度 ［EB/OL］. http://news. hexun. com/2008 - 03 - 04/104190335. html，2008 - 03 - 04.
③ Andrea Collins, Andrew Flynn, Max Munday & Annette Roberts. "Assessing the Environmental Consequences of Major Sporting Events: The 2003/04 FA Cup Final", Urban Studies, Vol. 44, No. 3, 457 - 476, March 2007.

究工作或是突出体育赛事经济影响的评估，或是关注对体育赛事影响的事后评估，或是注重对某一具体赛事综合影响实证的研究和分析，都带有比较明显的局限性。全面、系统地认识体育赛事的综合影响，并对体育赛事综合影响框架的构建、体育赛事综合影响事前评估指标体系的建立、体育赛事影响事前综合评估方法的研究工作还很鲜见，而系统的体育赛事综合影响评估理论与方法的研究更是近乎空白。显然，体育赛事综合影响事前评估理论体系还远没有完善。通过本书的研究，可以构建一套较为科学、全面的赛事综合影响事前评估理论与方法体系，这对于发展体育赛事评估理论，并进一步完善体育赛事组织和管理理论具有重要意义。

（二）现实意义

由于体育赛事具有吸引外地游客、增加城市曝光度、提升城市品牌、促进城市产业结构转型等功能，当前很多国家和地区，尤其是发达国家和地区，已经将举办体育赛事纳入了城市营销和发展战略中。2002 年，澳大利亚维多利亚州旅游局（Tourism Victoria）就提出了"举办体育赛事，促进城市发展"的战略。① 总之，随着国家和城市之间竞争的逐渐加剧，举办体育赛事已经成为推进城市发展的重要手段。但从另一方面来讲，并不是所有体育赛事都适合举办地，也并不是所有赛事都会给举办地的城市发展带来积极影响。因此，在体育赛事申办之前，对赛事的综合影响进行事前评估就显得尤为重要。但就目前而言，虽然我国地方政府在申办、运作体育赛事之前也要对赛事综合影响进行评估，可由于缺乏科学、合理、全面的赛事综合影响事前评估理论与方法指导，现有评估十分简单，加之缺乏必要的信息，最终各地方政府对体育赛事的综合影响也只是一种很感性的认识，难免出现许多无效率的决策行为。因此，加强对体育赛事综合影响事前评估理论与方法的研究，有利于从理性的角度，全面、综合地理解体育赛事可能给举办地带来的各种影响，有利于提高体育赛事申办和运作决策的科学性和合理性。

---

① 资料来源：http://www.tourismvictoria.com/.

第二节　国内外相关研究综述

一　关于体育赛事定义、分类及性质研究

（一）体育赛事定义

体育赛事的概念是从"运动竞赛"演变而来的，因此，要对体育赛事进行定义，首先需要弄清"运动竞赛"的概念。田麦久教授认为，运动竞赛是指"在裁判员主持下，按统一的规则要求，组织与实施的运动员个体或运动队之间的竞技较量"[①]；原国家体委训练竞赛综合司在《运动竞赛学》中指出，"运动竞赛是在裁判员主持下，依据统一的规则而组织与实施的运动员个体或运动队之间的竞技较量"[②]；台湾学者许树渊认为，"在运动上，凡是以运动精神、运动道德为准则，用对等的方式、公定的规则，作各种个人或团队的竞技活动，以供众览，所以比较优劣胜负，以提倡推展运动之用，成为运动竞赛"[③]；同时还有学者提出，"运动竞赛是人类的一种实践活动，它是一个特殊的过程，有明确的目的性，有鲜明的竞技特征，有完善的规则和一整套竞赛办法及决定竞赛胜负的'法律依据'"。[④]

从以上几个运动竞赛的定义看，前三个定义实际是对运动竞赛的狭义解释，这三个定义并没有体现体育运动竞赛所涉及的场外因素。最后一个定义虽然指出了运动竞赛是一个过程，有特殊性，是人类的一种实践活动，但还是未能超出赛场的范围，并未能对体育运动竞赛所涉及的众多因素进行概括。由此看出，以上体育运动竞赛的定义还只是停留在竞技体育比赛的层面，未能反映出当今体育运动竞赛的时代特征。

事实上，随着1984年美国洛杉矶奥运会开创了市场营销赢利纪录以来，对体育竞赛进行商业营销，成了体育赛事产业运作管理极其重要的内容。体育竞赛活动的内涵和外延发生了巨大变化，原有的"运动竞赛"概念被打破。体育运动竞赛再也不是纯粹由运动员、裁判员参与的活动，观

---

① 田麦久. 运动训练学词解 [M]. 北京：北京体育大学出版社，1999（6）：2.
② 国家体委训练竞赛综合司. 运动竞赛学 [M]. 北京：北京体育大学出版社，1994：1.
③ 许树渊. 运动赛会管理 [M]. 台北：师大书苑有限公司，2003：5.
④ 刘建和. 运动竞赛学 [M]. 成都：四川教育出版社，1990：3.

众、媒体、赞助商等其他主体纷纷加入体育竞赛活动中，成为市场经济条件下体育竞赛活动的重要组成部分。这时体育运动竞赛的项目化特征就越发明显，很多学者便从项目管理的角度对其进行定义，而且更多地将其称为"体育赛事"。如台湾学者曹有培认为，"体育赛事指由特定的组织团体，透过有计划的筹备、营造、管理，在特定的时间、地点集合个人或团队，以达成预期目标和宗旨，并借一项或以上的运动，依循各种运动规则，举行比赛，各种单项的运动比赛和综合性运动会皆涵盖其中"①；程绍同认为："体育赛事是特定的组织团体依其本身举办之目的，透过科学化的管理与筹备过程，在特定的时间与地点下，召集运动竞技活动的相关人员（运动员、裁判、工作人员和观众等）及团体（运动组织、运动器材供应商、媒体、赞助商等）共同参与所形成的综合性集会。"②

国外学者对体育赛事的认识与国内学者有所不同，他们普遍将体育赛事纳入特殊事件的范畴，并从特殊事件的视角认识体育赛事。特殊事件范围广泛，包括了宗教典礼、传统仪式、体育赛事、文艺表演、宴会、展览会等各种形式的活动，而体育赛事则是其中一种很重要的形式。国外学者对特殊事件的研究起步较早，目前该领域的研究已经基本趋于成熟，并有专门的学科理论体系，即事件管理理论（Event Management）。国际上还有专门的事件管理科学协会和互联网站，如国际节日和事件协会（International Festival and Events Association）。在实践领域，人们也已经开始高度重视对特殊事件的深入认识，并运用科学理论来指导。不少学者对特殊事件的概念进行了系统研究，如 Damd C. Watt 将特殊事件描述为，"一次性发生的事情，在任何给定时间里迎合特殊的需要。当地社区事件可以被描述为一个活动，旨在牵涉当地人口分享有利双边利益的经历"③；Johnny Allen 等对特殊事件的定义表述为："术语'特殊事件'用来描述特别的仪式、表达、表演或庆典，其被有意识地计划产生以标志特殊的场合，或取得独特的社会、文化或团体的目的和目标。"④ Getz 在类型学研究中突破性

① 程绍同. 运动赛会管理：理论与实务 [M]. 台北：扬智文化，2004：12–18.
② 同上.
③ Damd C. Watt. Event Management in Leisure and Tourism, Addison Wesley Longman Limited, 1998：2.
④ Johnny Allen. Festival and Special Event Management. John Wiley & Sons Australia, Ltd. 2002：11.

地建议特殊事件最好从其所处的上下关系来进行定义。他提供了两个定义：一是从组织者的角度，即"特殊事件是个一次性的或很少发生的事件，不同于惯常的节目或赞助商和组织主体的活动"；二是从消费者或客人的角度，即"对于消费者或客人，特殊事件是个休闲、社会或文化经历的机会，不同于惯常范围的选择，并超出了日常经历"。① 此外，Goldblatt还认为："特殊事件聚结一个独特的时刻，在那时以仪式或典礼满足特殊的需要。"②

上述定义基本体现了特殊事件的诸多共性特征，但由于特殊事件的领域广泛，它难以反映出所有不同类别特殊事件的个性特征。因此，在上述定义中，体育赛事的个性特征也不是很明显。基于此，在借鉴国外研究的基础上，国内部分学者对体育赛事的定义也进行了深入探讨。叶庆晖认为："体育赛事是一种提供竞赛产品和相关服务产品的特殊事件，其规模和形式受竞赛规则、传统习俗和多种因素的制约，具有项目管理特征、组织文化背景和市场潜力，能够迎合不同参与体分享经历的需求，达到多种目的与目标，对社会和文化、自然和环境、政治和经济、旅游等多个领域产生冲击影响，能够产生显著的社会效益、经济效益和综合效益。"③ 黄海燕、张林等人认为"大型单项体育赛事是指具有国际知名度、集中承办城市和国家甚至国际的注意力，受城市公共资源约束，又反过来影响城市资源的，以提供单一体育运动项目竞赛产品和相关服务的特殊事件"。④

从现有关于体育赛事的定义看，随着人们对体育赛事认识的逐步深入，体育赛事的定义也越来越科学、合理。笔者在进行体育赛事定义时，要注意三个方面：第一，要抓住体育赛事的本质特征；第二，要充分考虑其时代背景及其功能特征；第三，要为整个研究建立基础，满足研究的需要。

---

① Getz, Donald. Event Management and Event Tourism. Cognizant Communication Corporation, New York. 1997: 4.
② Damd C. Watt. Event Management in Leisure and Tourism, Addison Wesley Longman Limited, 1998: 2.
③ 叶庆晖. 体育赛事运作研究 [D]，北京体育大学，2003：15 – 16.
④ 黄海燕，张林，李南筑. 上海大型单项体育赛事运营中政府作用之研究 [J]. 体育科学，2007（2）：17 –25.

（二）体育赛事分类

分类是划分的一种特殊形式，是根据对象的本质属性或显著特征进行的划分，具有较大的稳定性。按照不同的原则和实际需要，可以对体育赛事进行不同的分类。

周进强、吴寿章从两个角度对我国体育赛事进行了分类。一是按照分级分类的原则，将体育赛事分为全国性比赛与地方性比赛、综合性比赛与单项比赛、在中国举行的国际比赛与国内比赛、职业性或半职业性的商业比赛、成年人比赛与青少年比赛、社会比赛与业余比赛、计划内比赛与辅助性比赛，等等。二是按照体育赛事的市场化形式，分为四大类：（1）带职业性质的比赛，目前中国已有足球、篮球、排球、乒乓球比赛等；（2）以全运会为代表的全国综合性运动会的商业开发；（3）全国性的单项锦标赛、杯赛、选拔赛的商业开发；（4）单独运作的商业比赛和其他各种大奖赛、巡回赛、明星体育赛事。①

张江南、唐宏贵从功能和水平的角度，将体育比赛分为群众性体育竞赛和高水平体育竞赛。②

陈锡尧根据国际性重大体育赛事的来源将国际性重大体育赛事分为三种，即大型综合性体育赛事、世界单项组织的重要赛事、跨国公司或知名的大企业操办的传统性体育赛事。③

姚颂平等人也从两个视角对国际体育大赛进行了类别划分。一是按照项目设置特征，将国际体育大赛分为综合性运动会和重要单项体育赛事。其中综合性运动会是指由多个单项组成的大型国际性体育赛事（如奥运会、亚运会、世界大学生运动会等），这种赛事一般2—4年举办一次，具有参赛国家和地区众多、设置的项目类型丰富、影响范围较广等特点；重大单项体育赛事是指国际单项体育组织主办的高等级的大型国际性体育赛事。二是按照赛事组织的形式的特征，重大单项体育赛事又可分为三个亚

① 周进强，吴寿章. 中国体育赛事活动市场化发展道路的回顾与展望 [J]. 改革与发展论坛，2000：10.
② 张江南，唐宏贵. 对我国未来竞技体育管理体制与赛制的研究 [J]. 武汉体育学院学报，1999（2）：8 - 12.
③ 陈锡尧. 对当今国际性重大体育赛事的价值认识及其发展趋势的研究 [J]. 体育科研，2003（4）：25 - 27.

类：第一亚类是"赛会制"赛事，主要指每隔2—4年举办一次的重大单项赛事，如世界杯足球赛、世界田径锦标赛、世界游泳锦标赛等；第二亚类是"分站累积制"赛事，如F1、网球大师杯等；第三亚类是"主客场制"赛事。①

李南筑等人根据体育赛事的市场化程度进行了分类。第一类是除信息不完全外，基本不存在市场失灵，主要依靠市场主体的自主调节进行资源配置的赛事。现实中绝大多数的商业性赛事，如皇马中国之行、英超查尔顿中国之行等都属于这一类。第二类是除信息不完全外，还涉及政府资源的指令配置的体育赛事，如实际生活中的上海网球大师杯赛、IAAF上海国际田径大奖赛等。第三类是除信息不完全外，还存在多个法人拥有同一产品（共同产品），且产权难以界定，存在对抗均衡的体育赛事，如足球、篮球等的职业联赛。第四类是第二类赛事加上举办地轮换，需要大规模基础建设的体育赛事，如2008年的北京奥运会、我国的全运会、城运会、农运会等大型综合体育赛事。②

国外对体育赛事也有分类，他们的分类标准主要是以规模为依据，具体分为"Mega-events""Hallmark Events""Major Events"。③ 国内学者叶庆晖借鉴了上述分类原则，将体育赛事分为超大型体育赛事、大型赛事和一般赛事。其中超大型体育赛事指那些影响举办城市和社区整体经济，并在全球范围和广大媒体范围内产生回响的体育赛事，如全运会、亚运会、奥运会和世界杯足球赛。超大型赛事表现为赛事的规模大、水平高，参与和出席的人数众多，媒体覆盖面广，公共财经参与度高，市场目标广大，对举办城市和社区产生显著的社会、经济和综合效益，对社会、文化、政治、经济、旅游和城市设施建设等诸多方面产生深远影响。大型赛事指那些在举办城市和社区产生较大影响，能够引起众多媒体关注和产生较好经济效益的体育赛事，如世界单项锦标赛、职业联赛、城市运动会、农民运动会、少数民族运动会等。大型赛事表现为赛事的规模比较大、水平比较

① 姚颂平，沈建华，刘志明等．国际体育大赛与大城市发展的关系之研究［C］．国家社会科学研究基金项目，2003：17–18.

② 李南筑，袁刚．体育赛事经济学［M］．上海：复旦大学出版社，2006，8：22–26.

③ Getz, Donald. Event Management and Event Tourism. Cognizant Communication Corporation, New York. 1997：9.

高，受重视程度高；组织工作复杂，媒体关注度高，市场吸引力大，对举办城市的社会、经济、文化等多方面产生较大的影响。一般赛事类似较大事件，规模和水平递减，能够吸引较多观众、新闻报道并产生一定经济效益的体育赛事，如热身赛、交往性的比赛（如邀请赛）。目前许多顶级国际体育锦标赛属于大型赛事，许多国家体育组织和政府，特别是体育经纪机构热衷于这种赛事，原因在于其具有潜在的市场吸引力，这种赛事与某种文化或者公众兴趣点结合会带来很大的市场效益。一般赛事表现为体育赛事的形式规模多样，组织机动灵活，参与人员广泛，市场亲和力强，易于推广，给举办方带来较大综合性效益。[①]

从以上关于体育赛事的分类，我们可以看出，体育赛事分类的标准和原则有很多，笔者将从体育赛事的规模、赛事影响范围等角度对体育赛事进行分类。

（三）体育赛事的特征

任何事物的存在都有其内在的本质特点和外在表现形式，体育赛事也不例外。但从所掌握的文献来看，专门研究体育赛事性质和特征的文献并不多。

叶庆晖从赛事运作的角度，结合当前赛事运作的环境，对体育赛事的基本特征进行了探讨。他认为，随着社会的进步和科学技术的发展，尤其是现代媒体的传播范围日益扩展，体育赛事主要表现为 6 大基本特征：一是体育赛事的文化性特征，包括体育赛事的欧美文化特征、体育赛事的本土文化特征以及体育赛事项目本身具有的文化特征；二是体育赛事的项目性特征，包括体育赛事的一次性和独特性、体育赛事目标的确定性、体育赛事活动的整体性、体育赛事组织的临时性和开放性以及体育赛事成果的不可挽回性；三是体育赛事产品的多元化特征，包括体育赛事的竞赛产品、服务产品、有形产品、无形产品；四是体育赛事目的的多元化特征，包括体育赛事主办组织、赞助商、媒体、主办社区、参与者、观众及工作团队的不同目的；五是体育赛事的风险性特征，具体表现在体育赛事的安保工作、体育赛事的人群控制、火灾、突发事件等方面；六是体育赛事资

---

① 叶庆晖. 体育赛事运作研究 [D], 北京体育大学, 2003: 21 – 24.

源的集约性和互动性特征。①

杨铁黎认为，体育竞赛在体育市场里被理解为产品，其特性为：体育竞赛产品的无形性、一次性、不可预测性、生产和消费的同时性、延伸性和增值性、同一体育竞赛产品质量评判的差异性。②

余守文认为，从产品角度来看，体育赛事共有六大特征：一是体育赛事产品是一种服务性产品；二是体育赛事产品是非生活必需品；三是体育赛事产品非储存性和生产、交换与消费的同时性；四是体育赛事的创新性；五是体育赛事产品是准公共产品；六是体育赛事是一种特殊的节事。③

李南筑、袁刚从体育赛事的本质特征和阶段性特征两个方面对赛事的经济特征进行了深入分析。他们认为，从产业角度看，体育赛事归属于第三产业中的体育竞赛表演业，因而自然有服务业和表演业的特征，即具有服务的无形性和不可触摸性、生产和消费的不可分割性、时效性和积累性、较大的需求弹性、结果的不确定性等特征；从产品角度看，体育赛事产生的不是只有一种产品，而是一个产品包，而且赛事一旦确定，赛事中大多数类别产品的供给数量是确定的；从投入角度看，体育赛事是以人力资源为主的知识密集型行业，而且赛事的成本支出比例与产品的销售收入比例是非对称的；从交易角度看，体育赛事属于复杂交易，交易所需信息量大。④

黄海燕、张林等人在论述大型体育赛事运营中政府作用的合理性问题上，认为在目前的体育赛事运营中，存在着市场失灵的现象，主要表现在体育赛事具有混合产品性质、正外部性、市场垄断的特征，等等⑤。

李南筑、黄海燕等人从公共产品的定义以及判断公共产品的标准出发，对体育赛事的性质进行了深入研究。最终认为，体育赛事是一种既具有公共产品性质，又具有私人产品性质的混合产品，而且不同类型的体育赛事在不同地区、不同阶段，其产品的公共程度不同。⑥

① 王守恒，叶庆晖. 体育赛事管理 ［M］. 北京：高等教育出版社，2007：34 - 44.
② 杨铁黎. 关于开发我国职业篮球市场的研究 ［D］. 北京体育大学，2001：33.
③ 余守文. 体育赛事产业与城市竞争力：产业关联·影响机制·实证模型 ［M］. 上海：复旦大学出版社，2008：33 - 36.
④ 李南筑，袁刚. 体育赛事经济学 ［M］. 上海：复旦大学出版社，2006，8：32 - 35.
⑤ 黄海燕，张林，李南筑. 上海大型单项体育赛事运营中政府作用之研究 ［J］. 体育科学，2007（2）：17 - 25.
⑥ 李南筑，黄海燕，曲怡等. 论体育赛事的公共产品性质 ［J］. 上海体育学院学报，2006，（4）：10 - 17.

当然，也有学者对体育赛事的公共产品性质提出质疑。Dennis Coates & David Gearhart 从实证分析的角度，通过对 1993~2005 年 140 多个纳斯卡汽车赛举办地房屋租金的对比（在此期间，有新建赛道举办纳斯卡汽车赛的，也有关闭原有赛道，放弃举办纳斯卡汽车赛的），来论证纳斯卡汽车赛对居民所在社区的影响。结果显示，纳斯卡汽车赛并没有给举办城市和社区带来实质性的好处，并不具有公共产品的性质。

从体育赛事的特征可以看出，体育赛事与其他项目存在较大差异，这也使得对体育赛事综合影响进行评估的难度加大。

二　关于体育赛事的综合影响研究

就体育赛事综合影响研究而言，在西方国家首先兴起，他们主要是从理论和实证等多方面对体育赛事给举办地带来的综合影响类型进行阐述。

加拿大 Nova Scotia 省政府在大型体育赛事的申办支持政策（Major Events Hosting/Support Policy）中指出，大型体育赛事不仅具有增加就业、产生更多的商业和投资机会、改善城市基础设施建设、促进旅游等相关产业、增加税收收入等功能，同时还能够提升城市的品牌、文化、能力、信心和居民的自豪感等。[①]

Jordan Rappaport & Chad Wilkerson 认为，体育赛事能够促进城市就业、增加政府税收、提高城市居民的生活质量。[②]

Essex & Chalkley 的研究认为奥运会对主办地区会产生正负两方面的影响：一方面主办城市对奥运会的大量投资可能会促进其经济复兴、基础设施投资加大和环境改善；另一方面也可能产生浪费资源、忽视当地人民其他方面的需求等问题。[③]

Matos 对重大体育赛事的多维影响（Multidimensional Impacts）进行了研究，他列出了所有可能发生的潜在影响，包括财政收入、经济影响、旅游和国际市场营销、基础设施、城市土地利用结构、环境影响、科技发

①　Major Events Hosting/Support Policy［EB/OB］. www. gov. ns. ca/tpb/manuals/PDF/300/30705 - 02. pdf.

②　Jordan Rappaport & Chad Wilkerson. What Are the Benefits of Hosting a Major League Sports Franchise?. Federal Reserve Bank of Kansas City-Economic Review. 2001（1）: 46 - 53.

③　Stephen Essex & Brian Chalkley. Olympic Games: Catalyst of Urban Change［J］, Leisure Studies, 1998（17）: 187 - 206.

展、人力资本、制度创新、政治资本、社会结构、文化与心理变化以及无形影响等。①

奥运会影响社区联盟（The Impact of the Olympics on Community Coalition，简称 IOCC）在提交给温哥华 2010 年冬奥会申办集团的建议中，从 7 个方面讨论了重大体育赛事对举办地的影响，即社会责任和透明度、安全、交通、社区经济发展、环境、民主进步以及住房。②

Matheson & Baade 从体育活动的经济影响出发，讨论了重大体育赛事给发展中国家带来的促进作用。他们认为，世界杯、奥运会等重大事件可以作为举办国家展示经济、政治和文化等综合国力的手段，也是一个国家在国际舞台上占有重要地位的表现。③

Home & Manzenreiter 侧重从 3 个方面研究了 2002 年世界杯对日本和韩国相关城市的影响，即 2002 年世界杯为区域政治经济带来的特定影响，重大体育赛事在地区形象塑造和促销方面所扮演的角色，如何对这样的活动进行国际化的操作。他们的研究结果解释了预期影响与实际情况之间的差距，并揭示了重大事件对于不同群体的意义。④

Home 还从 2002 年世界杯与现代日本社会和足球设施发展关系的角度，对国际和地方之间的关联性，特别是对"实质上是谁控制了这次全球性的赛事，举办地的成本和收益究竟是多少"等问题进行了深入的分析。他指出，2002 年世界杯使得日本足球运动的商业化运作加强，而在使足球成为一种日常活动方面的作用较弱，且远远未能实现促进人口从中心向外围的重新安置、提高日本人民的总体经济收入和整体生活质量等相关目标。⑤

---

① Pedro Matos. Hosting Mega Sports Events: A Brief Assessment of Their Multidimensional Impacts. Paper presented at "The Copenhagen Conference on the Economic and Social Impacts of Hosting Mega Sport Events", September 1, 2006.

② IOCC. Recommendations Made by the Impact of the Olympics on Community Coalition to the Vancouver 2010 Bid Corporation and Its Member Partners. August 2002, http://www.olympicsforall.ca/download.

③ Matheson, Victor A. Baade & Robert A.. Mega-Sporting Events in Developing Nations: Playing the Way to Prosperity?. South African Journal of Economics, 2004 (5): 1085–1096.

④ John D. Home & Wolfram Manzenreiter. Forecast and Actual Impacts of the 2002 Football World Cup Finals on the Host Countries Japan/Korea. International Review for the Sociology of Sport, 2004 (2): 187–203.

⑤ Home John. The Global Game of Football: the 2002 World Cup and Regional Development in Japan [J]. Third World Quarterly, 2004 (7): 1233–1244.

谢菲尔德哈勒姆大学在对英国波士顿举行的国际田联半程马拉松的评估报告中认为，体育赛事能够促进其他相关产业的发展、提升城市品牌和知名度、增强居民和游客对城市的满意度。[①]

当然，除了体育赛事综合影响研究之外，人们还对特殊事件的综合影响进行了深入研究，其中研究最为全面的要属 Hall，他在其专著中提出了一个特殊事件综合影响的框架。该框架从社会和文化、自然和环境、政治、旅游和经济四个方面对特殊事件给举办地可能带来的积极和消极影响进行了阐述。[②] 具体见表 1-3。

表 1-3　特殊事件的综合影响（Hall）

特殊事件影响范围	积极影响	消极影响
社会和文化	分享体验 使传统恢复活力 形成社区自豪感 社区中各集团得到承认 提高社区参与程度 引进富有挑战的新理念 扩大文化视野	社区被异化 社区被操纵 造成负面的社区形象 引起不良行为 滥用钱物 社会错位 失去舒适性
自然和环境	环境的展示机会 行为最佳模式的提供 环境意识增加 基础设施的遗留 交通和通信的改善 城市变化和更新	环境破坏 污染 遗产遭破坏 噪声干扰 交通堵塞
政治	国际威望提升 形象改善 投资增进	赛事失败的风险 名声破坏 责任感缺乏

① An Evaluation of The Economic Impact, Place Marketing Effects and Peoples' Perceptions of Bristol [EB/OB]. www. uksport. gov. uk/assets/File/Generic_ Template_ Documents/Events_ Funding/ Research/World_ Half_ Marathon_ Ec_ Imp_ Study_ Nov2002. pdf. 2005 - 6 - 14.

② Hall, Colin M. Hallmark Tourist Events—Impacts Management and Planning, Belhaven Press, London, 1992.

续表

特殊事件影响范围	积极影响	消极影响
政治	社会凝聚力增加 行政管理技术得以发展	社区拥有权和控制的丧失 意识形态混乱
旅游和经济	旅游地的宣传和旅游者增加 旅游者延期停留 较高的收入 税收的增加 工作机会的增加	社区对旅游业的抵制 资金分配错误 不公平分配 通货膨胀 造成机会成本

资料来源：Hall, Colin M. Hallmark Tourist Events——Impacts Management and Planning, Belhaven Press, London, 1992.

近年来，随着体育赛事在国内的兴起，学者们也开始关注对体育赛事综合影响领域的研究，特别是 2008 年北京奥运会申办之后，学者们对此领域的研究更加关注。

姚颂平等人认为："体育赛事具有促进城市发展的功能，具体表现在对城市经济发展的影响、对城市文化发展的影响以及对城市社会环境发展的影响三个方面。"[1]

易剑东从政治、经济和社会角度对体育赛事的功能进行了阐述。他认为，大型体育赛事对于中国经济和社会发展的影响主要体现在刺激各项相关产业快速发展（国际体育赛事拉动建筑、旅游、金融、保险、信息技术、交通、通信等产业发展，进而带动整个经济发展）和加快各项事务与国际的接轨（中间社会或民间社团的广泛参与推动社会结构的有序运作，民间企业和资本获得参与重大事务的机会，民众的开放意识和国际意识逐步增长，国际先进规则逐步被中国理解和接纳）。[2]

叶庆晖认为，体育赛事的功能包括促进人类和平、更新传统观念、发展人际关系、参与政治活动、丰富文化生活和推动经济发展。他还认为体育赛事可以为地区经济发展提供稳定的社会经济发展环境，在地区经济发

① 姚颂平等. 国际体育大赛与大城市发展的关系之研究 [C]. 国家社科基金项目. 2003：12 - 23.
② 易剑东. 大型赛事对中国经济和社会发展的影响论纲 [J]，山东体育学院学报，2005 （12）：1 - 7.

展上起到辐射作用和集聚作用，成为地区经济发展的增长点，是地区经济持续发展和经济问题解决的很好途径。但他同时也认为体育赛事对于社会和文化、自然和环境、政治以及旅游和经济也都具有一定程度的消极作用。①

戚拥军、张兆国认为体育赛事会给举办地区带来溢出效应，具体包括给当地带来直接经济影响、提高当地的知名度、改善地区形象、刺激相关方面的发展、带来精神收益等。为此，他们提出，政府应通过"硬税""软税"等各种途径给予赛事补贴。②

王志宇、王富德认为，F1 赛事对上海将产生积极和消极两方面的影响。其中积极影响包括 F1 对于上海"国际大都市"的总体形象有巨大的烘衬作用，大幅度拓展上海旅游客源市场，带来巨大经济效益并拉动社会就业，进一步促进了旅游产品的丰富与完善，巩固了上海大型汽车工业基地的地位，有利于"汽车之都"形象的树立，带动中国、长三角地区与上海旅游共赢。消极影响包括汽车尾气排放的污染及巨大的噪声污染，赛事占用了巨大面积的耕地，大量游客形成的废弃物，赛场区域路面的铺设会影响局部环境小气候，大量游客涌入带来的交通压力等。③

何振梁认为，2008 年北京奥运会为我国带来多方面的正面影响。如积极推动北京乃至中国经济的发展；加速与国际接轨的过程，改善社会软环境；培养环境意识，强化环保措施；促进中外文化的沟通并互相吸纳精华；振奋民族精神，增强民族凝聚力，提高民族自尊心。④

任海认为，奥运会不同于一般的体育比赛，是集体育、政治、经济、文化、环境等各种要素于一体的超级国际盛会，具有鲜明的多维性和综合性，它对举办国家和城市的体育、政治、经济、环境四个方面将产生重大影响。⑤

游松辉、孔庆涛将悉尼奥运会的综合影响分为四个阶段，即申办期、筹备期、举办期、比赛结束后期，对这四个阶段的影响分别进行了研究。最

---

① 叶庆晖. 体育赛事运作研究 [D]. 北京体育大学，2003 (4)：17－18.

② 戚拥军，张兆国. 体育项目补贴国际经验借鉴与启示 [J]. 地方财政研究，2006 (7)：53－56.

③ 王志宇，王富德. F1 赛事对上海区域旅游经济的影响浅析 [J]. 北京第二外国语学院学报，2005 (1)：89－91.

④ 何振梁. 北京奥运会对我国发展的影响 [J]. 体育文化导刊，2004 (3)：3－5.

⑤ 任海. 论奥运会对举办城市和国家的影响 [J]，体育与科学，2006 (1)：4－6.

终认为，奥运会给举办城市及其周边环境带来的益处将大大超过不利影响。①

董杰从历史事实出发，探讨了北京奥运会对北京政治、文化和经济方面可持续发展的影响。他认为，北京奥运会在政治上能树立国家形象，加强各民族人民之间的团结；在文化上，能丰富市民生活，弘扬优秀传统文化；在经济上，能增加就业人数，改善投资环境，带动北京周边区域经济的发展，加速民族产业走向世界的步伐。②

俞坚认为，2008 年北京奥运会对当代中国政治、经济、文化具有综合效应。具体体现在：（1）提高了中国的国际地位，提升了中华民族的爱国、复兴热情，有助于促进两岸关系的发展与和平统一大业；加速社会主义现代化建设，在世界面前树立文明、开放、团结的现代化中国的良好形象。（2）中国及北京成为全球的投资热点，中国 GDP 每年至少额外增长 0.3%，有力推动产业结构的调整和升级，使北京经济更有活力和竞争力；增创 200 万个就业机会，刺激体育产业高速发展；提升中国经济的"无形资产"。（3）更加广泛弘扬奥林匹克精神，普及与发展奥林匹克运动，促进全民健身活动的开展；东西方文明互补与交融；深刻影响中国的年轻一代；促进精神文明建设，国民整体素质得到全面提高，北京市民素质提高显著；高科技得到快速发展；北京城市魅力极大提升，并步入世界一流的国际大都市之列。③

李益群等人认为，申办、举办奥运会的过程将对中国社会发展具有积极的促进作用，具体表现在：奥运会对经济的促进作用；奥林匹克精神与中国文化的融合，对社会主义精神文明建设的重要意义；奥运会对城市建设、环保的促进作用以及产生更多的就业机会等方面。此外，申办和举办奥运会还将对中国体育的全面发展产生积极影响，具体表现在促进竞技体育运动成绩的提高，促进全民健身意识的觉醒等方面。④

任海等人认为，2008 年北京奥运会对中国政治可能产生的正面影响主

① 游松辉，孔庆涛. 从悉尼奥运会看奥运会对举办城市的影响［J］. 上海体育学院学报，2003（11）：11 - 12.

② 董杰. 奥运会对北京可持续发展的影响［J］. 体育与科学，2001（5）：16 - 19.

③ 俞坚. 2008 年北京奥运会对当代中国政治、经济、文化的综合效应［J］. 山东体育学院学报，2002（3）：11 - 14.

④ 李益群，丁玲娣，詹建国，张忠秋. 成功申办与举办第 29 届奥运会对中国社会环境的影响［J］. 中国体育科技，2001（7）：15 - 17.

要是提升中国的国际声望、强化民族认同感，增强社会凝集力、增强社会的整合能力、改善社会风气、增强政府的行政能力和加速社会发展进程。可能产生的负面影响主要有国内问题国际化、"人权"问题会变得更加敏感、北京与其他地区的差异可能加大以及"台独"势力会打"奥运牌"。另外他还指出，只有充分认识正反两个方面的影响，才能有针对性地采取措施，引导并放大其正效益，同时未雨绸缪，对可能出现的负效益加以防范和疏导，从而把握住这次难得的历史机遇，加速中国和平崛起的进程，使中国的发展进入一个新阶段。[①]

从上述国内外学者关于体育赛事综合影响的研究，我们发现，体育赛事对举办地所具有的影响涉及领域非常多，也非常复杂，不同的体育赛事对举办地综合影响的类型还不尽相同，奥运会等超大型、综合性体育赛事对举办地的各个领域都将产生较为深远的影响。此外，通过对国内外学者研究的比较，我们还能看出，国外学者更加关注于体育赛事对举办地经济、旅游、城市再造、城市品牌等方面影响的研究；而国内学者对体育赛事的政治功能强调得更多，当然，这也与 2008 年奥运会在北京举办有关。

三 关于体育赛事综合影响评估的研究

从国内外现有文献资料看，在对体育赛事影响评估的研究中，经济影响评估研究最多，社会、文化等其他领域影响评估的研究虽然也有所涉及，但数量不多。因此，笔者从体育赛事经济影响评估和体育赛事非经济影响评估两个方面对体育赛事综合影响评估的研究进行分析。

（一）体育赛事经济影响评估

从 20 世纪 80 年代起，国外就有学者对体育赛事经济影响的评估进行了研究，随后，在 Hall、Getz、Carlsen 等人的共同努力下，这一研究逐渐深入。总体而言，体育赛事的经济影响评估目前已经形成一套相对成熟的理论体系，而且这一理论体系已经在加拿大、英国等发达国家实际运用，并成为政府申办和资助体育赛事之前必须要做的重要工作之一。

从现有的相关成果看，体育赛事经济影响的研究主要集中在以下两个

---

① 任海．论 2008 年奥运会对中国政治的影响［J］．体育与科学，2005（3）：1 - 5.

方面。

第一是怎样准确合理地搜集到体育赛事给举办地带来的新的资金流入。为了保证体育赛事经济影响评估的质量，准确地搜集体育赛事给举办地带来的新的资金流入非常重要，如果这一环节存在较大误差，那么，这一误差将会在对"二次影响"评估中进一步扩大。国外学者对这一方面的研究非常重视，其研究涉及搜集信息的渠道与方法问题、挤出效应和替代效应的处理问题，等等。

Ruiz 指出，在对体育赛事经济影响评估时，不仅要收集旅游者消费额、旅游目的以及在举办地停留的时间等信息，同时还需要举办地的商业部门的相关信息，这些都需要通过在比赛期间对观众和商业部门的随机抽样调查获得，因此，抽样调查的样本一定要具有代表性。[①]

Dennis R. Howard & John L. Crompton 提出了保证经济影响研究正确性的五个基本原则：（1）不能包括外地观众；（2）不能包括改期来访者和暂居人员；（3）衡量经济影响的指标是收入而不是销售额；（4）用乘数系数概念而不是乘数概念；（5）解释就业指标时要谨慎。他们认为，经济影响研究的失真一般都表现在对这五条基本原则中的一条或几条的误用上。[②]

Dwyer & Forsyth 明确指出，目前许多政府部门所采取的体育赛事经济影响评估方法存在三个主要缺点：（1）由于评估技术存在偏差，事件的经济影响被过高估计，这导致那些并不能给地方经济和就业带来预期效应的活动仍然得以举办；（2）不能把事件对经济产出和就业的影响与事件的净收益区别开；（3）因为一个地区的收益往往以对其他地区的负面影响为代价，所以那些并不能给全国经济带来净收益的活动也可能得到支持。[③]

第二是利用什么评估模型对体育赛事经济影响进行评估。由于不同国家和地区经济结构不同，体育赛事带来的新的资金流到赛事举办地之后产生的经济影响也不尽相同，不同的评估模型会得到不同的评估结果。因此，评估模型的应用很关键。

---

① Jack Carlsen, Donald Getz & Geoff Soutar. Event Evaluation Research. Event Management, 2001 (6): 247 – 257.

② Dennis R. Howard, John L. Crompton 著，张兆国，戚拥军，谈多娇等译. 体育财务（第二版）［M］. 北京：清华大学出版社，2007：113 – 114。

③ Larry Dwyer & Peter Forsyth. Economic Evaluation of Special Events：A Re-assessment ［J］. Centre for Tourism Policy Studies University NSW，2004，www. business. vu. edu. att/ICTE.

　　Hotchkiss 等人采用标准的 DD（Differences-in-Differences，即差分中的差分）分析技术以及经修正的 DD 分析技术分析了 1996 年亚特兰大奥运会对于佐治亚州就业率和工资水平的影响。分析结果表明，1996 年夏季奥运会使得在比赛期间以及赛后一段时间，佐治亚州的赛区以及临近赛区的总体就业水平比非赛区高 17%；而且北部人口密集赛区的就业水平要比南部类似地区高出 11%，这显示出奥运会对于比赛地区就业的促进作用并不是简单地因为其是大都市的缘故；另外，通过随机增长评估模型证实奥运会前后赛区和非赛区在就业方面的差异并不是由于这两类地区之间的系统差异造成的，即奥运会对于赛区的就业水平具有明显的促进作用；采用经修正的 DD 分析技术计算显示奥运会对于主办地区就业率的增长也有促进作用，举办 1996 年夏季奥运会使得佐治亚州的赛区同非赛区相比，就业率每季度增加 0.2% 左右；但是采用 DD 分析技术就奥运会对于佐治亚州工资水平的影响所做的分析则没有明确的结论，原因在于得出的分析结果通不过随机增长评估模型的检验。[1]

　　Kurscheidt 总结了历届世界杯的经济表现，并利用成本—收益法对 2006 年德国世界杯的经济效益进行了深入分析。研究结果表明，尽管从世界杯的发展历史来看，德国世界杯的经济收入呈现出令人乐观的趋势，但仍然要比活动组织者所预想的收入水平低很多。[2]

　　投入产出模型作为一种常用的多部门整体经济分析模型也被应用到了体育赛事的经济影响分析中。在美国就有学者以美国商务部的地区投入产出模型系统 RIMS（Regional Input-Output Modeling System）作为分析工具，来定量分析在美国举办奥运会对于主办地区的经济影响。如 Humphreys & Plummer 分析了 1996 年亚特兰大奥运会对于佐治亚州的经济影响，他们将奥运的经济影响分为短期影响和长期效益。短期影响指 1991—1997 年间由于奥运会所带来的大量新增资金的注入给佐治亚州所带来的经济影响；长期效益则包括所建造的世界级设施，由于媒体的大量宣传所导致的国际及

①　Hotchkiss J. L., Moore R. E. and Zobay S. M. "Impact of the 1996 Summer Olympic Games on Employment and Wages in Georgia." Southern Economic Journal, 69 (3), 2003: 691 – 704.

②　Markus Kurscheidt. The World Cup. The Copenhagen Conference on the Economic and Social Impact of Hosting Mega Sparks Events [N]. 2006. www. cbs. dk/megaspartsevent.

整个国家对亚特兰大市和佐治亚州认可度的提升，以及创造就业机会和促进文化、教育项目等在内的社会效益。在对短期经济影响的分析中，他们利用已有数据，并结合 RIMS 分析了奥运会对佐治亚州的直接、间接、连锁和总的经济影响。分析结果显示，举办 1996 年夏季奥运会使佐治亚州增加 19 亿美元的经济收入，新增 7.7 万个全职和兼职的就业机会，并使佐治亚州的政府部门增加 1.76 亿美元的税收收入。[①] 而 Ference Weicker & Company 就 2012 年夏季奥运会如果在纽约召开将对该地区产生何种经济影响作了预测。该研究将奥运会的经济影响分为奥运会前影响（2005—2011年）、奥运会期间的影响（2012 年）以及奥运会后的影响（2013—2022年），并将分析集中在如下九类影响：组委会为筹办奥运会的投资及各项开支、到纽约参加或参观奥运会的人们的花费、间接的和诱发的影响——"乘数效应"、诱发的旅游、诱发的对商品和服务的消费、其他业余体育运动的影响、诱发的投资、对生产力的影响以及对临近地区发展的影响。该研究在分析中采用 RIMS，分析了 2012 年奥运会对纽约地区的间接和诱发影响，即"乘数效应"。分析结果显示，2012 年奥运会大大促进了纽约市以及新泽西地区的总产出、工资和就业水平，2012 年奥运会对于就业的促进作用主要在于奥运会期间，虽然它对奥运会前后的就业水平也有一定的促进作用，但相比奥运会期间要少很多。[②] InterVISTAS 咨询公司在《2010 年冬奥会的经济影响分析报告》中，也利用投入产出模型对 2010 年冬奥会的直接、间接和引致影响进行了预测，并对投入产出模型的局限性进行了说明。[③]

　　Patrick Rishe 运用 IMPLAN 模型对 2005 年全美大学生体育协会男子篮球锦标赛四分之一决赛对圣路易斯地区的经济影响进行了评估。结果显示，该赛事对举办地 GDP 的贡献为 4120 美元、对居民收入的影响为 2645 万美元、对政府收入的影响为 483 万美元。[④] 同样，Bernthal & Regan 也运

① Humphreys, J. M. and Plummer, M. K., (1995) The Economic Impact on the State of Georgia of Hosting the 1996 Olympic Games: 1995 Update. Published by the Atlanta Committee for the Olympic Games, Inc.

② Ference Weicker & Company. Assessing the Economic Impact of the 2012 Olympic Games on the Economy of New York City and the Metropolitan Area: Preliminary Report. 2001.

③ Inter VISTAS Consulting Inc. The Economic Impact of the 2010 Winter Olympic and Paralympie Games: An update [R]. 2002.

④ Patrick Rishe, An Economic Impact and Market Research Analysis of the 2005 Men's Final Four upon the St. Louis MSA. 2006.

用该模型对 2004 年 NASCAR 的各种赛事的经济影响进行了评估。结果指出，两个 NASCAR 周末（包括七个分赛事）对南卡罗莱纳州达灵顿地区的经济影响为 46220057 美元，其中 29672352 美元是直接经济影响，16547705 美元是间接影响。[①]

加拿大体育旅游联盟在 2003 年采用体育旅游经济影响评估模型（Sport Tourism Economic Assessment Model）对 2002 年"万事达"加拿大世界滑冰比赛的经济影响进行了评估。结果显示，该赛事为举办地带来了巨大的经济效益。[②] 此外，该联盟还在 2003 年采用 STEAM 模型对 2003 加拿大冬季运动会的经济影响进行了评估。结果显示，2003 年加拿大冬季运动会对巴瑟斯特－坎贝尔地区产生了巨大的经济影响。运营支出和游客消费合计为 3870 万美元，这使该省总计产生了 7040 万美元的收益，其中 5760 万美元发生在巴瑟斯特－坎贝尔地区。[③]

虽然投入产出模型在当今的体育赛事经济影响评估中成为主流，但也有学者对这一模型提出了一些不同的看法。Dwyer & Forsyth 明确指出，利用投入产出模型进行体育赛事经济影响分析的缺点有：（1）因为忽略赛事的消极作用和资源约束，投入产出模型夸大了体育赛事对举办地内外部的影响；（2）投入产出模型忽视了非旅游行业的反馈效应；（3）投入产出模型不能为政策制定者提供正确的依据。他们认为可计算一般均衡模型（Computable General Equilibrium Model，CGE）更适用于对体育赛事经济影响进行评估。因此，Dwyer、Forsyth、Spuru 等人利用 CGE 模型对一个赛事案例的经济影响进行了估算，然后将其与利用传统的投入—产出分析方法得到的评估值进行比较，进而得出了明确的结论：由于具有更强的综合性，CGE 模型在重大事件影响的评估方面有更广阔的使用空间。[④] 澳大利亚的 Madden 等人利用澳大利亚 Monash 大学开发的多区域 CGE 模型分析了

① Bernthal & Regan. The Economic Impact of a NASCAR Racetrack on a Rural Community and Region, Sport Marketing Quarterly, 2004（1）：26 – 34.

② The Canadian Sport Tourism Alliance. 2002 Master Card Skate Canada International Economic Impact Assessment, 2002, 11.

③ The Canadian Sport Tourism Alliance. 2003 Canada Winter Games Economic Impact Assessment, 2003, 7.

④ Larry Dwyer, Peter Forsyth & Ray spurr. Estimating the Impacts of Special Events on an Economy [J]. Journal of Travel Research, 2005（43）：351 –359.

悉尼奥运会的经济影响。在该研究中，奥运被分为三个阶段：奥运前的筹备与建设阶段（1994/1995—1999/2000）、奥运年（2000/2001）和后奥运阶段（2001/2002—2005/2006），并将悉尼奥运会的经济影响分为三类：奥运场馆和基础设施建设以及国际旅游人数增加所带来的直接经济影响、对新南威尔士州和澳大利亚继发的经济影响以及更广泛的经济影响。研究所采用的模型是一个包含新南威尔士州以及澳大利亚的两区域 CGE 模型，模型以悉尼奥运会的直接经济影响作为模型的输入，然后由模型计算得出悉尼奥运会的其他经济影响。该模型通过对一些在评估奥运的经济影响时具有重要影响的因素（包括直接经济影响的大小、劳动力市场的条件、联邦政府的宏观经济政策、奥运财政来源、奥运对生产力的影响以及奥运在增加对澳大利亚产品需求方面的影响）采取不同的假设而设定了三种情景——中心情景、弹性供给情景以及受限供给情景，并采取比较静态分析的方法分析了在不同情景下悉尼奥运会对经济的整体影响，对总投资、出口、消费者价格指数的影响，以及对各产业部门的影响。分析结果显示：在中心情景下，奥运会的影响主要集中在 12 年中的前 7 年（即奥运前的筹备与建设阶段和奥运年），而后奥运阶段尽管假设有由于奥运带来的显著的旅游人数增加、制造业产品出口，以及劳动生产率的轻微提高，然而奥运带来的经济影响并不显著，早期阶段收益更显著的主要原因简单来说在于前奥运的筹备与建设阶段在增加就业方面更为成功。该研究通过 CGE 模型的分析识别了对于成功举办奥运会、实现预期收益具有重要影响的宏观经济因素，包括：（1）劳动力市场的运行状况，尤其是在不产生通货膨胀的前提下就业可以增长的幅度；（2）奥运能带来的未来国内产出和生产力的提高越多，则其长期收益越大；（3）举办奥运的投资来自国外借款的越多，并且这些借款都在奥运之后偿还，则在奥运举办之前的收益占总体收益的比重越大；（4）对于新南威尔士州政府需要的投资而言，采用基金的筹资方式比税收更好；（5）奥运能带来的直接经济影响相比举办奥运地区的宏观经济环境而言，后者更为重要。分析同时指出：悉尼奥运会的经济利益不是自然而然地产生的，需要澳大利亚政府和新南威尔士州政府以及工商界做出努力。该项研究以 CGE 模型的分析为基础提出了如下一些有益的政策建议：（1）必须解决奥运带来的成本压力，包括有关产业的投资建设及劳动力市场等，以达到产出和就业水平的最大化；（2）为了使奥运带来尽可能长远的收益，应充分利用奥运带来的改进技术和提高人力资本的机会；（3）劳动力市场的流动性越大，则奥运可能带来的收益越大；（4）充分利用国外投资，这将带来可观的回报，因为奥运会使国外消费者对澳大利亚产品产生偏好；（5）针对奥运进行的国内投资可以为部分经济部门带来收益，但从全局看，由于导致了在其他一些部门的投资减少，所以总体而言收益不大；（6）商业运作的周期也将影响到奥运经济的收益，尤其是在举办奥运的当年，如果恰逢周期的峰值，则奥运的收益较小；（7）政府可以采取一些预防性措施使某些特殊的产业部门避免受到压力，让资本市场来决定其投资运作的风险；（8）如果从与奥运相关的出口项目中获得的收益越多，包括电视转播、图片、海外主办等，则净经济利益越大；（9）使奥运对海外游客的门票、纪念品收入达到最大；（10）如果使奥运在国内居民中的门票收入达到最大，将使新南威尔士政府的财政投资降到最小，从而可以使奥运会对其他部门的投资的制约最小；（11）在奥运结束后对有关设施的利用程度越高，则其回报越大，经济效益越大。[①]

国内也已有学者、专家以及有关部门对体育赛事的经济影响开展了研究，尤其是对 2008 年北京奥运会的研究，它们主要是针对 2008 年奥运会将对北京经济发展和就业水平产生何种影响做出预测。

顾海兵等人采用 GDP 模型法、消费模型法以及投入产出模型法研究了奥运直接投资对北京经济的拉动作用。分析结果显示奥运会直接投资将对北京市经济产生巨大的拉动作用：奥运会直接投资将拉动北京市 GDP 总增长 1783 亿元、财政收入总增长 410 亿元、就业总增长 143 万个，人均 GDP 总增长 12898 元。奥运会直接投资拉动北京市 GDP 的环比增长率情况是：2003 年和 2004 年的北京市 GDP 分别多增加近 4 和 4.5 个百分点，2005 年多增加近 6 个百分点，2006 年和 2007 年分别多增加 5.3 和 4.3 个百分点，2008 年多增加 9.2 个百分点，2009 年多增加 2.2 个百分点。在这 7 年间，奥运会直接投资平均每年拉动北京市 GDP 增长 5%、财政收入增长 7%、就业增长 0.87%、人均 GDP 增长 5%。这一拉动作用主要集中在 2005—

---

① Madden J., Crowe M. The Economic Impact of the Sydney Olympic Games. NSW Treasury and The Centre for Regional Economic Analysis University of Tasmania. 1997.

2008 年，在 2008 年作用最大。①

　　魏小真等人运用投入 - 产出模型法分析了奥运发展规划对北京市经济发展的影响。分析结果显示：奥运将使北京市国民经济出现"三个速度"加快，即经济发展速度加快，实现人均 GDP 6000 美元目标的速度加快，以及第三产业比重提升的速度加快；同时奥运将影响北京市的经济结构，促进产业升级。该项研究以投入 - 产出模型的分析为基础，提出了如下建议：（1）正确区分奥运总投资与奥运投资对北京总体经济的影响；（2）正确处理举办奥运会辐射全国与影响北京的关系；（3）正确处理人口增长与经济增长的关系；（4）正确处理经济全面发展与重点行业优先发展的关系。②

　　黄荣清等人利用投入 - 产出模型分析了奥运对北京市就业水平的影响。分析结果显示：2003 年到 2008 年的 6 年间，由于场馆及相关设施建设，运行费用筹资，以及旅游业对劳动力需求的拉动，共计 88.30 万人；由于奥运经济的拉动，每年所需增加的劳动力数量在 14.71 万人，对就业拉动最大的年份是奥运会举办当年即 2008 年，估计可增加 23 万个工作岗位。③

　　廖明球等人结合具体分析和应用的需要，设计了一套较为全面、完整的北京奥运经济投入产出模型。该模型的设计从能研究奥运经济对北京乃至全国国民经济的整体影响、能把奥运经济作为区域经济和部门经济的结合点、能突出北京奥运的主题与特色、能具体分析北京奥运对北京及全国经济的拉动力和推动力四个方面，采用了将地区模型与部门模型有机结合，将经济模型与资源、环境模型有机结合，将北京模型与全国模型有机结合，将投入 - 产出模型和其他模型有机结合的方法，最终设计了一套包括经济模块、资源模块和环境模块的北京奥运经济投入 - 产出模型（见图 1 - 1）。④

---

① 顾海兵等．奥运会直接投资对北京经济的拉动作用．载于刘淇主编《北京奥运经济研究》．北京：北京出版社，2003：105 - 130.

② 魏小真等．奥运投入与收益分析报告．载于刘淇主编《北京奥运经济研究》．北京：北京出版社，2003：131 - 141.

③ 黄荣清等．奥运对北京人口、就业的影响．载于刘淇主编《北京奥运经济研究》．北京：北京出版社，2003：252 - 278.

④ 廖明球等．中国北京奥运经济投入产出与计量模型研究［M］．北京：首都经济贸易大学出版社，2007：67 - 69.

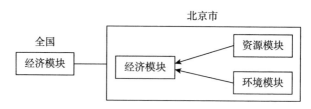

图1-1 北京奥运经济投入产出模型框

庞军利用可计算的一般均衡模型对2008年奥运会投资对北京市的经济影响进行了研究。结果显示：奥运投资将对北京市的经济发展起到积极作用，2002—2007年，奥运直接投资将拉动北京市实际GDP平均每年增长约2.6个百分点，奥运总投资则将拉动北京市实际GDP平均每年增长约5.5个百分点；奥运投资会增加北京市的就业岗位，2002—2007年，奥运直接投资将使北京市新增就业岗位1267055个，奥运总投资将使北京市新增就业岗位2825336个。其中，两者对北京市就业岗位增加的促进作用均在2006年达到最大，分别增加就业岗位277451个和629970个。[①]

当然，也有学者对体育赛事经济影响评估的客观性存在疑虑，如Matheson、Baade和Dunnavant等人。他们认为，赛事组织者为了说服政府未来继续资助赛事，必然会夸大赛事产生的经济影响。而现实情况是，国外现有的很多关于体育赛事经济影响评估的研究，其目的并非为了全面评估赛事真实的经济影响，而是用一些赛事经济影响的数据去证明政府资助该赛事的合理性。他们认为通常体育赛事经济影响评估研究是由相对中立的第三方完成的，因为如果由赛事组织方组织这一研究，在评估过程中很有可能带有偏见，其结果也就势必会引起外界的怀疑。但是，由于赛事的评估费用一般是由赛事组织方支付的，故实施评估的第三方也很难做到中立，他们会通过各种办法尽量取得赛事组织者所期望的结果。毫无疑问，赛事组织者期望的结果就是赛事能够给举办地带来巨大的经济影响。他们还指出，体育赛事经济影响评估目前还是一个非常不精确的科学，他们声称如果五个不同的机构对同一赛事的经济影响进行评估，那么肯定会得出

---

① 庞军．奥运投资对北京市的环境与经济影响：基于动态区域CGE模型的模拟分析 [D]，中国人民大学，2005，4。

五种不同的结果。产生这种状况的原因如下：第一，体育赛事经济影响评估研究可以建立在不同的假设前提下，假设前提不同结果肯定不同；第二，对体育赛事经济影响概念的理解也存在差异，这直接导致评估工作的程序不同，致使最终结果不同；第三，一些研究故意利用不合理的评估手段和方法，从而获得比真实数值大的结果。[①]

有关体育赛事经济影响评估的文章很多，内容涉及赛事经济影响评估的各个方面。目前体育赛事经济影响评估还没有形成一套较为统一的体系，许多领域和问题值得进一步深入探讨。

（二）体育赛事非经济影响评估

体育赛事对举办地的非经济影响包括的范围很广，如社会影响、环境影响，等等。但相对于体育赛事的经济影响评估研究，体育赛事的非经济影响评估研究就更不成熟，研究的成果也很少。

Essex & Chalkley 对夏季奥运会和冬季奥运会的研究，从奥运会历史的视角，着重研究了奥运会对城市改变、城市发展、区域政策及国际地位等方面的影响。研究指出，奥运会在体育和城市变化之间架起了一座桥梁。如此之大的现代奥运会其产生的经济影响、明确时间界限的政治压力和世界媒体的广泛关注促进了城市的快速发展。[②]

Ritchie & Lyons 对 1988 年加拿大卡尔加里第十五届冬季奥运会结束后当地居民的反映进行了研究。结果表明，奥运会不仅给当地带来了财政收益，还给卡尔加里市带来了其他方面的正面影响，如扩大了城市的国际知名度、增加了居民的自豪感。[③]

Ritchie & Smith 为了研究 1988 年加拿大卡尔加里第十五届冬季奥运会的影响，选择了美国和欧洲的 20 个城市，收集了受访者在 1986—1989 年期间每一年度对加拿大形象、卡尔加里和加拿大其他城市的知晓程度，并进行了时间和空间上的对比。他们的研究表明，奥运会显著提高了卡尔加

① Carlsen J., Getz D. & Soutar G. Event Evaluation Research. Event Management: An International Journal, 2000 (3): 247-257.
② Essex & Chalkley. Urban Development Through Hosting International Events: A History of The Olympic Games [J]. Planning Perspectives, 1999 (14): 369-394.
③ Ritchie, J. R. & Lyons, Marcia. Olympulse: A Post-Event Assessment of Resident Reaction to the Olympic Winter Games [J]. Journal of Travel Research, 1990: 14-23.

里市的知名度，对城市形象有着持续的影响。①

Mihalik & Simonetta 围绕佐治亚州居民对 1996 年亚特兰大奥运会的感知问题进行了长期跟踪研究。最终得出了中期评估结论：从 1992 年起，佐治亚洲居民的支持热情一直很高涨；参与反对活动的居民人数大量减少；相比经济影响而言，居民更加注重无形利益；居民们提出的主要消极影响通过法律等手段逐步得到了解决。②

Kim、Gursoy & Lee 就比赛前后 2002 年世界杯对韩国居民认识的影响进行了研究，并得出了非常有趣的结论：在文化交流、自然资源开发和文化发展方面，居民所感知到的实际利益比预期的明显要小；而居民们所担心的一些负面影响，如交通拥挤、污染、物价上涨以及社会问题等，并不像想象中的那么差。③

2001 年，美国犹他州政府组织了大批研究人员对 2002 年盐湖城冬奥会对该州的经济影响、形象影响及后续发展的影响进行了研究，值得注意的是这份研究报告不仅分析了产业影响、就业影响等问题，还首次通过问卷调查了大型节事活动对目的地形象识别与形象认知的影响，并做了相关分析。④

May 对 1992 年法国阿尔贝维尔冬奥会对自然环境的影响进行了评估。文章认为：1992 年冬奥运对举办地的自然环境既有积极影响，如改善了河水的质量、处理了社区废物、种植了大量的植物等；同时也有一定的消极影响，如破坏了河流和湿地等动物的栖息地、影响了动物季节迁徙的线路、由于修建机场跑道而使森林面积减少等。但 May 也指出，由于体育赛事对举办地自然环境影响的周期较长，而且速率也难以把握，因此要具体衡量上述影响非常困难。⑤

Waitt 运用社会交换理论（Social exchange theory）分析了 2000 年悉尼奥运会对当地居民的社会影响；Deccio 和 Baloglu 也利用该理论研究了非举办

---

① Ritehie, J. & Rand Smith, B H. The Impact of a Mega-Event on Host Region Awareness: Alongitudinal Study. Journal of Travel Research, 1991 (1): 3 - 10.

② 王春雷. 国外重大事件影响研究述评 [J]. 旅游科学, 2007 (4): 52 - 60.

③ Kim, H. J., Gursoy, D. & Lee, S. The Impact of the 2002 world Cup on South Korea: Comparisons of Pre and Post—games. Journal of Tourism Management, 2006 (27): 86 - 96.

④ Ritehie, J. & Rand Smith, B H. The Impact of a Mega-Event on Host Region Awareness: Alongitudinal Study. Journal of Travel Research, 1991 (1): 3 - 10.

⑤ May, V "Environmental implications of the 1992 Winter Olympic Games", Tourism Management, 1995 (4): 269 - 275.

地居民对 2002 年冬奥会溢出效应的观点，这些可感知效应的前期表现以及随之而来的对奥运会的支持行为，他们发现那些对环境敏感的居民不赞成申办奥运会，而在经济上依赖旅游业或从事户外工作的人总体上来讲支持奥运会。①

Douglass 指出，体育赛事非经济影响多属于体育赛事的非市场价值，应该使用非市场价值的评估方法，具体有条件价值评估法（Contingent Value Method，简称 CVM）、旅游成本法（Travel Cost Method，简称 TCM）和资产价值法（Hedonic Pricing Method，简称 HPM）。近几年，国外一些学者也开始提出并利用 CVM 对体育赛事、体育场馆以及职业球队给城市带来的非市场价值进行评估。如 Johnson & Whitehead、Fenn & Crooker、Rappaport & Wilkerson、Siegfried & Zimbalist 等人。②

纵观现有的研究成果，笔者认为，国外对体育赛事非经济影响评估的研究尚处于探索性阶段，目前还没有形成一套成熟的理论，在很多问题上还存在争议，如体育赛事社会影响的概念本身就是模糊的，它包含的内容很难界定清楚，等等。

四 关于体育赛事事前评估数据的获取

评估资料和数据的获取是体育赛事事前评估的基础，从国内外现有的研究看，在进行体育赛事事前评估中所使用的基础数据主要有以下四个途径：第一，使用国家统计局等权威部门公布的数据，如 Juneyong Park 博士对 1994 年美国足球世界杯选址的问题进行研究时，在对城市特征和市场状况的定量分析中基本上运用了公开的权威数据③；第二，使用申办报告中的数据，很多赛事如奥运会、足球世界杯等在申办时都有申办报告，在这份报告中有很多赛事相关的数据，历届关于奥运会、世界杯等经济影响的评估，有关组委会的支出都是运用了申办报告的数据；第三，运用统计方法对相关数据进行预测，如历届关于奥运会、世界杯观众人数和消费相关数据都是以前几届赛事事后评估数据为基础进行预测，Larry Dwyer 等人运

① Ritchie, J. & Rand Smith, B H. The Impact of a Mega-Event on Host Region Awareness: Alongitudinal Study. Journal of Travel Research, 1991 (1): 3 - 10.

② W. Douglass Shaw, Review of Non-market Value Estimation for Festivals and Events—A Discussion Paper. 2005, 9: 1 - 25.

③ Juneyong Park. Factors Contributing To Mega-event City Selection [D]. University of Illinois, 2003: 25 - 121.

用已经搜集的体育赛事经济影响事后评估的数据建立了数据库，并对在此基础上，预测体育赛事经济影响的方法进行了研究；① 第四，运用已有的研究成果，现有很多研究中，由于无法获取相关数据，不得不用已有研究的相关数据代替，如运用旅游局公布的外国游客的消费数据来替代国外赛事观众的消费数据，等等。当然，这只是在数据缺乏的情况下，不得已而采用的一种办法。

体育赛事综合影响事前评估的数据获取是目前我国体育赛事综合影响事前评估的一个重要瓶颈，由于我国赛事发展处于起步阶段，赛事相关的基础数据十分缺乏，因此，这一问题就更为明显。在研究过程中，笔者将充分考虑这一因素，在设计评估框架和指标时，尽量顾及数据获取的可能性，对于现阶段难以获取，但对赛事综合影响评估重要的数据，笔者将先提出搜集和整理相关数据的方法和途径，为未来体育赛事综合影响事前评估打下基础。

第三节 研究目的、任务与研究方法

一 研究目的与任务

本研究的主要目的是紧密结合体育赛事项目的特点和评估的实际需求，总结体育赛事综合影响事前评估的基本理论，以系统理论、可持续发展理论和产业经济学理论为基础，运用科学、合理的方法和手段，构建一套全面、可行的体育赛事综合影响事前评估理论与方法体系。具体的研究任务包括四个方面。

（1）构建体育赛事综合影响评估的基本理论；

（2）对国外体育赛事评估相关文献进行内容分析，从而获得体育赛事综合影响框架体系；

（3）在体育赛事综合影响框架体系的基础上，构建体育赛事综合影响事前评估指标体系；

（4）在指标体系的基础上，探讨体育赛事综合影响事前评估的模型和方法。

---

① Larry Dwyer, Robert Mellor, Nina Mistilis & Trevor Mules. Forecasting the Economic Impacts of Events and Conventions. Event Management, 2001 (6): 191 - 204.

二 研究方法

为了达到研究目的，本书主要采用以下四种方法。

（1）理论研究与实证分析相结合的方法。总体来看，本书的前半部分以理论分析为主，侧重于对体育赛事综合影响事前评估理论问题的探讨，构建了一套科学、全面的体育赛事综合影响事前评估理论与方法体系；后半部分则以实证分析为主，通过对具体赛事综合影响事前的综合评估过程，验证所构建的体育赛事综合影响事前评估理论与方法体系在实践中应用的可行性。

（2）抽象与具体分析相结合的方法。本书中体育赛事综合影响事前评估理论体系的构建是一个从抽象到具体的过程。体育赛事综合影响的概念、分类以及赛事综合影响评估的内涵、框架等有关体育赛事综合影响评估基础理论的研究属于抽象的、概括的研究；而关于体育赛事综合影响框架以及体育赛事综合影响事前评估指标体系的研究则属于对体育赛事综合影响的具体分析过程。通过对体育赛事综合影响由抽象到具体的分析过程，形成了一套相对科学、全面的体育赛事综合影响事前评估理论体系。

（3）定性分析与定量分析相结合的方法。定量分析是对事物进行具体的量化分析，而定性分析则是对事物的性质、特征、形式等方面进行抽象的理论思维。本文在探讨体育赛事综合影响事前评估问题时，将两者有机地结合起来。定性分析阐述体育赛事综合影响评估的基本理论、体育赛事综合影响的框架以及对体育赛事综合影响事前评估指标体系进行全面分析；定量分析用于解决体育赛事综合影响事前评估指标体系的构建、具体指标权重的确定，以及实证部分中体育赛事综合影响事前的模糊综合评判。

（4）微观分析与宏观分析相结合的方法。在本书的体育赛事综合影响事前评估指标体系中，既包括反映赛事对举办地经济等方面宏观影响的指标，还包括反映赛事对举办地微观层面影响的指标。因此，笔者在对指标分析的过程中，既有对体育赛事综合影响的宏观分析，也有对体育赛事综合影响的微观分析。

具体的研究方法包括以下六种。

（1）文献资料法。在本书的写作过程中，通过图书馆、互联网等多种途径查阅了国内外大量的相关文献和专著。其中所涉及的领域包括经济学、社会学、管理学、旅游学、城市学、体育学等。这些文献开阔了本文的研究视野与思路，丰富了研究资料，为确保本研究的创新性和顺利进行提供了有力的理论支持和指导。

（2）内容分析法，又称"信息分析法"。本文采用该方法，对国外体育赛事影响评估领域247篇学术文献和60篇赛事评估报告进行了深入的分析和研究，最终得到了一套较为全面的体育赛事综合影响框架体系。这为体育赛事综合影响事前评估指标体系的构建奠定了基础。

（3）德尔菲法，又称"专家调查法"，是由美国兰德公司首创的一种对各类决策问题按一定程序征询专家意见的预测方法。本文在体育赛事综合影响评估框架的基础上，经过两轮专家咨询（14位赛事领域的专家），最终形成了一套较为全面、科学、可行的体育赛事综合影响事前评估指标体系。

（4）专家访谈法。在本书设计和写作过程中，针对所要解决的具体问题，笔者对从事赛事实务和赛事理论研究方面的多位专家进行了面对面的访谈，在框架设计、指标体系的构建以及具体指标数据的获取途径等方面获得了许多有益的指导。

（5）模糊综合评判法。笔者在对指标体系中具体指标权重的研究时，采用了该方法。通过该方法的运用，确定了体育赛事综合影响事前评估指标体系的权重；此外，在实证部分，笔者也同样采用模糊综合评判法得出了2009年上海ATP1000大师赛综合影响事前评估指标体系的权重。

（6）数理统计法。笔者在体育赛事综合影响事前评估指标体系的构建、体育赛事综合影响事前综合评估过程中均运用了数理统计的方法。

第四节　研究的基本思路、框架结构

体育赛事综合影响事前评估研究是一个新兴的领域，目前还没有完整的理论架构和体系，为了构建较为科学、完整的体育赛事综合影响事前评估理论与方法体系，本文首先从体育赛事的本质入手，对体育赛事的定义、分类、特征等问题进行深入研究；再重点阐述体育赛事综合影响的内涵和外延，构建体育赛事综合影响事前评估指标体系，并结合当前多指标综合评估的方法，探讨适应于体育赛事综合影响事前评估的综合评价模型和方法，形成一套较为科学、合理的体育赛事综合影响事前评估理论与方法体系；在此基础上，通过对具体赛事综合影响事前评估的实证分析，验证该理论与方法应用的可行性。具体框架结构如图1－2所示。

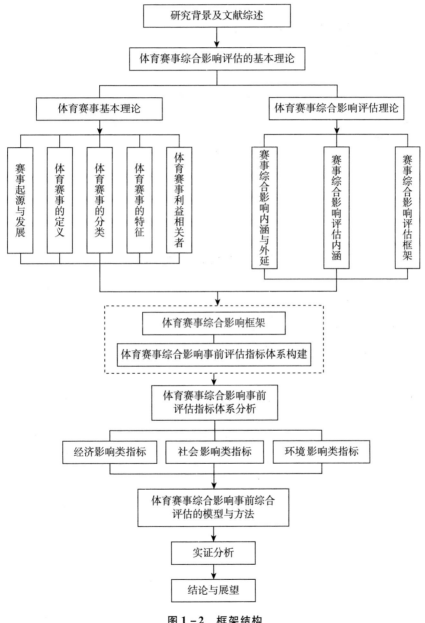

图1－2 框架结构

第五节　研究的创新之处

第一，由于国内学者对体育赛事影响评估的研究还处于起步阶段，相关理论很不成熟，通过本书的研究，形成了一套较为科学的体育赛事综合影响事前评估理论框架，填补了国内空白。

第二，现阶段，我国赛事管理实践领域对体育赛事综合影响的评估是一种感性的、局部的、定性的评估，本书采用三重底线评估框架，从经济、社会和环境三个方面，并将体育赛事的正面和负面影响纳入分析框架，建立了一套科学、全面的体育赛事综合影响事前评估指标体系，在很大程度上能够指导人们上升为一种理性的、全面的、定量与定性相结合的体育赛事综合影响事前评估实践活动。

第六节　研究的局限性

第一，对体育赛事综合影响进行事前评估属于预测的范畴，每一个具体指标的数据都要通过预测获取，故需要大量的基础数据和合理的预测方法。但由于目前我国体育赛事运作还不太规范，很多体育赛事相关的信息和数据都未统计。因此，在现阶段，部分指标很难采取有效途径获取较为准确的数据，故本书只能采用精确度相对较差的手段和方法获取相关数据。

第二，对体育赛事综合影响进行事前评估涉及诸多领域、众多学科，需要投入大量人力、物力和财力，非依靠笔者微薄之力能够完成。因此，本书的实证部分只验证了运用模糊综合评判法对体育赛事综合影响进行事前评估的可行性，它并没有对指标体系中反映 2009 年上海 ATP1000 大师赛综合影响的每一个具体指标进行科学评估，很多指标的数据均为模拟数据，故实证分析的结果难以客观反映该赛事综合影响的实际状况。

第二章 体育赛事综合影响评估的基本理论

第一节 体育赛事的起源与发展

体育赛事是随着社会生产力的发展而形成并发展起来的。在漫长的发展过程中，由于受社会、政治和经济发展的影响，体育赛事的内容、形式、功能以及赛事运作方式等方面都在不断地发生变化。从形式上看，体育赛事最早起源于祭祀活动；到了1984年洛杉矶奥运会，尤伯罗斯成功将商业行为引入奥运会，体育赛事的内涵和形式发生了重大改变。此后，各种形式的体育赛事在世界范围内蓬勃发展，并随着电视转播、信息技术和网络技术的飞速发展而不断创新，对全球经济、社会、文化等各个领域的发展产生了积极影响。

一 体育赛事的起源——祭祀活动

体育赛事伴随着人类的文明进步而不断发展。早在远古时代，人类就已经制定了一些运动比赛的规则。中国在公元前2700年时已有徒手武术，埃及、亚述、克里特岛等地也有弓箭、跳远和球类比赛，但这时候的运动通常只是宗教仪式的一部分。到了古希腊时代，由于希腊人注重身体健康，运动受到很大的重视，甚至成为一种崇高的活动。希腊诗人荷马在公元前8世纪的文学作品《伊利亚特》史诗中曾说到，阿奇里斯为了纪念在特洛伊战争中死亡的朋友巴托勒，特别举行了一场体育竞赛，这是有关运动比赛最早的记载。[①]

---

① 肖林鹏，叶庆辉. 体育赛事项目管理［M］. 北京：北京体育大学出版社，2005：121－123.

古代奥运会的产生则是体育赛事起源的一个重要标志。古代奥运会具体起源于何时，传说不一。大多数学者认为古代奥运会起源于公元前776年，每四年在夏天召开一次。根据古希腊传说，大约在公元前8世纪时，艾立德国的国王赫克力斯为了平息城邦间的冲突，向女祭司黛芙问卦。女祭司建议他以颂扬宙斯为名，举办运动会，使各城邦和平相处。于是，赫克力斯选择在奥林匹亚这个地方举行了第一届奥林匹克运动会。

古代奥运会的产生与希腊当时社会的政治、经济、文化和宗教有着密切的关系。古希腊人信奉多神教，每逢重大的祭祀节日，各城邦都举行盛大的宗教集会，以唱歌、舞蹈和竞技等方式来表达对诸神的敬意。古希腊认为宙斯是众神之首，所以对他格外崇敬，对他的祭祀也格外隆重，促进了奥运会的产生。古希腊人民厌恶连年不断的城邦战争，渴望和平，希望在奥运会举办期间，以神的名义实行休战，以达到减少战争、摆脱灾难的目的。由此可见，体育赛事是在战争背景和祭祀形式中产生的，但它又表达了人民对和平的美好愿望，这种互相矛盾又互相制约的关系，使体育赛事产生并延续下去。

二 体育赛事的萌芽——体育游戏

随着人类社会、经济的发展，很多运动项目不断产生，这些运动项目最初以体育游戏的形式出现。如在今天被称为世界头号体育运动的足球项目，早在汉代就在我国盛行，被称为"蹴鞠"。汉代的蹴鞠有两种形式：一种是娱乐表演性质的花法蹴鞠，踢时不受场地的限制，表演者以自己的技巧踢出各种花样；一种是在军队中开展的，按照一定规则在球场上进行的对抗性游戏。这种游戏可以在宫苑中专门建造的"鞠城"中进行，也可以在野外比较简陋的球场上进行。关于汉代足球比赛是怎样进行的，由于缺乏足够的史料，还有许多疑问。如比赛的双方各有几个球门、裁判员是一个还是两个、比赛时有多少参赛者上场、球场是什么式样，等等。人们对这些问题有不同的看法。东汉的李尤曾经写了一首关于足球的诗《鞠城铭》，对足球比赛这样描述："圆鞠方墙，仿象阴阳，法月冲对，二六相当；建长立平，其例有常，不以亲疏，不有阿私，端心平意，莫怨其非，鞠政犹然，况乎执机。"这首诗的大概意思是：蹴鞠球圆而鞠城墙呈方形，是依照自然界天圆地方的阴阳规律而设计的，鞠的两端有月形的球门，两两相对，一边六个。比赛设有裁判，按照一定的规则公平执法，不因亲疏远近而有所偏袒，大家也就没有什么可埋怨的。李尤的描写使我们大致知道汉代的足球是对抗性游戏，采用两军对垒的踢法，争夺十分激烈，以攻入对方鞠室中的球数多少决定胜负。① 再如，风靡全球的篮球项目是1891年由美国马萨诸塞州斯普林菲尔德市基督教青年会训练学校体育教师詹姆士·奈史密斯博士发明的。当时，在寒冷的冬季，由于人们缺乏室内的球类竞赛项目，奈史密斯便从工人和儿童用球向"桃子筐"投准的游戏中得到启发，设计将两只桃篮分别钉在健身房内两端看台的栏杆上，桃篮口水平向上，距地面 10 英尺，以足球为比赛工具向篮内投掷，入篮得 1 分，按得分多少决定胜负。因为这项游戏最初使用的是桃篮和球，遂取名为"篮球"。②

从上面的分析我们可以很明显地看出，各个运动项目的产生一般都表现为体育游戏的形式。在这个阶段，各个项目的体育比赛规则还不完善，内容较为简单。但不可否认的是，这一阶段较前一阶段相比有了很大的进步，在本质上发生了明显的改变，而且这一阶段还为体育赛事的进一步演进和发展打下了坚实基础。

三 体育赛事的传统形式——体育竞赛

由于各个运动项目的游戏性和趣味性较强，有较好的健身效果，所以人们很快便在游戏的基础上充实运动内容，制定了某些限制性规则，并不断改革比赛方式，从而逐步从体育赛事的萌芽阶段——体育游戏，过渡到其传统形式——体育竞赛。

体育竞赛与体育游戏的一个最大的区别在于，体育竞赛较体育游戏而言，规则和竞赛方法更加合理，它已经成为人们主动安排的、按一定规则所进行的竞技较量活动。如王嵘海认为，"体育竞赛是在规则的统一规定下，采用公平合理的竞赛方法，运用人的体能、智慧及所掌握从事该项运动的技战术能力，按特定的形式进行的，比较位移速度的快与慢，投掷物体和跨越距离的远与近，越过高度的高与低，举起重量的大与小，以及在

---

① 任海．中国古代体育［M］．北京：商务出版社，1996：9－23．
② 周建林．球类运动体育教程［M］．南京：南京师范大学出版社，2005：1－2．

直接对抗或间接对抗的情况下比完成动作质量的优与劣、准确度的精与误、最后得分的多少等竞技活动的过程"。①

但是需要指出的是，传统形式的体育赛事一般由参赛活动人群、场地物质条件及比赛组织管理三个基本系统所组成。② 它往往只关注运动员、教练员、裁判员等竞赛活动主体，对于体育竞赛所涉及的赛场之外的因素并不太关注。当然，这一点也是有客观原因的。在生产力发展低下、物质与精神生活极端贫乏、人类需要为生存而艰苦斗争的阶段，体育赛事在社会生活中的位置还是微不足道的，对政治、经济、文化所能产生的影响也极为有限。

四　体育赛事的现代形式——特殊事件

自1984年美国洛杉矶奥运会开创市场营销赢利纪录以来，商业营销成为体育赛事运作管理极其重要的内容。体育赛事活动的内涵和外延发生了很大变化，原有"运动竞赛"的概念被打破。体育赛事活动再也不是纯粹由运动员、裁判员参与的活动，观众、媒体、赞助商等其他主体纷纷加入体育赛事活动中。体育赛事已经发展成为集社会、政治、经济、文化等多因素为一体的、复杂的、综合的特殊活动。体育赛事被赋予要达到的目的和目标也越来越多样化，对经济、政治、文化、科技等方面的影响力和冲击力也越来越大。并且，受到经济的影响和商业利益的驱动，市场营销在体育赛事中地位和价值也越来越突出。此时，体育赛事已经具备了以下特征：具有潜在的市场前景；共同的组织文化背景引导和联结参与者与观众；规则、习俗和传统影响着活动本身；存在着计划、组织、训练和降低风险等实施行为；提供服务产品，要求有不同水平的管理和不同参与者，如运作管理者、门票销售管理者、市场营销者、人事管理者、协调管理者、工程师、办公人员、媒体与公关协调员、供应商和零售商等进行团队工作。也正因为体育赛事的上述特征，国外很多学者将其纳入了特殊事件的范畴。

一言以蔽之，体育赛事在现阶段已经发展成为一种提供竞赛产品和相

---

① 王崚海，刘爱华．球类竞赛理论与方法 [M]．北京：中国农业科学技术出版社，2005：1－2.

② 肖林鹏，叶庆辉．体育赛事项目管理 [M]．北京：北京体育大学出版社，2005：53－54.

关服务产品的特殊事件，其规模和形式受到竞赛规则、传统习俗等多种因素的制约，具有项目管理特征、组织文化背景和市场潜力，能够迎合不同参与体分享经历的需求，达到多种目的与目标，对举办地的社会和文化、自然和环境、政治和经济、旅游等多个领域发生冲击影响。也正因为此，我们才会在现阶段产生对体育赛事综合影响进行评估的需求。

第二节　体育赛事的定义

从对体育赛事定义的文献综述看出，目前国内关于体育赛事的定义千差万别，并没有达成一致共识。因此，本文有必要先对体育赛事的定义进行探讨，以便建立本文研究的前提。

逻辑学中明确提出：给某一概念下定义就是用简短明确的语句提示概念的内涵，即揭示概念所反映对象的特点或本质的一种逻辑方法，用公式表示就是：被定义概念 = 邻近属概念 + 种差。[①] 故在此笔者将运用上述下定义方法对体育赛事的概念进行分析。

首先需要讨论的是体育赛事的邻近属概念问题。从本质上讲，体育赛事这一词汇来源于西方国家，故从体育赛事所对应的英文词汇探寻其邻近属概念更为恰当。根据相关文献显示，体育赛事对应的英文词汇为"Sports Event"，与其意思相近的词汇还有"Hallmark Event""Major Event""Mega-Event"，等等。上述这些词汇有一个共同之处，即都包含有词汇"Event"，因此，笔者初步认为，体育赛事的邻近属概念就是英文词汇"Event"。但是，Leo Kenneth Jago 进一步指出，Event 又可分为"Ordinary Event"和"Special Event"两类[②]。Getz 认为，Special Event 包括"文化庆典、艺术活动、商业庆典、展览会、学术会议、体育赛事以及政治活动"等几种类型[③]。Graham 等人也认为宗教典礼、传统仪式、文艺表演、宴

---

① 何雪勤. 形式逻辑学 ［M］. 沈阳：辽宁人民出版社，1985：34 – 35.

② Jago L. & R. Shaw. Categorisation of Special Events：A Market Perspective，Tourism Down Under：Perceptions，Problems and Proposals，Conference Proceedings，Massey University，Palmerston North，1994：682 – 708.

③ Getz，D. Event Management and Event Tourism. Cognizant Commnunication Corporation，Newyork. 1997：4.

会、展览会和体育赛事等都属于"Special Event"的范畴①。故笔者进一步认为,体育赛事概念的属概念中,"Special Event"比"Event"更为邻近。通过上述分析,体育赛事的邻近属概念为"Special Event",即"特殊活动"。关于特殊活动的定义,国外有很多种,这在综述部分已经详述。但笔者认为,Leo Kenneth Jago 的定义最为完整,他认为特殊活动是指"一次性的或不经常发生的且具有一定期限的事件。它不仅可以吸引更多的旅游者到事件举办地,并提供给他们一种超越日常生活的休闲或社交的机会,还能够增强外来游客对举办城市或社区的认知度,提高举办城市或社区的品牌及形象"。同时,他还指出特殊活动的六大特征:吸引外地游客并推动举办地旅游业发展;具有一定的期限;一次性或不经常发生;提升举办地知名度、改善城市形象;对举办地社会经济产生影响;提供一次休闲和社交的机会。②

在解决了邻近属概念之后,我们下一步需要探讨的是种差问题。所谓体育赛事概念的种差,就是体育赛事与其他同属于特殊活动范畴事物的区别。那么体育赛事与节日、政治活动、文化活动等其他特殊活动的差别到底在哪里呢?笔者认为,体育赛事区别于其他特殊活动的最本质之处在于"它是以体育竞技为主题",这一观点在李南筑的《体育赛事经济学》中也有体现③;肖林鹏、叶庆晖也同样认为"体育赛事的核心为竞技活动"。④故笔者最终认为体育赛事概念的种差为"以体育竞技为主题"。

通过上面对体育赛事概念的邻近属概念和种差的分析,笔者最终认为体育赛事是指以体育竞技为主题,一次性或不经常发生,且具有一定期限的集众性活动。它不仅能够推动举办地旅游业的发展、提升举办地知名度、改善城市形象,还能够对举办地的经济、社会、环境等诸多领域产生影响。从上述定义我们可以看出,对于举办地来说,一项体育赛事只是一个不经常发生的活动,延续的时间很短。但由于举办一项体育赛事通常要动用举办地的众多资源,且在赛事举办期间会有大量的媒体和观众。因此,它将对举办城市的各个方面产生一定的冲击和影响。

---

① Getz, D. Special Events: Defining the Product, Tourism Management, 1989 (2): 125 – 137.
② 同①。
③ 李南筑,袁刚. 体育赛事经济学 [M]. 上海:复旦大学出版社,2006:22 – 26.
④ 肖林鹏,叶庆辉. 体育赛事项目管理 [M]. 北京:北京体育大学出版社,2005:53 – 54.

第三节　体育赛事的分类

法国著名思想家 E. 迪尔凯姆指出，"所谓分类是在开始研究时，用科学的方法从众多不确定的个体中抽出一部分确定的个体，作为类型的标准，然后对这些确定的标准进行观察，而不必对各个个体进行全部考查"。"分类的效用是为研究事物提供一个标准，作为观察其他事物的基础，使研究能够有条不紊地进行"。① 国内学者程乃胜进一步指出："类型学研究范式是对某一对象进行分类的有效工具，它对研究对象的分类具有某种主观性，并无统一的标准，不同的研究者根据自己对研究对象的把握可能有不同的分类标准。"②

本书对体育赛事进行分类是为了提供一个进一步认识体育赛事的框架。在文献综述部分，笔者已经对当前体育赛事的分类问题进行过分析，现有的文献已经较为详细。在此，笔者主要是根据后续研究的需要进一步对体育赛事的分类问题进行探讨。

一　按体育赛事规模划分

规模是对体育赛事进行分类的重要维度。Mules & Faulkner 甚至提出，"体育赛事的规模是区分不同赛事的最为重要的指标"。③ 从规模角度看，一项体育赛事可以小到某一组织或机构的内部比赛，大到奥运会、足球世界杯等国际性体育盛会。从理论上讲，规模是一个连续性的参数，它可以分为无数个级别。但从实际来看，在规模维度对体育赛事进行划分的难度很大，目前一般分为两个类别：一是大型体育赛事（Major Events），包括超大型体育赛事（Mega-Events）和标志性体育赛事（Hallmark Events）；二是规模相对较小的体育赛事（Minor Events），即除了第一类之外的其他赛事。

---

① E. 迪尔凯姆著，胡伟译. 社会学方法的规则（第2版）[M]. 上海：华夏出版社，1998：64.

② 程乃胜. 论类型学研究范式在法制现代化研究中的应用 [J]. 法学评论，2006（1）：14-18.

③ Mules, T. & B Faulkner. An Economic Perspective on Special Events. Tourism Economics，1996（2）：107-117.

从国内外目前的研究看，绝大部分研究都关注于规模较大型的体育赛事，即关于"Hallmark Events"以及"Mega-Events"的研究，如 Ritchie，Hall，Mules，Roche，Witt 等人。当然也有一些学者则重点关注对一些小型体育赛事的研究，如 Getz 等人。由于本书从规模角度上只将体育赛事分为两类，在逻辑关系上处于互补关系。因此，只需探讨大型体育赛事（Major Events）的问题，即"Mega-Events"和"Hallmark Events"两者的定义和区别即可。

（1）关于"Mega-Events"的界定问题。"Mega-Events"的认定一直受到国外学者的关注。总结起来，他们主要从两个角度对其进行探讨。一是从量化指标的角度认定"Mega-Events"。这一类文献相对较少，而且没有达成共识。如 Travis & Croize 认为，可以从参与者的人数来定义"Mega-Events"，他们指出，当参与者的人数超过 50 万人以上，那么这一体育赛事就可以被称为"Mega-Events"[①]；再如 Marris 认为，可以从 3 个方面对"Mega-Events"进行界定：到访游客的规模——至少吸引 100 万到访者，货币度量——资本投入至少相当于 5 亿加拿大元、7.5 亿德国马克或 25 亿法郎，心理因素——是必看的节事[②]；另外，Spilling 的定义也有一些量化的指标，他认为"Mega-Events"是指"能够吸引超过 10 万以上的人群，并需要较大投资，且为相关服务创造大量需求的事件"[③]。二是从"Mega-Events"所具有的特征角度认定"Mega-Events"。这类文献非常之多，如 Rooney 认为体育的"Mega-Events"应具有六大特征：具有一定的传统、具有复杂深刻的历史意义、具有神秘性或有神话般的成分在内、得益于世界各国媒体的高度关注、通常有其他文化或展览活动的补充、通常在具有某种意义的特定地方举行。同时他还指出，"Mega-Events"给举办地带来的一个重要结果——它可以吸引一大批非本地观众前来赛事举办地旅游，而

① Travis, A. & J. Croize. The Role and Impact of Mega-Events and Attractions on Tourism Development in Europe: A Micro Perspective, Proceedings of the 37th Congress of AIEST, Calgary, 1987: 59 - 78.

② Marris, T. The Role and Impact of Mega-events and Attractions on Regional and National Tourism Development, Resolutions of the 37th Congress of the AIEST, Calgary, 1987: 3 - 12.

③ Spilling, O. Mega-Event as a Strategy for Regional Development: The Case of the 1994 Lillehammer Olympic Games, Proceedings of Institute of Tourism and Service Economics, International Centre for Research and Education in Tourism, International Conference, Innsbruck, 1996: 128 - 154.

且赛事的规模越大，其对非本地观众的吸引力就越强①。Hall 认为 "Mega-Events" 是指那些将目标明确指向国际旅游市场的节事。这些节事因其庞大的参加者规模、目标市场的规模、财政支出的数量、政治影响力、电视转播的范围、建成的设施规模以及对举办地的经济和社会影响而称为 "Mega-Events"②。Getz 也对 "Mega-Events" 做了如下定义："Mega-Events" 是有计划的、持续一段时间的事件。其对举办地在以下一个或多个方面有重大的影响：旅游者的数量；旅客的开销；知名度的提高和正面形象的树立；相关基础设施和组织部门的发展，从而充分提高目的地的承载力和吸引力。③ Getz 和 Hall 的共同之处都是将节事的影响作为度量 "Mega-Events" 的一个重要指标，不同之处在于 Hall 是从节事对举办地的整体经济、社会、政治的影响来衡量，而 Getz 则更多地考虑了节事对举办地旅游业的影响。

　　总的来说，目前关于 "Mega-Events" 还没有一个标准的定义，在衡量指标的确定方面尚存在分歧，在指标的量化方面也存在困难。但笔者在归纳和分析前人关于 "Mega-Events" 定义的基础上初步认为，"Mega-Events" 应该具有两个方面的特性：一是它是一个国际性的盛事，这一特征与 Hall 的定义不谋而合；二是某一 "Mega-Events" 在一定时期内对于举办地来说是一次性的，如奥运会、足球世界杯，等等。

　　（2）关于 "Hallmark Events" 的界定问题。"Hallmark Events" 的界定与 "Mega-Events" 的界定问题一样也受到了很多学者的高度关注。目前，人们使用最多的是 Ritchie 的定义，即 "Hallmark Events" 是指 "一个大型的、具有一定期限的事件，这一事件可以是一次性的，也可以是重复举办的。它的举办可以在短期或更长一个时期内扩大举办地的知名度，并对举办地的旅游业产生积极影响"。④ 这一定义的最主要的一个问题就是 "大型" 这一词汇显得过于宽泛，导致了很多学者对此产生不同的理解。从

①　Rooney, J. Mega-sports Events as Tourist Attractions: A Geographical Analysis, In Tourism Research: Expanding Boundaries, The Travel and Tourism Research Association Nineteenth Annual Conference, Montreal, 1988: 93 - 99.

②　Hall, C. The Effects of Hallmark Events on Cities, Journal of Travel Research, 1987 (2): 44 - 45.

③　Getz, D. Special Events: Defining the Product, Tourism Management, 1989 (2): 125 - 137.

④　Ritchie, B. How Special are Special Events? An Impact Study of the NationalMutual New Zealand Masters Games on Dunedin's Economy, in Kearsley, G. (ed) Tourism Down Under II; Towards a More Sustainable Tourism, Centre for Tourism, University of Otago, Dunedin, 1996: 73 - 79.

Ritchie 相关文章中得知,定义中的"大型"主要是指"赛事的举办能够达到吸引全国甚至国际关注的程度"。但遗憾的是,在他的定义中,他并没有对大型这一宽泛的词汇做出进一步的解释。1991 年,Ritche & Smith 又对"Hallmark Events"概念进行了进一步阐述,即"Hallmark Events"是指那些规模较大、等级较高,并对赛事举办地产生重大影响的体育赛事。[①] Hall 基本接受了 Ritchie 的上述定义,他同时还指出"Hallmark Events"应该对举办地的经济、社会文化及相关产业产生较大影响。[②]

上面的分析容易使大家产生一种错觉,认为当前学者们对于"Hallmark Events"的定义并没有太大争议,但实际情况并非如此。早在 1987 年,Ritchie & Yangzhou 就做了一个尝试,将这两个概念结合起来,给出了一个总的定义。这一定义与1984 年 Ritchie 的"Hallmark Events"的定义非常相似,它只是在此基础上加上了"这些赛事的成功主要是依靠其独特性、级别等因素,从而创造精彩的比赛并吸引更多的观众和媒体的关注"[③]。1990 年,Ritchie 进而声称,将"Hallmark Events"与"Mega-Events"的概念统一起来将是一件很有意义的事情。他认为,尽管"Hallmark Events"与"Mega-Events"存在着些许差异,但这种差异是很微小的,并无本质上的差别。[④] 可是,Ritchie 并没有解释为什么将两者的概念统一起来是一件很有意义的事情。与上述观点相反的是,Kang & Perdue 坚持认为"Hallmark Events"与"Mega-Events"在规模上存在一定的区别,"Hallmark Events"比"Mega-Events"的规模要小[⑤];Shultis, Johnston & Twynam 也认为"Hallmark Events"与"Mega-Events"这两个词汇存在一

① Ritchie, J. & B. Smith. The Impact of a Mega-Event on Host Region Awareness: A Longitudinal Study, Journal of Travel Research, 1991 (1): 3 - 10.

② Hall, C. Hallmark Tourist Events: Analysis, Definition, Methodology and Review, In Syme, G., B. Shaw, D. Fenton, and W. Mueller (eds) The Planning and Evaluation of Hallmark Events, Gower Publishing Company, London, 1991: 3 - 19.

③ Ritchie, J. & J. Yangzhou. The Role and Impact of Mega-Events and Attractions on National and Regional Tourism: A Conceptual and Methodological Overview, Proceedings of the 37th Congress of AIEST, Calgary, 28, 1987: 17 - 58.

④ Ritchie, J. Promoting Calgary Through the Olympics; The Mega-Event as a Strategy for Community Development, In Fine, S. (ed), Social Marketing, Allyn & Bacon, Boston, 1990: 258 - 274.

⑤ Kang, Y. and R. Perdue. Long-term Impact of a Mega-Event on International Tourism to the Host Country: A Conceptual Model and the Case of the 1988 Seoul Olympics, In Uysal, M. (ed), Global Tourist Behaviour, International Business Press, New York, 1994: 205 - 225.

定的区别①。Getz 也坚持这两个概念不能相提并论，他认为"Hallmark E-vents"与举办地的关系更为密切，它是举办地的一个标志性事件②。Mount & Leroux 与 Getz 的观点不谋而合，他们认为"Hallmark Events"更加强调赛事与城市的关系，往往是某一城市会因一个"Hallmark Events"而出名；而"Mega-Events"则更加强调它的规模之大，并且在一段时期内对举办地来说是一次性的，例如奥运会等。③

从以上关于"Hallmark Events"的分析，笔者认为，"Hallmark Events"应具备以下四个特征：（1）不经常发生；（2）在同一地点举办；（3）规模相对较大；（4）赛事已经成为举办地的名片。基于这四个特征，本文认为"Hallmark Events"的定义为：与某一特定地点紧密相连、举办频率较低，且已成为举办地的重要标志的大型体育赛事。

需要强调的是，尽管"Hallmark Events"和"Mega-Events"都是指规模大的体育赛事，但"Hallmark Events"的"大"只是一种相对的"大"，很多区域性的比赛也可能成为"Hallmark Events"；而"Mega-Events"的"大"却是一种绝对的"大"，它就指奥运会、足球世界杯等国际性重大赛事。

二　按体育赛事影响范围划分

所谓体育赛事影响范围是指体育赛事对赞助商、观众、媒体等利益相关群体的号召力大小。1991 年 Getz 根据体育赛事对观众的吸引力及吸引赞助的能力将体育赛事分为四个级别，即超大型体育赛事（Mega-Events）、地区级体育赛事（Regional Events）、地方级体育赛事（Local Events）和巡回体育赛事（Touring Events）。在上述分类中，地区级体育赛事的赞助商主要来自举办地区内，而超大型体育赛事的赞助商则主要来自赛事举办地之外的国内其他地区甚至国外。而对于巡回体育赛事（Touring event）来

① Shultis, J. , M. Johnston & D. Twynam. Social Impacts of a Hallmark Event: Development and Description of a Case Study in Thunder Bay Ontario, In Murphy, P. (ed), Quality Management in Urban Tourism: Balancing Business and Environment, Proceedings, University of Victoria, Victoria, 1994: 166 – 177.

② Getz, D. Assessing the Economic Impacts of Festivals and Events: Research Issues, Journal of Applied Recreation Research, 1991 (1): 61 – 77.

③ Mount, J. & C. Leroux. Assessing the Effects of a Mega-event: A Retrospective Study of the Impact of the Olympic Games on the Calgary Business Sector, Festival Management & Event Tourism, 1994 (1): 15 – 23.

说，获得赞助的机会很少，一般是哪里能够为赛事拉到赞助就在哪里举办，赛事组织者通常是确定了赛事赞助商之后才决定是否举办。[①] Hall 从赛事影响范围的视角对体育赛事进行了划分，他根据体育赛事的目标市场不同将其依次分为国际级、国家级、地区级和地方级的体育赛事。[②] 荷兰旅游局也根据相同的分类原则，将体育赛事分为地方级体育赛事、小型的地区级体育赛事、较为重要的地区级体育赛事、全国性体育赛事和国际性体育赛事五个类别。[③]

体育赛事的影响范围与赛事规模有一定的关联度，往往一个体育赛事的规模越大，则其影响范围就越广，但这两个概念并不是完全等同的关系。赛事规模强调的是体育赛事相关指标的量，而赛事影响范围则强调的是体育赛事对相关群体的吸引力。

三 其他角度的体育赛事分类

除了上述两种分类方法之外，根据研究的需要，我们还可以从特定的视角，根据一定的分类原则，对体育赛事进行划分。

（1）根据体育赛事包含的运动项目数量来划分，可以分为综合性体育赛事和单项体育赛事。其中综合性体育赛事包含多个运动项目；单项体育赛事只包含一个运动项目。单项体育赛事又可根据运动项目的具体类别划分为足球赛事、篮球赛事、网球赛事、田径赛事，等等。从组织和运作赛事的角度讲，一般情况下，同等级别的综合性体育赛事比单项体育赛事更为复杂，筹备期更长，对场馆设施的要求更高，对举办地的影响更大。

（2）根据体育赛事举办的地点划分，可以分为室内赛事和室外赛事。室内赛事一般是在体育馆内举行，如羽毛球赛事、乒乓球赛事等。室外赛事的情况则较为复杂，有的是在露天体育场内举行，如足球赛事、田径赛事、汽车赛事等；有的是直接借助于自然环境或公路等基础设施而举行，

① Getz, D. Festivals, Special Events, and Tourism, Van Nostrand Reinhold, New York, 1991：23 - 25.

② Hall, C. Hallmark Tourist Events: Analysis, Definition, Methodology and Review, In Syme, G., B. Shaw, D. Fenton, & W. Mueller. The Planning and Evaluation of Hallmark Events, Gower Publishing Company, London, 1991：3 - 19.

③ Jago, L. & R. Shaw. Special Event Calendars: Conceptual and Research Issues, Proceedings of the National Tourism and Hospitality Conference, CAUTHE, Melbourne, 1995：60 - 73.

如滑雪、帆船、帆板、马拉松等运动项目的体育赛事。通常而言，天气气候等因素对室内赛事的影响较小，而对室外赛事的影响很大。此外，室外赛事对环境的影响也比室内赛事的影响大。

（3）根据体育赛事持续的时间，可以将体育赛事分为为期1天的赛事、为期2—3天的赛事以及为期3天以上的赛事。在其他条件相同的情况下，体育赛事持续的时间与赛事给举办地带来的新的资金流入成正相关关系，赛事持续的时间越长，给举办地带来的新的资金流入就越多，对城市的经济影响就越大。尤其是为期1天的体育赛事与为期2—3天的体育赛事的区别就更大，其主要原因是，对于为期1天的体育赛事来说，吸引外地观众观看比赛并在举办地留宿的机率与为期2—3天的体育赛事相比要小得多。因此，拉长赛事持续的时间是扩大体育赛事对举办地经济影响的一个有效措施。

（4）根据获得体育赛事举办权的方式划分，可以分为购置举办权的体育赛事、通过申办竞争获取举办权的体育赛事、由赛事所有权方委托举办的体育赛事以及赛事组织者自我创立的体育赛事四个类别。由于前两种类型的体育赛事在获取赛事举办权之前需要有巨大的投入，赛事组织者一般都需要经过精心的筹备和论证，才能决定是否需要为获取该类赛事的举办权而进行前期投入。

（5）根据在赛事筹备阶段是否需要进行体育场馆和基础设施建设划分，可以分为需要进行大规模场馆和基础设施建设的体育赛事和基本无须进行大规模场馆和基础设施建设的体育赛事。例如奥运会、世界杯等大型体育赛事通常都需要投资巨额资金用于体育场馆和城市基础设施建设，这类体育赛事往往可能是双刃剑：一方面，举办城市可能会通过巨额投资的基础设施建设推动举办地的经济、社会等方面的发展，从而达到城市再造的目标；另一方面，巨额的投资也可能会带来巨大的财务风险，而且赛事结束后的体育场馆利用问题可能会成为举办城市的一大难题。而对于基本无须进行大规模场馆和基础设施建设的体育赛事来说，赛事的运营成本和风险相对较小，但赛事结束后留给举办地的遗产一般比前一种类型的要少。在本书的研究中，对体育赛事综合影响的评估不包括对体育赛事兴建场馆和基础设施给举办地带来影响的评估。其原因主要是体育场馆的建设与体育赛事项目运作本身性质有很大差异，而且，体育场馆和基础设施建设的投资巨大，通常情况下都需要单独进行工程项目评估。

（6）根据体育赛事参与主体的不同进行划分，可以分为观众型体育赛事和运动员型体育赛事。其中观众型体育赛事是指以观众为主体的体育赛事，如世界杯足球赛、环法自行车赛、上海网球大师杯赛、一级方程式汽车大奖赛等，这类赛事往往是一些级别和水平较高、运动项目较为普及、赛事历史较长的体育赛事，它可以吸引大量的外地观众前来举办地旅游和观看体育赛事；运动员型体育赛事是指以运动员为主体的体育赛事，如安利纽崔莱健康跑、北京国际马拉松赛以及一些观赏性不强的运动项目以及普及性不高的体育赛事。这类体育赛事中，运动员、教练员及其亲属占整个赛事相关人群的较大比重，观众相对较少。

（7）根据观众是否需要购买门票划分，分为有门票的体育赛事和无门票的体育赛事。对于有门票的体育赛事而言，体育赛事的门票收入是赛事组织者收入的一部分。而且从理论上讲，由于观众都需要购买门票才能观看比赛，因此，观众人数容易统计。相反，对于无门票的体育赛事，体育赛事的观众人数就很难统计，这给体育赛事经济影响的评估带来了很大的困难。

通过上述体育赛事分类，我们可以很明显地看出，体育赛事活动是一个非常复杂的项目，考虑到篇幅有限，不可能对所有类型的赛事都进行一一分析，故为了研究的方便，笔者对所研究的体育赛事进行了限定。本书所研究的体育赛事具有以下六个特征：第一，具有一定规模；第二，有一定的国际影响力；第三，单项体育赛事；第四，不需要新建大量基础设施和场馆；第五，观众需要购买门票；第六，属于观众型体育赛事。根据这六个特征，本书的研究对象为不需要新建大型基础设施和体育场馆就能够举办的大型国际单项体育赛事，如一级方程式汽车大奖赛、上海网球大师杯赛、汇丰高尔夫球赛，等等。

第四节　体育赛事的特征

一　体育赛事的聚集性特征

在当代，理解和掌控注意力已经成为商业成功至关重要的因素。美国学者达文波特和贝克将这种新出现的经济形式称为"注意力经济"。① 体育赛事项目具有高度的聚集性，从传播影响方式和观众参与的角度来看，体育赛事是一种眼球经济，一种注意力产业。在体育赛事举办期间，大量的人流、物流、信息流和资金流会在一个固定的时间和空间里聚集，形成特有的集合效应。这种集合效应主要表现在以下三个方面。一是大量人流的空间聚集。人流的集聚意味着对赛事举办地相关产业需求的增加，而需求的增加必然推动这些产业的发展，从而使举办地的收入增加，并为其带来综合经济效益。二是大量信息流的时间聚集。在赛事举办期间，观众和媒体的关注点将迅速聚焦在赛事举办地，通过与各方的接触以及不同思想和价值观的交流与辐射将产生巨大的积极影响，为举办城市和国家带来巨大的无形价值。三是大量物流的空间聚集。大量人流的聚集势必会带来物流的集聚。据北京奥组委透露，2008 年北京奥运会共汇集来自 200 多个参赛国和地区的运动员、官员、记者和上百万人的观众，使用器材超过 120 万件，物流经济总量超过 400 亿元人民币。②

体育赛事在短时期内的这种集合效应是体育赛事对举办地产生综合影响的根源。但需要指出的是，体育赛事的集合效应也有两面性，如果这种集合效应在赛事举办地所承受的限度之内，则表现为聚集经济，如果超过了赛事举办地所承受的限度，达到了难以容纳的程度，那就会表现为聚集不经济，这时体育赛事就会给举办地带来很多负面影响。

二　体育赛事的体验性特征

体育赛事是一种"体验经济"已经成为各界的共识，经济学家派恩指出，"所谓体验就是指人们用一种从本质上说以个人化的方式来度过一段时间，并从中获得过程中呈现出来的一系列可回忆的事件"。③ 在体育赛事现场，大家不是为赛事纪念品付账，而是为自己的愉快买单，为体验而付出。对于体育赛事的消费者来说，体育赛事消费是一种娱乐消费，是一种

① 托马斯·H. 达文波特，约翰·贝克. 注意力经济（第二版）［M］. 北京：中信出版社，2004：37 – 43.

② 樊震. 点燃奥运产业［OB/EL］. http://business. sohu. com/20080727/n258401531. shtml. 2008 – 07 – 27.

③ 约瑟夫·派恩，詹姆斯·吉尔摩. 体验经济［M］. 北京：机械工业出版社，2002：135 – 137.

诉诸服务业的体验经济方式，一种文化体验产业。它决定着体育赛事在总体上的服务产业性质和体验、感受等精神性、文化性乃至心理愉悦的服务方式，有着极强的相互感染、相互交流、相互激发印证和情感泄导的功效。

正因为体育赛事的这一特征，使得很多体育运动迷对观看高水平的体育赛事乐此不疲，这也是促进体育赛事举办地旅游业、给举办地带来新的消费的关键所在。当然，体育赛事的这一特征也会给举办地的居民带来一定程度的影响。

三 体育赛事的外部性特征

所谓外部性是指一定的经济行为对外部的影响，而造成私人（企业或个人）成本与社会成本、私人利益与社会利益之间相偏离的现象，包括正外部性和负外部性。体育赛事的外部性主要表现为正外部性，指的是赛事项目运营主体利益与社会利益之间相偏离的现象。这种正外部性体现在以下三个方面。第一，对其他相关产业的拉动效应。体育赛事作为一种经济现象，不仅能够为主办者以及体育产业带来直接的经济收益，还可以以产业链的形式影响到其他相关产业，产生巨大的间接收益，如旅游业、餐饮业、酒店业、房地产业、新闻业、广告业等都是受益者。第二，对举办国家或城市知名度的影响。体育赛事是一种无国界限制、无种族歧视的活动，是有效提高国家或城市知名度的途径，成功举办体育赛事能够在很大程度上提高城市知名度。第三，对举办地居民的积极影响。体育赛事作为一种文化活动，极大地丰富了举办地居民的业余生活，同时，它还能够提升举办地居民运动健身的热情，等等。这些都是体育赛事对举办地居民正外部性的表现。当然，体育赛事所产生的负外部性也是不可忽视的，如赛事举办期间，举办地的犯罪率提高、交通堵塞、环境污染，等等，这一点应该引起学者和政策制定者的足够重视。①

四 体育赛事的综合性特征

现阶段，对举办地来说，体育赛事已经成为一种综合性的经济活动。

---

① 黄海燕、张林. 大型体育赛事的正外部性及其内在化途径 [J]. 上海体育学院学报，2007 (1)：23 – 29.

通常情况下，举办一项体育赛事往往要涉及举办地的社会、经济、文化等方方面面，牵涉的关联主体非常多。体育赛事作为一种经济活动，它是人流、物流、信息流和资金流的大汇集。其中，直接服务人流的有酒店业、餐饮业、旅游业、零售业、娱乐业、交通业、安保业、医疗保健业等；直接服务物流的有交通业、储运业、邮政业、保险业和海关、商检、外运等；直接服务信息流的有咨询业、通讯业、广告业、传媒业等；直接服务资金流的有银行业、保险业、信托业等，以及会计、律师、咨询等中介机构。举办体育赛事能够调动如此多的行业和产业协同运作，说明体育赛事的综合性非常强，但这也直接决定了体育赛事对举办地影响的复杂性。

此外，由于体育赛事的产业辐射和带动能力很强，它是一个城市值得发展和重视的重点产业。但体育赛事的综合性特征，又决定了举办体育赛事所需要的条件是很苛刻的，因此，发展体育赛事产业并不容易。对于举办体育赛事来说，交通、酒店、通讯、信息、传媒等硬件设施固然重要，但更重要的是能够创造适合体育赛事经济发展的软环境，形成体育赛事经济商业氛围和体育赛事文化。也只有在这样的大环境下，再通过合理的规划，才有可能实现体育赛事对举办地影响的最大化。

总而言之，体育赛事的上述四大本质特征，不仅决定了体育赛事能够对举办地产生影响，同时还决定了体育赛事对举办地的影响是广泛的、复杂的。本书将从体育赛事的利益相关者入手，对体育赛事对举办地的综合影响这一复杂问题进行系统分析。

第五节　体育赛事的利益相关者

利益相关者（Stakeholder）是一个管理学概念，根据 Bryson & Crosby 的定义，利益相关者是"受一件事的原因或者结果影响的任何人、集团或者组织"①。其理论研究起步于 20 世纪 60 年代，它极大地挑战了以股东利益最大化为目标的"股东至上理念"，随后得到管理学、伦理学、法学和社会学等众多学科的关注，但企业一直是该理论的绝对研究主体。直到 20

①　Bryson J. M. & Crosby B. C. Leadership for the Common Good: Tackling Public Problems in a shared—power World [M]. San Francisco: Jossey — Bass, 1992: 85.

世纪 90 年代初期以后，其研究主体开始从企业扩展到政府、社区、城市、社会团体以及相关的政治、经济和社会环境等，一些会展、旅游和工业项目也纷纷开始利用利益相关者理论分析有关问题。体育赛事是一个复杂的项目系统，它所牵涉的利益相关者很多。从体育赛事对举办地影响的角度看，一方面，体育赛事的部分利益相关者可能与赛事某些影响的产生直接相关，比如，媒体与赛事对城市知名度的影响有直接关系；另一方面，赛事的部分利益相关者可能是赛事某些影响的直接或间接受体，比如，举办地政府可能会从体育赛事的举办中直接获得收益。基于此，本书很有必要对体育赛事的利益相关者问题进行深入分析。

关于体育赛事的利益相关者问题，国内外已有一些学者做过研究。马斯特曼·G 认为，在早期体育赛事的主要利益相关者常常只限定在参加比赛的运动员和裁判员，但随着体育赛事的发展，赛事的消费者逐渐成为体育赛事主要利益相关者。他还进一步列出了体育赛事的主要利益相关者，包括运动员、裁判员、随队人员、供应者、赛事管理者、工作人员、观众、媒体和贵宾（VIP）等。[1]

Getz 认为，体育赛事的主要利益相关者包括赛事组织者、赞助商和合作伙伴、消费者及贵宾、城市社区等；[2] 国内学者叶庆辉进一步扩充了 Getz 关于体育赛事利益相关者的观点，他认为，体育赛事包括主办组织、主办社区、赞助商和经费支持者、供应商、媒体（电台、电视和报纸）、工作团队（受雇职员和志愿者）、参与者和观众等利益相关者。[3]

上述学者对体育赛事包括哪些利益相关者这一问题进行了较为全面的分析，结合我国体育赛事运作的实际，笔者认为，当前我国体育赛事的主要利益相关者包括赛事主办组织、赛事所有权人、举办地政府、主办社区、媒体、赞助商、赛事观众、赛事参与者（运动员、裁判员及教练员）等。这些赛事的利益相关者大致可分为两个类别：第一类包括赛事所有权人、赛事主办组织、赛事参与者等，它们是构成体育赛事的重要组成部

① 马斯特曼·G 著，张小柯，吴立新，金鑫译. 体育赛事的组织管理与营销 [M]. 辽宁：辽宁科学技术出版社，2006：11 – 13.

② Getz, D. Event Management and Event Tourism, Cognizant Communications, New York. 1997：41 – 72.

③ 叶庆晖. 体育赛事运作 [D]. 北京体育大学，2003：30 – 32.

分，称之为体育赛事的内部利益相关者；第二类包括举办地政府、主办社区、媒体、观众等，它们是体育赛事的内部核心系统与外部环境的联系，称之为体育赛事的外部利益相关者。本书重点分析的是体育赛事对举办地的综合影响，与体育赛事的外部利益相关者关系更大，故笔者将对举办地政府、主办社区、媒体等几个体育赛事的外部利益相关者分别进行阐述。

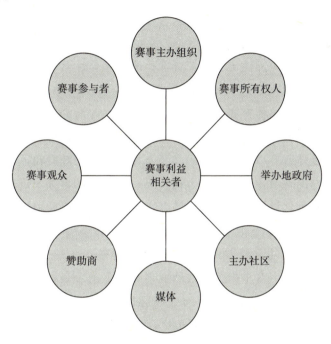

图 2 - 1　体育赛事利益相关者示意图

一　举办地政府

政府作为一种社会组织，有广义和狭义之分。广义上的政府是指所有的国家机构，包括立法、司法和行政机构，它可以被视为等同于国家；狭义的政府是指国家的行政机关，包括中央政府与地方政府，多数情况下是指代表国家的中央政府。① 本书所指的"政府"是狭义的概念，是中央政府与地方政府的统称。

---

① 黄恒学．公共经济学［M］．北京：北京大学出版社，2002：14 - 16.

在我国现阶段，政府是体育赛事中最主要的利益相关者之一，与体育赛事的综合影响直接相关。

首先，成功运作一项体育赛事要得到政府的大力支持和参与，从这个层面看，政府与体育赛事综合影响的产生直接关联。现阶段，在我国举办体育赛事要得到政府的支持主要有以下两方面重要原因。一是政府控制着大量的体育赛事资源。《中华人民共和国体育法》第三十一条明确规定："国家对体育竞赛实行分级分类管理。全国综合性运动会由国务院体育行政部门管理或者由国务院体育行政部门会同有关组织管理；全国单项体育竞赛由该项运动的全国性协会负责管理；地方综合性运动会和地方单项体育竞赛的管理办法由地方人民政府制定。"如全运会、城运会等综合性运动会以及全国各单项体育赛事的所有权几乎都在政府的掌控之中。二是从赛事运营的实际看，政府在体育赛事运营中某些环节的作用是赛事顺利完成的前提，是体育赛事成功举办的必要条件。当前，政府在体育赛事的运营中必须参与的环节主要有两个方面。第一，赛事的申办。近些年，越来越多的国家和地区已经逐渐认识到体育赛事对举办城市和地区的经济价值和社会价值，很多国家和城市都已将举办大型体育赛事作为展示城市形象、提升城市品位的重要方式。但由于体育赛事，尤其是大型体育赛事，供给数量的有限性，赛事申办的激烈竞争导致了两个最直接的结果：一是赛事的申办费用大幅攀升，如上海大师杯网球赛，2002 年的申办费用为760 万美金，2005 年上涨至 830 万美金，2006 年为 880 万美金，2007 年更高，达到 920 万美金；二是政府作用在赛事的申办过程中越来越重要，如在第 48 届世界乒乓球锦标赛的申办过程中，申办城市之一的瑞士洛桑派出了由瑞士驻萨格勒布大使、旅游部长、国家乒协主席及洛桑市市长等政府官员组成的代表团，阵容非常强大，上海则派出了申办代表团团长、原上海市体育局副局长作陈述报告，在报告中重点强调了上海市政府对第 48 届世界乒乓球锦标赛的大力支持。[①] 正是由于赛事申办过程激烈程度的加剧，使得政府对赛事申办的态度非常重要，国际网球联合会的一个官员在接受媒体采访时表示，上海市政府对 2002 年上海网球大师杯申办的大力支持是

---

① 黄海燕，张林，李南筑. 上海大型单项体育赛事运营中政府作用之研究 [J]. 体育科学，2007（2）：17 – 25.

取得最后承办权的重要因素。在这种背景下，如果赛事的申办过程中没有政府参与，就难以申办成功。从另一个角度讲，现在国际单项体育组织也越来越看重政府对承办赛事的态度，而且，很多国际单项体育组织，如国际网球联合会、国际汽车联合会等明确要求与地方政府签约，使得政府必须要在赛事的申办过程中发挥作用。第二，赛事的组织。一方面，举办规模较大的体育赛事是一个系统、复杂的工程，牵涉到举办城市和地区的方方面面，它的成功举办需要社会各个部门的有效配合，各个部门之间的协调是赛事成功举办至关重要的环节，必须由政府出面才能确保赛事的顺利举行；另一方面，举办一项体育赛事要牵涉到交通、公安等一系列公共资源的使用，而这些资源目前基本上由政府直接控制，需通过政府的行政力量来调配。因此，要成功举办大型体育赛事，政府在赛事组织方面的作用不可或缺。

其次，政府是体育赛事的主要需求者，是体育赛事综合影响的受体。自从 20 世纪 80 年代中后期以来，美国、英国、澳大利亚、加拿大等发达国家利用体育赛事来经营城市的趋势不断增强。巴塞罗那、曼彻斯特、墨尔本等城市的实践证明，体育赛事对举办城市的商业、旅游、市政建设、就业、大众的生活方式、举办地的知名度等方面有着十分重大的影响。随着我国社会经济的发展和产业结构的升级，北京、上海、广东等国内较为发达的地区为了能够提高城市知名度，提升城市的国际竞争力，纷纷寻找突破口，而体育赛事的聚焦功能正好符合政府提升城市品牌，完善城市形象的需求，因此，近年来，上述城市举办了一大批具有国际影响力的体育赛事。以上海为例，自 1998 年上海成功引进"喜力"网球公开赛以来，体育赛事活动日趋活跃，数量、规模大幅上升，高水平、有影响的国际赛事日益频繁，尤其是近年来市政府为实现"亚洲一流体育中心城市"的目标，明确提出了"积极申办具有世界一流水平体育赛事"的战略方针，一批有影响力的体育赛事纷纷入驻上海。目前，上海已经成为全国乃至世界上举办体育赛事最多的城市之一。

在西方发达国家，由于体育赛事能够对举办地政府产生积极影响，政府同样也采取了诸多措施来支持或申办体育赛事，其中最为典型的是澳大利亚。澳大利亚的中央和地方政府为了能够获得积极的经济和社会效益，对申办和承办各种类型的体育赛事投入了巨大的物力和财力。Getz 认为，与澳大利亚州政府不同的是，地方政府更倾向于支持一些规模较小的体育赛事，这些赛事通常由政府、非营利组织或社区组织发起。① 另外的研究也表明，澳大利亚地方政府对当地举办体育赛事，尤其是一些大型体育赛事的支持力度非常大，其方式主要是政府投资新建或改造各种体育场馆设施，为在当地举办体育赛事创造基础条件。② 在此基础上，各级政府还为体育赛事的举办提供了一系列优惠政策，他们都希望通过举办体育赛事提高城市知名度，从而为地方经济和产业的发展提供平台。③ 正因为如此，澳大利亚的绝大部分州或地方旅游部门均成立了一个大型活动部，其主要目的是为了申办或引进包括体育赛事在内的各种大型活动，并通过举办这些活动展示城市的风貌，吸引更多国内外游客前来观光。这一部门的另一个重要职责就是对当地举办的各种体育赛事和其他大型活动进行有效规划，通过为项目提供资助的方式协调引进新赛事和发展现有赛事之间的关系，一方面鼓励和吸引新的体育赛事来当地举办；另一方面将已在本地举办并对城市经济社会影响较大的体育赛事项目留在本地。例如，维多利亚旅游局公布的 2002—2006 年规划中就提出"要建立一个适合本地的赛事战略，以平衡引进新赛事和促进现有赛事可持续发展的关系"，此外，维多利亚州政府充分认识到体育赛事对推动地方经济、社会和环境发展所起的积极作用，特地颁布了"维多利亚 10 年旅游与赛事战略"（the 10 Year Tourism and Events Strategy），这一战略着重强调了体育赛事对维多利亚旅游业的作用，并声称体育赛事每年给维多利亚带来了多达 10 亿澳元的经济效益。④

---

① Getz, D. Event Management and Event Tourism, Cognizant Communications, New York. 1997：22 – 40.

② Dwyer, L, Forsyth, P. & Spurr, R. 'Economic Impacts and Benefits of Sport Events：A CGE perspective', J. Allen (ed.), paper presented to Third International Event Management Research Conference, Sydney. 2005：109 – 121.

③ Burgan B. & Mules T. 'Event analysis：Understanding the divide between cost benefit and economic impact assessment', J. Allen, R. Harris, L. Jago & A. Veal (eds), paper presented to E-vents beyond 2000：Setting the agenda, Sydney, 2000：278 – 295.

④ Tourism Victoria 2002, Strategic Plan 2002 – 2006, Tourism Victoria, Melbourne. 2005, Victoria's Tourism and Events Industry-Building a 10-year Government Strategy discussion paper, viewed 17. 5. 2006. www. cecc. com. au/programs/resource_manager/accounts//ssv/TS_discus-sion_paper_final. pdf.

二 主办社区

社区（community）一词最早由德国社会学家 F. 滕尼斯于 1881 年使用，当时是指"由具有共同的习俗和价值观念的同质人口组成的，关系密切的社会团体或共同体"。从滕尼斯开始到现在，人们对它的理解发生了很大的变化，目前关于社区的定义和解释也就多种多样，但大致可分为两大类：一类强调精神层面（即人群的共同体，如成员必须具有共同的传统、价值等）；一类强调地域的共同体（即具有共同的居住地，即"在一个地区内共同生活的人群"）。我国社会学界对社区概念所持的观点基本一致，即将上述两类定义综合起来，认为社区是指"居住在一定地域的、以一定的社会联系和社会关系为纽带、以同质人口为主体的人群生活的共同体，是一个相对独立的地域社会"①。他们还认为社区主要由四大部分组成：一是人群，一定数量的人口尤其是结成群体的人口是社区形成和发展的首要因素，人口的数量、规模、疏密程度以及人口的素质等是影响社区的首要方面；二是地域界限，这是一个社区存在和发展的基本条件，一定范围内的地域空间是社区居民从事生产、生活的依托，离开这一基本的自然环境，社区就如同整个社会一样无所存在；三是服务设施，这是社区得以依托和存在的服务条件，没有必要的服务设施的社区很难存在和发展，这一点在城市社区中显得尤其重要；四是成员有认同感，社区居民在感情或心理上具有共同的地域观念、乡土观念，大家在长期的生活中有共同的习俗、价值观、规范等。根据我国社会学界的观点，本书中所谓的主办社区是指居住在体育赛事举办地的共同体，是相对独立的地域社会。结合本书的研究重点，笔者认为，主办社区与体育赛事综合影响关系较为密切的有：主办社区的居民，主办社区的环境，主办社区的宾馆、饭店、商业、娱乐等服务设施及条件等，它们既与体育赛事综合影响的产生关系密切，同时还是赛事综合影响的直接受体。

主办社区的居民是体育赛事运营人员和赛事自愿者的主要力量，他们的支持和参与对赛事的成功举办起着关键性作用。Arthur & Andrew 的一项

---

① 郑杭生. 社会学概论新修（第三版）[M]. 北京：中国人民大学出版社，2004：272 - 273.

研究表明，主办社区居民参与体育赛事的运营是非常重要的，没有主办社区居民的参与和介入，体育赛事组织者很难取得成功。另外他们还认为，主办社区居民可以以多种形式参与其中，如赛事自愿者、救护工作人员、赛事宣传者、赛事配套服务的提供者，等等。① Molloy 通过对 12 项体育赛事活动的研究也认为，主办社区居民对赛事的支持以及社区居民在赛事筹备和运营的参与对赛事成功至关重要。他指出，其实很多体育赛事的财务预算都很吃紧，为了能够使体育赛事顺利的运营，主办社区居民提供的无偿或低廉的服务及其他形式的支持尤为重要。② Gursoy & Kendall 两人于 2006 年对相关方面也做了研究，他们认为，主办社区居民对某项体育赛事的支持主要取决于四个因素，即居民对赛事成本和收益的认识、居民对赛事的关注程度、社区居民生态中心的价值观以及与社区紧密联系的程度。③ 2008 年北京奥运会成功申办的一个有利因素就是民众的大力支持，据一家独立的调查公司对北京市民进行的入户调查显示，有高达 94.6% 的市民支持北京申办 2008 年奥运会。当然，体育赛事的举办也会对主办社区居民产生影响，国外这方面的研究也较多，如 Fredline 就对城市举办汽车赛事对社区居民的影响问题进行过较为深入的研究。④

主办社区的环境无疑是举办体育赛事综合影响产生的有力保障，它主要包括社区的基础设施环境和自然环境。其中主办社区的基础设施环境主要由举办体育赛事所需要的基础设施组成，如体育场馆、道路、宾馆饭店以及一些临时建筑物等。对于一些小型的体育赛事，主办社区已有的基础设施基本能够满足赛事的需要，但对于奥运会、足球世界杯等大型体育赛事则往往需要主办社区新建或改建一批基础设施。赛事结束后，这些体育场馆等基础设施就成为赛事给主办社区留下的遗产。在主办社区为了举办赛事而投资的基础设施中，体育场馆所占的比重并不一定很高。例如，

---

① Arthur, D. & Andrew, J. 'Incorporating community involvement in the management of sporting mega-events: an Australian Case study', Festival Management and Event Tourism. 1996 (4): 8 – 21.

② Molloy, J. 'Regional festivals: a look at community support, the isolation factor and funding sources.' Journal of Tourism Studies. 2002 (13): 2 – 16.

③ Gursoy, D. & Kendall, KW. 'Hosting mega events: Modeling Locals' Support', Annals of Tourism Research, 2006 (33): 603 – 23.

④ Fredline, E. & Faulkner, B. Residents' Reactions to the Staging of Major Motorsport Events Within Their Communities: A Cluster Analysis. Event Management, 2002 (2): 103 – 114.

1964 年日本东京奥运会总计投资了 27 亿美金用于基础设施建设，包括一条东京到大阪的高速铁路、25 英里的地铁延伸段以及一条 62 英里的高速公路等，在这些基础设施的总投资中，奥运会体育场馆的直接投资仅为 7000 万美元，只占总投资的 2.6% 左右。当然，主办社区为举办体育赛事而进行的大规模基础设施建设同样也可能带来负面的影响，如社区居民的搬迁、生活便利设施的减少、可能引起的巨大债务以及自然环境的损害，等等。① 主办社区的自然环境与体育赛事也同样有一定的联系，如北京奥运会青岛帆船赛区因海面上的蓝藻而成为人们关注的焦点。

主办社区的服务设施和条件对于成功举办体育赛事也非常重要。由于体育赛事的聚集效应，数以万计的观众和赛事相关人员在短时间内聚集在主办社区，这就对主办社区的服务设施和条件提出了较高的要求。主办社区的服务设施和条件反映了主办社区在比赛日期间服务赛事观众和相关群体的能力，具体包括对观众和相关群体交通、物流、食宿、娱乐、购物需求的满足。通常情况下，服务设施和条件的完善程度和服务质量的高低是判断某一社区举办赛事能力大小的重要标志。对于城市发展水平高，服务设施齐全的主办社区来讲，赛事活动能促进城市运营水平的进一步提高，挖掘城市内在的发展潜力；对于条件相对较差的主办社区来讲，将涉及旧城改造、交通疏理、城建换代等多个问题，在较短的时间内集中解决了历史遗留下来的痼疾，冲破了城市发展的瓶颈，为城市发展提速扫清了障碍。

三 媒体

当今时代，体育赛事已经成为城市品牌战略一个很重要的组成部分。例如，在一些大型的国际性体育赛事举办期间，举办地一些负责城市营销的组织和机构往往会向体育赛事的主办方或者媒体提供有关城市的宣传品，以便在赛事休息的时候播放。通常这些宣传片都是经过精心策划的，其目的是向世界展示举办地的风采，提升城市的知名度，并能够吸引更多的外地游客前来旅游。

---

① Burbank, M., Andranovich, G. & Heying, C. 'Mega-events, urban development and public policy', The Review of Policy Research. 2002 (19): 179 – 202.

但是，并不是所有的媒体都在这些负责城市营销的组织和机构掌控之下，部分媒体也有可能会做出一些有损举办地形象的负面报道，特别是当体育赛事的组织出现问题的时候，例如 1996 年亚特兰大奥运会的爆炸事件，促使媒体对举办地产生了很多负面的报道。当然，如果体育赛事是在一些政治上的敏感地区举办，媒体负面的报道有可能更多。此外，媒体对体育赛事潜在负面报道的量还与赛事的规模有一定关联，通常情况下，赛事的规模越大，媒体对体育赛事潜在的负面报道越多。

四 观众

这里所指的观众是广义的概念，既包括直接到比赛现场观看体育赛事的现场观众，同时还包括通过电视、网络等媒体观看体育赛事的观众。成功的国际体育赛事告诉我们，观众和运动员、教练员、裁判员一样，已经成为体育赛事不可或缺的主体，它是体育赛事重要的利益相关者之一，与体育赛事的诸多方面关系密切。第一，体育赛事的精彩程度决定着观众的数量。通常情况下，体育赛事的项目越普及、级别越高、悬念越强则观众越多，如 2000 年悉尼奥运会仅电视观众就达到 36 亿人次，2004 年雅典奥运会更是创纪录地达到了 39 亿人次。另外，据国际咨询公司 ISF 的统计，2007 年观众最多的体育赛事前三名依次为美国职业橄榄球联赛超级碗芝加哥熊队 VS 印第安纳波利斯小马队、一级方程式赛车大奖赛巴西站以及欧洲冠军联赛的决赛（意大利 AC 米兰队 VS 英格兰利物浦队），观众人数依次为 9700 万、7800 万和 7200 万。第二，体育赛事的观众与体育赛事的质量直接相关。观众是体育赛事的重要组成部分，尤其是现场观众在赛场其实是与运动员形成了一种互动的局面，运动员的表现与赛场观众的观赛行为息息相关，观众的行为符合观赛礼仪，运动员的表现则更好，体育赛事的质量就越高。正因为如此，2008 年北京奥组委专门制定了"观众观赛礼仪""观众入场须知"等书面材料提示观众观赛注意事项。总而言之，一流的体育赛事应该有一流的观众。第三，体育赛事观众的多少直接影响赛事组织者的收入。体育赛事的观众与赛事组织者的收入有巨大关联，体育赛事观众的多少不仅直接决定了体育赛事的门票收入，同时还间接地对媒体、赞助商等体育赛事的其他消费者有着重大影响，体育赛事观众的多少直接决定着体育赛事电视转播权和广告权的交易价格。第四，体育赛事观众的结构与赛事对举办城市的经济影响直接相关。到现场来看比赛的观众一般分为两种，一种是来自举办地的观众，另一种是从外地甚至境外前来看比赛的观众，从目前国外对体育赛事经济影响分析的思路看，通常情况下，举办地观众的观赛消费不能纳入体育赛事经济影响的分析体系，只有外地观众的消费才能对举办城市的经济产生影响，因此，一项体育赛事的外地观众越多，对举办城市的经济影响就越大。这也是各个城市都争相申办大型国际性体育赛事的原因之一。

第六节 体育赛事的综合影响

一 体育赛事综合影响的内涵

所谓"影响"是指具有关系的事物间发生的相互作用及结果。"影响"这一概念被普遍地用于反映事物间和现象中存在的因果关系。"影响"一词是一个中性词。也就是说，"影响"的性质需要被界定。比如，正面或负面影响。对影响的性质所做的界定需要对影响的性质做出判断，往往是直接或隐含地以一定的逻辑关系为基础。所以，对相互关联的事物之间所存在的影响的研究一定要以对矛盾运动的规律的正确认识为指导。

前文已经提到，体育赛事具有聚集性、体验性、外部性和综合性等特征，体育赛事还是一个较为复杂和系统的项目，它牵涉的利益相关主体很多，筹备和举办的时间也较长，需要动用举办地的各种资源。因此，它势必会对举办地产生各种各样的影响，这已经是一个不争的事实，也得到了各方观点的一致认同。体育赛事的综合影响是指某一地区因举办体育赛事而形成的具有关系的事物间发生的相互作用及结果。在体育赛事筹办、举办以及赛后的一段时间，围绕体育赛事的相关活动产生了特定的社会经济关系和文化的运动，通过较长时间的作用，体育赛事的相关活动引起了社会资源配置的变化和社会上一部分人向体育赛事举办地及其相关行业的转移。同时，导致了不同文化的碰撞和交流。客观世界中，体育赛事的不同利益相关群体及其赛事举办地的环境构成了十分微妙的关系和作用条件。这些关系和在事物变化中形成的作用在体育赛事领域是普遍存在的。

当然，需要说明的是，正因为体育赛事具有上述特征，使得体育赛事对举办地的影响变得非常复杂。总结起来，可以归纳为以下四点：一是体育赛事的影响领域众多，既对举办地的社会产生一定影响，也会对经济、环境等产生影响；二是影响方式多样，既有直接的影响，也有间接的影响，还有综合性的影响；三是影响时效不一，既有短期就能体现出来的影响，又有在长期才能体现出的影响；四是影响效果不同，既有正面的影响，也有负面的影响，还有正面和负面混合的影响。此外，由于体育赛事的类型多样，不同类型、不同层次的体育赛事对举办地的影响方式与作用大小都有所差异，如 James Higham 对专门针对不同类型体育赛事的综合影响进行了深入对比（见表 2 - 1）。

表 2 - 1 不同类型体育赛事综合影响的比较

	大型体育赛事	中小型体育赛事
申办阶段	巨额的申办费用。由于政治腐败和赞助商的利益而导致的申办费用的增加。申办不成功的风险。为了获得申办的成功而夸大政治和赞助商的利益。	申办费用相对较低。甚至有些赛事根本就没有申办阶段。申办成功的可能性较大。
基础设施建设	由体育赛事（如奥运会、美洲杯帆船赛）促进的发展往往伴随着巨大的发展成本。由基础设施建设而产生的经济利益通常是商业部门受益，而不是所在社区。	通常不需要再建新的场馆设施。城市现有的基础设施能够满足赛事的需要。城市基本能够承担基础设施建设所需要的成本。
赛事遗产	赛事遗产的使用率低，昂贵的设施所导致的相关金融债务。	体育场馆的更新（如果必要的话），使体育人口、观众和管理者受益。
经济收益	由大财团和赞助商主导。当地居民感获得的经济效益较小。常常是政府出钱而私人部门受益。	当地居民更容易分享到体育赛事所带来的积极的经济收益。政府财政的负担小。
短期旅游收益	以游客时间切换（time-switching）为代价的短期旅游业的增长。举办体育赛事所导致的旅游人数的流失。"体育迷"往往对举办地的旅游产品的兴趣不大。	前来观看比赛的游客多为真正意义上的旅游者。发生游客替代效应的可能性较小，游客可能会去尝试体验举办地更多的旅游产品。
中期旅游收益	由于游客在赛事期间的时间切换，举办地的中期旅游效益发生下滑。	不太可能会因为游客的时间切换而导致中期旅游业的不景气。
城市形象	由于宣传不力、能力限制、财务费用以及政治和恐怖主义等原因可能会对城市形象产生不良影响。	赛事与城市形象的利害关系不大。如果赛事得到认同，那它将对举办地的旅游业有潜在的促进作用。

续表

	大型体育赛事	中小型体育赛事
社会	大型体育赛事往往容易造成拥挤城市基础设施的阻塞。当地居民往往会由于成本问题而被排除在赛事活动之外。居民的生活容易被赛事和安全问题所扰。	拥挤和基础设施方面的阻塞情况不太可能存在。居民有更大的机会参与其中。
当地居民	为了树立城市的形象，拆迁或转移当地居民。往往在社会经济不太发达的区域建立场地设施。举办城市居民的流离失所，对居民的驱逐，以及利率和房屋租金的增加。	对居民的影响较小。可能会受到当地赛事参与者的好评。当地居民会更多地参与其中。
政治	可能将体育赛事活动与政治联系起来。	由于规模和重要程度不大，因此不太会受到政治影响。
安全	由于举办体育赛事而造成巨大的安全隐患和成本。	体育赛事的安全问题不大，赛事的安保成本较小。

资料来源：James Higham. 1999，'Commentary — Sport as an Avenue of Tourism Development：An Analysis of the Positive and Negative Impacts of Sport Tourism'，Current Issues in Tourism，Vol. 2，No. 1，pp. 82 - 90.

二　体育赛事综合影响的分类

(一) 事前、事中与事后

体育赛事是由许多阶段构成的一个完整过程，这种划分成一系列阶段的项目全过程就是体育赛事项目的生命周期，而在体育赛事生命周期的不同阶段，它对举办地的影响也是不同的。因此，根据体育赛事项目生命周期的不同阶段，可以将体育赛事的综合影响分为事前、事中和事后三个阶段。当然，需要强调的是，在体育赛事举办之前产生的影响很有可能会一直延续到事中，甚至事后。因此，人们按照这一思路对赛事影响进行分析时，通常是一些定性研究，如著名交通和旅游战略咨询公司 Inter VISTAS 在为加拿大不列颠哥伦比亚省（British Columbia）奥运会申办委员会所做的分析报告中，也将 2010 年冬奥会的影响评估分为 3 个阶段，即赛前影响阶段评估（2002—2009 年）、赛中影响阶段评估（2010 年）和赛后影响阶段评估（2011—2015 年）。①

---

① Inter VISTAS Consulting Inc. The Economic Impact of the 2010 Winter Olympic and Paralympic Games：An update. 2002.

此外，根据评估时间的不同，还可以将赛事综合影响评估分为事前评估、事中评估和事后评估。Getz也认为，对体育赛事影响的评估主要包括事前评估、过程评估和总结评价三个基本阶段。① 当然，这时评估的对象可能并不是体育赛事某一阶段的影响，而是赛事的整体影响，只是评估的时间是在赛事举办的不同阶段而已，本书所称的事前评估是指在事前对体育赛事可能产生的综合影响进行的全面评估。从准确性角度来讲，由于不同阶段评估者掌握的信息不同，一般情况下，体育赛事综合影响事前评估精确度相对较差，事中评估相对较好，事后评估精确度最高。通常情况下，人们会分别在这三个阶段进行不断评估，不断比较。如Ritchie & Lyon在研究举办地居民对1988年冬奥会的反馈时，就分别从事前、事中和事后收集数据，进行比较分析研究。②

（二）长期与短期

体育赛事对举办地的影响是复杂的，不同类型的影响产生效果所需要的时间也是不同的，根据这一特征，可以将体育赛事的综合影响分为长期影响和短期影响。所谓长期影响是指在体育赛事结束后一个较长时期内才能体现出来的影响，通常也被称为"体育赛事的遗产"。Spilling认为举办体育赛事可能会给城市带来的长期影响包括：提高国际知名度、带动经济增长、改善设施和基础建设、增加社会和文化活动四个类别。③ 体育赛事的短期影响主要是指在体育赛事举办整个过程中以及赛事结束之后一个很短的时间内给举办地带来的影响。从现有研究看，人们对长期和短期在时间上没有一个具体的限定，但学者们一致认为，短期和长期影响的本质区别在于长期影响通常不是原赛事组织者管理和开发的，而短期影响是由赛事组织者的行为所产生的。

---

① Getz, D. Event Management & Event Tourism [M]. Cognizant Communication Corporation, New York. 1997: 331 – 352.

② Ritchie, J. R. & Lyons, M.. Olympulse VI: A Post – Event Assessment of Resident Reaction to the XV Olympic Winter Games [J]. Journal of Travel Research, 1990 (3): 14 – 23.

③ Spilling, O. Mega – Event as a Strategy for Regional Development: The Case of the 1994 Lilleham-mer Olympic Games, Proceedings of Institute of Tourism and Service Economics, International Cen-tre for Research and Education in Tourism, International Conference, Innsbruck, 1996: 128 – 154.

（三）有形与无形

根据体育赛事影响的本质特征，可以将其分为"有形影响"和"无形影响"两类。Dwyer、Forsyth 等人在对体育赛事的影响进行阐述时就认为，体育赛事的影响包括有形影响和无形影响。[1] 国内外持上述观点的学者很多，Roland Scherer 等人也认为，体育赛事对举办地既有有形影响，也有无形影响，其中有形影响包括网络影响、能力影响和结构影响三个方面，无形影响包括印象影响及对相关产业的影响（见表 2 - 2）。[2] John Allen 等也提到了体育赛事无形影响（Intangible Impacts）的概念，他们指出：体育赛事的无形影响是难以衡量的，包括对社会生活和对团体福利的影响、由体育赛事所激发的居民自豪感，以及对一个地方或旅游目的地形象所造成的长期影响。[3] 国内学者在对 2008 年奥运会对中国经济的影响分析中也提出：2008 年北京主办奥运会将对中国经济产生有形和无形的影响。其中有形影响是指奥运会在拉动举办国消费需求、投资需求、出口需求以及在扩大就业等方面的作用，这种影响主要体现在主办地区的经济总量和结构变化中。无形影响是指奥运会对主办国经济发展环境、开放度、国家声誉、形象和信誉度等方面的影响。从主办国经济的长远发展来说，无形的影响往往比有形的影响更重要、更有价值。[4]

表 2 - 2　体育赛事的综合影响

	影响的表现	由影响而产生的结果
有形	网络影响	公司合作而产生市场销售量的增加
	能力影响	城市服务质量的提高，服务群的出现
	结构影响	基础设施建设而产生的城市改变
无形	印象影响	媒体报道，媒体报道的广告价值
	对相关产业影响	区域经济的多项增值

---

① Dwyer, L., Forsyth, P. & Spurr, R. Assessing the Economic Impacts of Events: A Computable General Equilibrium Approach [J], Journal of Travel Research, 2006（1）：59 - 66.

② Roland Scherer & Simone Strauf. How to measure the economic impacts of mega-events [EB/OB]. www. ideas. repec. org/p/wiw/wiwrsa/ersa03p154. html. 2006 - 7 - 8.

③ Johnny Allen. Festival and Special Event Management. John wiley & Sons Australia, Ltd. 2002：15.

④ 刘淇. 北京奥运经济研究 [M]. 北京：北京出版社，2003：5 - 10.

（四） 正面与负面

体育赛事对举办地的"正面影响"和"负面影响"通常也被称为"积极影响"和"消极影响"，它是体育赛事对举办地影响的两个方面。总的来看，研究者们关注的焦点主要在体育赛事的正面影响，但是在相关研究中也经常提及体育赛事的负面影响。即使在搜索引擎 Google 中输入"negative impact of sport events"（体育赛事的负面影响），也可以得到大约 269000 项查询结果（搜索时间为 2008 年 8 月 19 日 11：24，用时 0.41 秒）。Shapcott 从体育赛事和居民住房权的关系出发，研究了体育赛事的负面影响，他列举了大量的数据，例如，在 1988 年汉城（今首尔）奥运会之前有 72 万出租户被迫搬迁；1992 年巴塞罗那奥运会之前，成千上万的低收入房客和小企业搬出这座城市；在 1996 年亚特兰大奥运会期间，有 9000 多名流浪汉（相当一部分是黑人）被逮捕，等等。① Kim、Gursoy 和 Lee 在研究 2002 年世界杯前后韩国居民的认识变化时，将文化交流与发展、经济增长、自然资源利用等归为预期利益或积极影响（expected bene-fits 或 positive impacts），将交通拥挤、污染、物价上涨以及社会问题等归为负面影响（negative impact）。②

（五） 经济、社会和环境

三重底线评估法是现有西方体育赛事影响研究成果中最常见的方法之一，它倡导从经济、社会和环境三个维度来展开分析。Getz 认为，对体育赛事影响的研究应该从赛事所承担的不同角色出发，从不同的角度来进行研究。这里的"角色"实际上是指一项体育赛事所涉及的不同利益相关者，包括组织者、赞助者和合作者以及观众等，"角度"则是 Getz 所提到的经济、社会和环境。③ John Allen 认为，重大事件对举办地的影响主要体现在四个方面，即社会文化影响、物质和环境影响、政治影响以及旅游和

① Michael Shapcott. Comentary on'Urban Mega-Events, Evictions and Housing Rights: The Canadi-an Case'by Kris Olds ［J］. Source: http://divcom. otago. ae. nz: 800/tourism/current – issues/.

② Kim, H. J. Gursoy, D. & Lee, S. The Impact of the 2002 world Cup on South Korea: Compar-isons of Pre-and Post-games ［J］. Journal of Tourism Management, 2006 （27）: 86 – 96.

③ Getz, D. Event Management & Event Tourism ［M］. Cognizant Communication Corporation, New York. 1997: 110 – 121.

经济影响，并从正反两个方面进行了一般性的归纳。[①]

当然，在对体育赛事综合影响进行具体分析的时候，也可能存在几种分类标准混合的情况，如既可以研究体育赛事短期的、有形的、正面影响，也可以分析体育赛事长期的、无形的、负面影响，等等。在本书的分析中，主要是运用三重底线评估框架，从正面和负面两个角度，在事前对体育赛事的综合影响进行较为全面的评估。

第七节 体育赛事综合影响评估

一 评估概念的内涵

在英文的 Merriam-Webster 大学字典里，评估（Evaluation）有两个意思：（1）确定或者修订价值（to determine or fix the value of）；（2）通过详细、仔细地研究和评价，确定对象的意义、价值或者状态（to determine the significance, worth, or condition of usually by careful appraisal and study）。通过以上字典的解释可以看出，评估包括两个方面的含义：第一，评估的过程是对评估对象判断的过程；第二，评估的过程是一个综合计算、观察和咨询等方法的复合分析过程。由此可见，评估是非常复杂的，它本质上是一个判断的处理过程。Davidson 将评估作为人类思考和认知过程的等级结构模型中最基本的因素。根据他的模型，在人类认知处理过程中，评估和思考是最为复杂的两项认知活动。他认为："评估就是对一定的想法、方法和材料等做出的价值判断的过程。它是一个运用标准对事物的准确性、实效性、经济性以及满意度等方面进行评判的过程。"[②] Scriven 认为，评估是对某一事物或事件的价值、质量及重要性等方面全面、系统地衡量。[③] 这里所指的事物或事件外延广泛，它可以是一个项目或活动，也可以是一个组织或个人，还可以是一个计划或战略，等等。笔者

① John Allen 著，王增东译. 大型活动项目管理 ［M］. 北京：机械工业出版社，2002：25 – 43.

② Davidson, EJ. Evaluation methodology basics: the nuts and bolts of sound evaluation, Sage Publications, Thousand Oaks, Calif. 2005: 83 – 88.

③ Scriven, M. Evaluation Thesaurus, 4th, Sage, Newbury Park, CA. 1991: 85.

认为，评估是指通过评估者根据评估标准，对评估对象的各个方面进行量化和非量化的测量过程，最终得出一个可靠的并且具有逻辑性的结论的过程。

那么为什么人们会对某一事物进行评估呢？从人类活动的本质规律——合规律性与合目的性出发，评估的首要出发点就是评估被评对象从大局、宏观角度是否合乎人类社会的发展规律、经济规律、自然界生存规律，以及从微观、局部利益角度是否合乎经济活动、政治活动、精神活动三大领域人类活动的具体需求，也就是评估对象是否能达到具体的目的及要实现的目标。当然，以上是从宏观层面对评估目的的一个描述，国外很多学者从微观层面对评估的目的作了具体阐述。Davidson 认为，对某一事物进行评估的目的主要有两个方面：一是对评估对象的价值或质量进行总体评价，以便对其进行总结或为决策提供参考；二是找出评估对象所存在的问题，并给出改进的方案。① Christiansen 认为，对项目进行评估的目的之一是对其进行可行性分析，论证其是否有投资的必要。② Robson 认为对某一事物进行评估的目的很多，他针对评估的 6 个不同目的列举了一些可能的问题（见表 2－3）。③ 就目前的研究来说，评估的目的主要是对某一项目所产生的结果进行评判。在对体育赛事综合影响评估中，人们可能会问诸如体育赛事的社会影响怎样、体育赛事对举办地的经济会带来怎样的影响等问题。

关于评估的步骤，Davidson 认为，对某一项目进行评估至少包括两大步骤：一是了解评估的目的以及要解决的问题；二是建立评估的指标，并搜集相关数据。④ Robson 也认为，一个高质量的评估项目应该包括几个必需的步骤，即周密的策划以及搜集、分析和阐释数据。⑤

---

① Davidson, EJ. Evaluation methodology basics: the nuts and bolts of sound evaluation, Sage Publications, Thousand Oaks, Calif. 2005: 83－88.

② Christiansen, I. Strategic Approaches for Evaluation in Agricultural and Natural Resource Management Research Programs: A Literature Review, Australian Cotton Cooperative Research Centre, Narrabri. 2004: 72－101.

③ Robson, C. Small-scale evaluation: principles and practice, Sage, London. 2000: 23－35.

④ Davidson, EJ. Evaluation methodology basics: the nuts and bolts of sound evaluation, Sage Publications, Thousand Oaks, Calif. 2005: 91.

⑤ Robson, C. Small-scale evaluation: principles and practice, Sage, London. 2000: 38.

表 2 - 3　评估的目的及可能的问题一览

评估的目的	可能的问题
项目开展的条件是否满足	开展项目的条件具备了吗？ 项目开展的核心要素是什么？
改进某个项目的方案	我们怎样才能使项目更加完善？
对某一项目所产生的结果进行评判	这一项目达到预期目标了吗？ 项目执行后会产生怎样的结果？ 这一项目值得进一步执行吗？
了解某一项目的运作过程	在项目运行过程中发生了什么事情？ 这一项目按照预定计划执行了吗？
评判一个项目的有效性	这一项目的成本和收益状况怎样？ 这一项目比其他项目更加有效吗？
分析一个项目成功或失败的原因	项目成功的关键是什么？ 是什么因素导致了项目的失败？

二　体育赛事综合影响评估的内涵

如上所述，体育赛事综合影响评估是对体育赛事给举办城市带来的各种影响进行评价，属于结果评估的范畴，因此，它具有结果评估的共同特征。与具有其他特殊目的的评估项目相比，体系更加开放，思维更加发散。在结果评估中，最主要的任务并不是要运用一种特殊的研究方法来解决某一问题，而是要对项目所产生的具体结果选择一个合适的评估方法或途径。当然，这一方法或途径可能是专门针对某一结果评估而设计的。从现有的关于结果评估的文献来看，大多数文章都是关于某一组织（如商业组织等）所产生效益的评估。近些年，结果评估的方法不断发展，其目的主要是为了使评估结果更加真实、可信、有效。当然，Robson 也指出，随着社会的发展，人们对评估结果可信度的要求越来越高，评估的范围也越来越广，既包括从私人部门的视角监测、回顾和评价某一组织各个方面的价值，也包括从公共部门的角度评估某一组织对社会的影响。[1]

总之，体育赛事综合影响评估是对体育赛事给举办地所带来的经济、社会、环境等方面影响的评估，是一种结果评估。其目的是在体育赛事综

---

[1]　Robson, C. Small-scale evaluation: principles and practice, Sage, London. 2000: 38.

合影响框架体系下，发展一套评估指标体系，并在此基础上通过一定的方法和途径搜集相关数据，最后作出综合评价。另外，需要指出的是，本书是对体育赛事综合影响的事前评估，因此在相关数据的搜集方面具体会运用预测、推算等多种方法。

三 体育赛事综合影响评估的框架——三重底线评估框架

体育赛事综合影响评估主要基于可持续发展理论指导下的企业多重价值的理念和企业效绩的三重底线评估框架。

（一）企业的多重价值理念

传统的企业理论将企业看成是一个经济主体，无论是"利润最大化"，还是"效用最大化"，以及有限理性的"最满意化"，都是从个体利益角度出发，基于经济利益范畴的价值判断，因而是短期的、局部的、个体的价值观，学者们将这种价值观称作"经济价值观"。以"利润最大化"为目标的经济价值观容易产生短期行为，不利于企业长远发展，更不利于可持续发展战略的实施；"经济价值观"往往认为股东是企业的所有者，以股东利益为中心，忽视了企业的其他利益相关者的重要性；"经济价值观"过于强调企业的利润目标和市场价值，忽视了企业作为社会成员所应承担的社会责任，从而置企业的外部经济于不顾，严重影响可持续发展战略的实施，正如著名的企业道德咨询专家迈克尔·里奥所说，"企业太强调生产目标、市场影响和利润率，就会引起像危险产品、环境污染、经济困难，以及厂区面临倒闭时所带来的不确定性等诸如此类的问题"。① 随着企业的外部性问题日益严重以及民众的环保呼声日益高涨，生态伦理已经开始成为企业伦理的重要组成部分，不管企业愿意与否，生态价值观已经冲破传统的企业价值观并开始渗透其中。根据绿色行动的一项资料显示，许多环境主义者把四种观念作为基本的价值观：（1）地球上的生命应该延续；（2）地球上的人类生命应该延续；（3）应该做到自然公平；（4）生命的非物质方面的质量值得去追求。上升到可持续发展的高度，可持续发

---

① 温素彬. 基于可持续发展的企业绩效评价理论与方法研究［D］. 南京理工大学，2005：85.

展经济学的价值理论强调企业的社会性和生态性，主张经济利益、社会利益、生态利益的协调性与持续性，主要是从社会利益和生态利益的角度去看待价值的本质及其生产和分配。从社会关系上讲，传统价值理论反映的主要是个别人或集团之间的利益关系，可持续发展经济学的价值理论反映的则是全人类及其内部之间的利益关系；从生态关系上讲，传统的价值理论基本不反映自然资源和环境的价值，也就不考虑人类与自然之间的利益关系，可持续发展经济学的价值理论不仅反映全人类及其内部之间的利益关系，还反映全人类与自然之间的利益关系；从利益内容上讲，传统的价值理论只反映经济利益关系，可持续发展的利益理论不仅反映经济利益关系，还反映人类的社会利益关系，以及人类与自然之间的生态利益关系。所以，可持续发展理论拓宽了价值的范畴，它将价值的视野从经济价值扩展成为经济价值、社会价值和生态价值。按照这一理论，企业的价值观应发生根本性转变：以"利润最大化""利润满意化"为目标的"经济价值观"向以"经济价值、社会价值、生态价值"的持续性和协调性为目标的"多重价值观"转变，体现为多重价值的和谐。

（二）三重底线评估框架

英国著名的管理顾问公司 SustainAbility 的总裁 Elkington 于 1998 年首次提出"三重底线"（triple bottom line）的概念，认为企业在追求自身发展的过程中，需要同时满足经济繁荣、环境保护和社会福祉三方面的平衡发展，为社会创造持续发展的价值。[①] Elkington 进一步指出，未来的经济将会从缺乏永续性的二十世纪资本主义经济，转化蜕变为具有永续性的二十一世纪经济形态，其主要特点有：高度透明；新的责任形式与三重底线的议程相互交错；特别强调社会公平与企业责任；企业兴趣从财务绩效转移至三重底线绩效与长期价值的创造。[②] 三重底线体现了"经济价值、社会价值、生态价值"的多重价值观，强调多重公平与社会责任，这对于当代企业或许还存在着较大的认识障碍，但是因为攸关全人类福祉，其成为

---

① 宋荆，顾平等．企业可持续发展"三重盈余"绩效评价研究 [J]．华东经济管理，2006（9）：21 - 24.

② Elkington J. Partner ships from cannibals with forks：The Triple Bottom Line of 21st2century business. Environmental Quality Management，1998（1）：37 - 51.

转化经济中非常重要的一环。所以，可持续发展条件下，虽然追求经济利益仍然是企业的基本要求，但这一要求必须在保证经济利益、社会利益和生态利益相统一、代内公平与代际公平相统一的过程中得以实现，企业目标应该从基于"单一底线"（经济盈余）的经济利益，转向基于"三重底线"（经济盈余、生态盈余、社会盈余）的综合利益。这种综合利益是各种形式的利益之间通过冲突与协调、对立与统一的矛盾运动，相互影响、相互作用的结果。从更广泛的角度看，综合利益是多层次、多形式的利益的"耦合"。从利益所体现的内容看，综合经济利益是经济利益、社会利益、生态利益的"耦合"；从利益主体看，综合利益是投资者利益、债权者利益、经营者利益、员工利益、国家利益、社会公众利益的"耦合"，也是当代人利益与后代人利益的"耦合"，还是人类与非人类生命物种的利益"耦合"。

（三）基于三重底线评估框架的体育赛事综合影响评估

从现有文献看，大多数学者都是运用三重底线评估框架从经济、社会和环境三个纬度对企业效绩进行研究。然而，就体育赛事而言，它与企业还是有本质区别的。例如，从本质来看，体育赛事只持续很短的一段时间，而且很多情况下，它对于一个举办地来说只是一次性事件。相反，企业运作的基本假设是，它将一直经营，而且会被社会持续地关注。这一区别所带来的一个问题就是：短期性的或一次性的事件，如体育赛事，到底需不需要运用可持续发展的视角进行评估？Bramwell 就认为，短期性的或一次性的特殊事件没有必要从可持续发展的视角进行评估[1]。

当然，很多学者对于企业可持续发展的内涵也提出了质疑。例如，Milne 等人认为，由于可持续发展的内涵很难界定，因此用三重底线评估框架难以准确衡量可持续发展的水平[2]。此外，根据 Taplin 等人的观点："在当前这样一个对某一行为的外部成本的范围和规模认识还不全面的状

---

[1] Bramwell, B, 'A sport mega-event as a sustainable tourism development strategy.' Tourism Recreation Research, 1997 (22): 9–13.

[2] Milne, J., Ball, A. & Gray, R 2005, From soothing palliatives and towards ecological literacy: A critique of the Triple Bottom Line, viewed 8. 8. 2004 〈http://www. business. otago. ac. nz/acty/research/pdf/Milne% 20et% 20al% 20-palliatives% 20paper. pdf〉.

态下，要确定怎样的行为才算可持续发展难度非常之大"[1]。Grafé-Buckens & Beloe 也指出，由于可持续发展是一个总体的概念，因此，对于某一个具体的企业或行为而言，很难界定它是不是可持续发展，只能评判它是不是对可持续发展做出了贡献，或是否与可持续发展的理念吻合。[2] 最后，Atkinson 认为，可持续发展的概念还是要通过指标来反映。[3] 因此，Andrews 坚持认为，应该停止对可持续发展概念的争论，要把重点放在的制定一套科学的、有意义的指标上。[4]

此外，人们还认为，其实企业的经营要得到社会的许可，这就需要企业在运作过程中承担更多的社会责任。因此，对于一个企业来说，认识到自身与社会的一种内在联系是尤为重要的。当企业的行为与社会价值相违背时，企业的价值也将随之遭受影响。正因为此，企业为了能够持续经营，其商业行为就必须要对社会和环境负责。同样，我们也可以认为，在一个城市或地区运作体育赛事也要得到社会的认可。此外，由于体育赛事的特殊性质，它所承担的责任远远超出了经济领域，因此，体育赛事的运作过程也要承担社会责任，也要对举办地的社会和环境负责。

正如第一章所言，本书的主要目的是研究制定一套科学、全面的体育赛事综合影响事前评估体系，而不是对体育赛事的可持续发展问题进行评估。本书之所以以三重底线评估框架为基础，是因为在此基础上，我们可以发展一套包含体育赛事经济、社会和环境方面影响的、较为全面的指标体系。为了实现这一目标，我们需要获取一些具体的、能够被集成到一个整体框架内的指标，用以全面衡量体育赛事所可能带来的各种影响，这将有利于形成一套体育赛事综合影响评估体系的标准。此外，该指标体系的建成还将有助于各种不同体育赛事之间相关指标的对比，促进政府在体育赛事选择上的科学决策，同时，它还能够鼓励和指导赛事组织者运用可持

---

[1] Taplin, J., Bent, D. & Aeron-Thomas, D. 'Developing a sustainability accounting framework to inform strategic business decisions: a case study from the chemicals industry', Business Strategy and the Environment, 2006 (15): 347-60.

[2] Grafé-Buckens, A & Beloe, S, 'Auditing and communicating business sustainability', Eco-Management and Auditing, 1998 (5): 101-11.

[3] Atkinson, G. 'Measuring corporate sustainability', Journal of Environmental Planning and Management, 2000 (43): 235-252.

[4] Andrews, O. 'Getting started on sustainability reporting', Environmental Quality Management, 2002 (1): 3-11.

续发展的理念运作和管理体育赛事。

图 2－2　体育赛事综合影响事前评估一级指标流程

四　体育赛事项目特点对体育赛事综合影响评估的影响

体育赛事项目与一般的工程项目相比具有很多不同的地方，由于体育赛事项目的这些特殊性，导致体育赛事综合影响评估与一般的工程项目评估具有明显不同，这也给体育赛事综合影响评估带来了一定的影响。

（一）体育赛事项目的复杂性对综合影响评估的影响

体育赛事项目与一般的工程项目相比具有典型的复杂性特征，主要表现在以下几个方面。第一，体育赛事项目的关联主体多。一项体育赛事通常包括政府部门、国际体育组织、社会团体、企业（包括赞助商和中介机构等）、媒体、境内外观众（包括现场和电视观众）、举办地居民等多个关联主体。第二，组织体育赛事涉及的部门多。通常一项体育赛事的举办都要涉及交通、安保、公安、海关、媒体、市容环卫、旅游、体育等多个部门，正因为组织一个体育赛事项目涉及的部门如此之多，上海市人民政府于 2005 年 9 月建立了"上海市重大体育赛事联席会议"，其成员涵盖了上海市 22 个政府职能机关的领导。第三，影响体育赛事项目举办效果的因素多，随机性强，赛事本身边界开放性的特征明显，等等。

体育赛事项目复杂性的表现还很多，这里就不再一一枚举。体育赛事项目所表现出的复杂性使得赛事项目综合影响评估过程变得较为复杂，给赛事项目综合影响前评估带来了一定的挑战。

（二）体育赛事项目的不确定性对综合影响评估的影响

与一般工程项目比，不确定性是体育赛事项目的重要特征之一。在对体育赛事项目进行评估时所遇到的不确定性因素包括以下三个方面。一是体育赛事项目举办所需条件的不确定。如体育赛事项目举办的天气状况往往是很难预料的，这对于室外举行的项目尤其明显，此外，运动员在比赛期间的情况也难以确定，很多赛事项目出现运动员受伤退赛的情况是很正常的，网球、斯诺克等一些个人项目中明星运动员的受伤退赛对体育赛事项目影响更大。如 2006 年上海网球大师杯赛诸多明星球员的退赛就是赛事组织者始料不及的。二是体育赛事项目收入的不确定。一般来说，体育赛事项目的收入主要来自四个方面，即门票、赞助、电视转播权和纪念品等相关销售。从我国目前实际看，赛事项目收入主要由赞助、门票和政府补贴收入构成，而赞助收入占绝对的比重，但赛事项目的赞助收入与新闻媒体关注程度、中介机构的谈判能力、赛事资源的开发能力等密切相关，甚至一些大型赛事项目的赞助收入还与政府所给予的资源多少有关。因此，在赛事申办前，由于赛事赞助收入具有很大的不确定，直接导致了赛事项目收入的不确定。三是体育赛事项目效果的不确定。体育赛事项目所产生的效果一方面与举办城市的外部环境相关，赛事项目与外部环境吻合度越高，产生的效果越好，另一方面赛事项目的效果还与赛事组委会的实际运作直接相关。由于赛事运作过程中各个环节都存在着诸多不确定因素，这就直接导致赛事项目效果具有较为明显的不确定性。

由于体育赛事项目的不确定性特征，各个赛事项目又都各不相同，这给体育赛事综合影响评估带来了一定的困难。

(三) 体育赛事影响自身特点对评估的影响

体育赛事项目的另一个重要特征就是它所产生的影响与其他一般项目具有显著的差别。第一，体育赛事综合影响的非实物性特征。体育赛事项目的综合影响涉及经济、社会、环境等诸多方面，但总体而言，这些效益都表现为非实物形态的。第二，体育赛事综合影响的长期性特征。体育赛事项目持续的时间较短，最多 20 天左右，是一种一次性的活动，但其产生的影响却不是因为赛事项目的结束而突然中止，相反，体育赛事项目的很多影响是需要通过较长一段时间才能够反映出来，具有明显的长期性特征。第三，体育赛事项目影响的难以量化性。体育赛事项目影响表现为上述的非实物性和长期性特征，因此，自然就会带来难以量化的结果。从当前体育赛事综合影响评估研究的情况看，体育赛事经济影响量化的研究资料较多，而体育赛事社会、环境等方面影响的量化较为困难。

体育赛事项目的诸多特征给赛事项目综合影响评估工作带来了很大困难，使得体育赛事项目综合影响的事前评估变得复杂。在实际的评估中，我们将力图寻找最优的途径，使体育赛事本身的这些特征对评估的影响降到最小。

第三章 体育赛事综合影响框架体系研究

第一节 研究方法
——内容分析法

内容分析法（content analysis）亦称为信息分析（information analysis），是一种具有量化特性的研究方法。这一方法的运用开始于十八世纪的瑞典，自18世纪30年代，随着宣传分析和传播研究的发展蔚然而兴。当前，内容分析法已成为社会科学研究的重要方法之一。作为一种研究方法，不同学者对其的运用有所不同，各自对这种研究方法也有不同定义。Krippendorff 对于内容分析法的定义为"内容分析法是从资料对其情境作可复制，有效推论的一种研究技术"[1]；Holsti 则认为内容分析法是一种对讯息所呈现的特征加以系统化与客观化的推论技巧[2]；Berelson 将内容分析法定义为一种针对明显的传播内容进行客观性、系统性以及定量性描述的研究方法。所谓系统性是指分析内容的选取和编码类目的取舍，必须依照明确的规则，符合前后一贯的原则；客观性是指研究过程的每一步骤，都要依照一套明确的标准与规则来进行，使不同研究人员或在不同时间分析相同资料，都会得到相同结果；定量性则是指根据编码类目对分析内容加以数量化，并对结果加以分析与解释。[3] 与其他社会科学的研究方法相比，内

---

① Krippendorff, K. Content analysis. 2nd ed. Newbury Park, CA: SAGE Publications, Inc. 1980: 21 – 58.

② 李本乾. 描述传播内容特征　检验传播研究假设：内容分析法简介（下）[J]. 当代传播，2000（1）: 47 – 49.

③ 同②。

容分析法是一种较为客观的研究方法。它是对已经存在且较易取得的数据加以观察分析，因此资料的获取较不易受限于时空因素，也较便于从事重复验证的动作，客观性也因此得以确认。

在国外的体育研究领域，内容分析方法得到了广泛应用，分析的素材也多种多样。例如，一项题为"*A Content Analysis Of The Sport Section Of Canada's National Newspaper With Respect To Gender And Professional/Amateur Status*"的研究中，研究者运用内容分析法分析了加拿大环球邮报体育版1988年7月—1989年6月连续一年时间中关于不同性别的报道量。结果表明，报纸中报道男性的新闻、图片及评论内容比报道女性的要多很多。①此外，研究者也运用内容分析法分析人们的对话。如 Svoboda 主持了一项题为"*Educational Problems Of Coaches In Their Sport*"的研究，他通过与20个运动队的149名教练的对话来进行分析，探讨关于运动员的教育问题。②在体育研究领域中，最为常见的还是研究者运用内容分析法研究学术研究文献和论文。如 Valerius & Mackay 的研究"*A Decade Of Doctoral Dissertations In Recreation, Parks, And Leisure Studies Department：1980—1990*"中，研究者运用内容分析法研究了国际博士论文摘要库（Dissertation Abstracts International）中1980—1990年间246篇相关博士论文的摘要，了解体育休闲领域研究的趋势。③再如，Kong-Ting Yeh 的博士论文"*The Assessment Of Economic Impact Studies On Sport-Related Events In North America：A Content Analysis*"，运用内容分析法对23份职业联赛经济影响研究报告进行了研究，探索体育赛事经济影响评估中的方法学问题。④

从以上分析我们可以很明显地看出，内容分析法可以应用于体育研究中的多个领域。故笔者拟通过运用内容分析法，对当前关于体育赛事评估的相关文献进行研究，透过对相关资料的分类与统计分析，初步归纳出体

① Crossman, Hyslop, & Guthrie. A content analysis of the sports section of Canada's national newspaper with respect to gender and professional/amateur status. International Review for the Sociology of Sport, 1994（2）：123 – 134.

② Svoboda, B. Educational problems of coaches in their sport groups. Acta. 1992（1）：63 – 72.

③ Valerius & Mackay. A decade of doctoral dissertations in recreation, parks, and leisure studies departments：1980 – 1990. Schole. 1993：61 – 68.

④ Kong-Ting Yeh. The Assessment of Economic Impact Studies on Sport-related Events in North America：A Content Analysis［D］. University of Northern Colorado, 1997（3）.

育赛事对举办地的综合影响。

第二节　研究步骤

对研究者来说，在具体实施研究之前，建立一个科学的逻辑框架尤为重要。在内容分析法实施的步骤方面，Wimmer & Dominick 认为，通常情况下，内容分析包括十个步骤：提出研究问题或假设、确定研究问题、从研究范围中选取适当的样本、选择并确定分析单位、建构分析内容的类目、建立量化系统、训练编码者并进行试验性研究、按照已确立的定义将分析的内容编码、分析收集到的资料、结论并进行解释[①]；Krippendorff 认为内容分析方法的研究步骤依序为数据搜集、数据浓缩、推论、分析与验证等过程，其中资料搜集过程又可进一步细分为分析单位化、抽样与编码；[②] 台湾学者王石番则将内容分析的过程分为界定母群体、抽取样本、建构类目、界定分析单位、建立量化系统、预测信度、内容编码等步骤。[③]

尽管上述学者关于内容分析法步骤的描述不尽相同，但基本步骤还是一致的。具体到本章的研究，目前我们所要研究的问题已定，即探寻现有体育赛事评估相关研究和评估报告中所涉及的体育赛事综合影响的指标，建立体育赛事综合影响框架体系。结合所要研究的问题，本书中内容分析法具体包括以下七个重要环节：第一，搜集研究标的；第二，选择内容分析框架；第三，建立体育赛事评估内容分析表；第四，信度检验；第五，对相关资料实施内容分析；第六，统计处理；第七，结论并进行解释。

第三节　研究标的

根据资料来源与类型的不同，在本章的内容分析中，研究标的主要分为两大类。第一类是体育赛事评估的学术文献，具体包括体育赛事评估的

① 李本乾. 描述传播内容特征　检验传播研究假设：内容分析法简介（下）[J]. 当代传播，2000（1）：47 – 49.

② Krippendorff, K. Content analysis. 2nd ed. Newbury Park, CA：SAGE Publications, Inc. 1980：15 – 18.

③ 同②。

相关期刊文献、会议文献和其他学术文献三种类型，其中期刊文献指在有刊号的英文期刊上发表的文章；会议文献指在国外有关体育赛事管理的学术会议中发表的论文；其他学术文献指除上述两类之外的其他学术文献，主要是未公开发表的工作论文（Working Paper）。第二类是体育赛事评估报告，是指由咨询公司或研究机构从实际工作的角度，综合运用定量和定性的方法，对某一具体赛事的各种影响进行衡量的报告。本章将分别对这两类研究标的进行内容分析，并对研究结果进行比较，最后经过汇总得到体育赛事综合影响的框架体系。

此外，关于研究标的问题还有两点需要说明。第一，本书的研究标的均为国外文献。这主要出于两方面的考虑，一方面由于国内关于体育赛事评估的研究尚处于起步阶段，相关文献不多，针对国内举办的赛事进行评估的文献更少；另一方面，体育赛事对举办城市所产生的影响与体育赛事的性质密切相关，与举办地点的关系不大。因此，不对国内的相关文献进行分析，并不影响内容分析法的效果。第二，从当前国外对体育赛事影响研究的情况看，绝大多数成果均在英文刊物上发表或使用英文撰写，因此，本书的研究标的均为英文资料。

一　学术文献

（一）期刊文献

期刊文献的搜集是一个非常重要的过程，它对本部分的分析有着举足轻重的作用。因此，笔者在期刊文献的搜集过程中本着力求完善的原则，从多个渠道并经历了多个阶段，搜集了与本文分析相关的期刊文献。

本书中期刊文献的搜集经历了四个阶段，第一个阶段是搜集 Hede 等人的研究样本。2002 年，Hede 等人利用内容分析法对 1990—2001 年期间特殊事件研究的发展趋势和热点进行了系统研究。研究中指出，特殊事件管理的文章最可能包含在以下期刊中：*Annals of Tourism Research*，*Journal of Travel Research*，*Tourism Management*，*Journal of Travel and Tourism Marketing*，*Tourism Analysis*，*International Journal of Tourism Research*，*Journal of Vacation Marketing*，*Event Management*：*An International Journal*（formerly *Festival Management and Event Tourism*），*Journal of Leisure Research*，*Leisure Management*，

Managing Leisure Journal of Hospitality and Leisure Marketing。[①] 故本书将上述期刊文献的搜集作为文献搜集的起始阶段。第二阶段是根据相关文献索引搜集期刊文献。2001 年，澳大利亚事件管理研究中心公布了一个有关事件管理研究的文献索引，这个索引中有很多体育赛事评估相关的文献目录，故本书以此为蓝本搜集相关资料。第三阶段是在前两个阶段所搜集文献基础上，通过查找这些论文的参考文献搜集上述两个阶段未能搜集的相关资料。第四阶段是利用相关电子数据库以及 Google 等搜索引擎，采用输入关键词的方式进一步搜集相关期刊文献。在上述期刊文献搜集的四个阶段中，笔者采取了多种渠道：（1）图书馆，包括国家图书馆、上海图书馆、上海社科院图书馆、上海体育学院图书馆等；（2）相关期刊的网站；（3）ProQuest、Sportdisc 等相关数据库；（4）作者的个人网站；（5）通过 Email 的方式向文章作者索求等。

需要说明的是，由于时间、精力、成本以及个人能力所限，笔者没有能够将前三个阶段中所列的所有相关期刊文献搜集到，故本书的分析样本中只包含了体育赛事评估期刊文献的一部分。但这对文章的分析并没有实质性影响。

本书的期刊文献搜集过程漫长，前后经历了 2 年多的时间，并于 2008 年 2 月正式结束。最终本书分析的期刊文献共 103 篇，分别来自 31 种期刊（见附件一）。其中来自期刊 *Event Management：An International Journal* 的文献最多，共 17 篇，占期刊文献总篇数的 16.5%；排名第二的是 *Current Issues in Tourism* 和 *International Journal of Event Management Research*，均为 9 篇，占期刊文献总篇数的 8.74%；此外，来自 *Journal of Sport Management*、*Journal of Sport Tourism*、*Urban Studies*、*Journal of Travel Research* 等期刊的文献也较多，所占比例较大。通过表 3 - 1，我们还可以看出，当前发表体育赛事评估相关文章的期刊面很广，并不仅仅局限于体育和旅游类的期刊，一些经济学、社会学、区域发展研究、城市研究等领域的期刊也有发表体育赛事评估相关的文章。

[①] Hede, A-M, Jago, L. & Deery, M. 'Special events research during 1990 – 2001: key trends and issues', L Jago, M Deery, R Harris, A-M Hede & J Allen (eds), paper presented to Events and Placemaking Conference. Event Research Conference, Sydney. 2002.

表 3 - 1　被分析文献的期刊来源一览

期刊名	文章数量（篇）	所占百分比（%）
Australian Geographical Studies	1	0.97
Current Issues in Tourism	9	8.74
Economic Development Quarterly	4	3.88
European Urban and Regional Studies	1	0.97
European Sport Management Quarterly	1	0.97
Event Management: An International Journal	17	16.50
Festival Management and Event Tourism	1	0.97
International Journal of Cultural Policy	1	0.97
International Journal of Event Management Research	9	8.74
International Journal of Tourism Research	1	0.97
International Journal of Urban & Regional Research	2	1.94
Impact Assessment and Project Appraisal	1	0.97
International Planning Studies	1	0.97
International Review for the Sociology of Sport	3	2.91
Journal of Travel Research	5	4.85
Journal of Sport Management	7	6.80
Journal of Sport Tourism	7	6.80
Journal of Applied Recreation Research	1	0.97
Journal of Cultural Economics	1	0.97
Journal of Park and Recreation Administration	1	0.97
Journal of Sports Economics	4	3.88
Journal of Urban Affairs	5	4.85
Leisure Studies	1	0.97
Planning Perspectives	1	0.97
Sport in Society	2	1.94
Sport Management Review	1	0.97
Sport Marketing Quarterly	1	0.97
The Industrial Geographer	1	0.97
Third World Quarterly	1	0.97
Tourism Economics	4	3.88
Urban Studies	8	7.77
合计	103	100

（二）相关会议文献

近年来，事件管理已经成为西方发达国家关注的热点，很多高校都已经成立了相关专业，如悉尼科技大学、维多利亚大学、昆士兰大学、墨尔本大学、英国谢菲尔德哈勒姆大学，等等。国际上有关事件管理的学术会议逐渐增多。因此，相关的会议文献也成为本章内容分析的样本之一。本书中会议文献的搜索经历了两个阶段：一是通过对所搜集的文章参考文献的分析，锁定可能涉及体育赛事评估领域的相关学术会议；二是通过在期刊文献搜集中所利用的途径查找这些会议的论文集。当然，要搜集这些会议的论文集很难，但经过多方努力，笔者有幸搜集到了三次与体育赛事管理关联度较高的学术会议的论文集（见表 3 - 2），在这些论文集中共搜索到体育赛事评估相关文献 28 篇。这三次学术会议有两次是由悉尼科技大学事件管理研究中心分别于 2000 年和 2002 年主办，从这两次会议论文集中，笔者搜集到体育赛事评估相关论文 22 篇，占被分析的学术会议论文总数的 78.6%，另外一次会议是由英国诺丁汉大学于 2005 年主办，从本次会议论文集中，笔者搜集到体育赛事评估相关论文 6 篇，占被分析的学术会议论文总数的 21.4%。

表 3 - 2 被分析文献来自的会议名称一览

会议名称	相关文章数量（篇）	所占百分比（%）
The 3rd DeHaan Tourism Management Conference	6	21.4
Event Beyond 2000：Setting The Agenda	10	35.7
Events and Place Making Conference 2002	12	42.9
总计	28	100

（三）其他学术文献

除了期刊和学术会议上发表的文献外，通过数据库、各个高校和科研机构的网站以及作者的个人网页，我们还可以获得其他一些未在学术期刊上公开发表的学术文献，这些文献通常是一些工作论文（Working Paper）。

笔者通过上述途径，采用搜索关键词的方式，搜集到体育赛事评估相关的其他学术文献 96 篇（见附件二）。

二 评估报告

目前，国外已经有一部分学者对包括体育赛事在内的特殊事件的相关文献进行分析，以探索关于该领域的研究现状及趋势[①]。在研究中，他们提出了一个共同的问题：从理论层面上对体育赛事等特殊事件影响评估的文献较多，而涉及具体赛事影响的评估或从实际操作的角度对体育赛事影响进行评估的文献较少。此外，尽管也有一些文章对不同体育赛事所产生的影响进行了比较分析[②]，但对具体体育赛事影响评估报告进行分析的文章很少。其主要原因是由于体育赛事影响评估工作一般是由政府体育、旅游部门主持或委托第三方完成的，通常不会在学术期刊发表，故对这些评估报告的分析就成了学者们的研究盲点。但对这些评估报告进行分析的一个最大好处就是，它可以从实际操作的角度提出具体体育赛事影响的指标。这也是本文所重点关注的。因此，笔者拟在分析上述学术文献的基础上，对大量未公开发表的体育赛事影响评估报告进行分析和研究。

由于体育赛事评估报告一般都不会公开发表，流通范围较小，研究者也不太容易搜集。幸运的是，笔者关注相关研究多年，日积月累，搜集到相关体育赛事影响的评估报告百余份，经过筛选，本书中被分析的评估报告共计 60 份（具体赛事名称见附件三），这些评估报告包括对体育赛事影响的事前和事后评估。此外，需要说明的是，被分析的评估报告中大多数是完整的报告，包括研究背景、研究方法和研究结果。但也有一些评估报告只是一个总结报告，内容只包括最后的研究结果。考虑到本书分析评估报告的主要目的是了解在实际的评估报告中具体包含哪些影响，故只要这些总结报告中包含体育赛事影响的指标，它们就在本文的研究范围之内。

---

① 例如，Formica（1998）、Getz（2000）、Hede（2002）等人。

② 例如，Gratton（2000）等人。

第四节　体育赛事综合影响内容
分析表的设计

在第二章中，笔者已经提出采用三重底线评估（TBL）作为本文中体育赛事综合影响评估的分析框架，因此，内容分析表也是依据三重底线评估的框架进行设计。另外考虑到多角度分析的要求，在学术文献的分析表中又加入了发表的年份和研究领域（经济影响、社会影响、环境影响、赛事评估、赛事管理、赛事旅游研究及其他 7 个类别）两个指标，在评估报告的分析表中则加入了评估对象（指被评估的赛事名称）、年份、评估领域（包括经济、社会、环境、经济与社会、经济与环境、社会与环境、经济社会与环境七个类别）和评估类型（包括事前评估和事后评估两个类别）四个指标，分析表的格式具体表 3 - 3 所示。

表 3 - 3　体育赛事综合影响评估内容分析（学术文献）

编号	1	2	3	4	5	6	7	…	
作者	A	B	C	D	E	F	G	…	
年份	2001	2002	2002	1998	1999	1996	2004	…	总计
研究领域	经济影响	社会影响	赛事管理	…	…	…	…	…	
经济影响									
正面									
…									
负面									
…									
社会影响									
正面									
…									
负面									
…									

续表

编号	1	2	3	4	5	6	7	…	
作者	A	B	C	D	E	F	G	…	总计
年份	2001	2002	2002	1998	1999	1996	2004	…	
研究领域	经济影响	社会影响	赛事管理	…	…	…	…	…	
环境影响									
正面									
…									
负面									
…									

表 3－4　体育赛事综合影响评估内容分析（评估报告）

编号	1	2	3	4	5	6	7	…	
评估对象	A	B	C	D	E	F	G	…	总计
年份	2001	2002	2002	1998	1999	1996	2004	…	
评估领域	经济	社会	经济	…	…	…	…	…	
评估类型	事前	事前	事后	…	…	…	…	…	
经济影响									
正面									
…									
…									
负面									
…									
…									
社会影响									
正面									
…									
…									
负面									
…									
…									

续表

编号	1	2	3	4	5	6	7	…	
评估对象	A	B	C	D	E	F	G	…	
年份	2001	2002	2002	1998	1999	1996	2004	…	总计
评估领域	经济	社会	经济	…	…	…	…	…	
评估类型	事前	事前	事后	…	…	…	…	…	
环境影响									
正面									
…									
…									
负面									
…									
…									

第五节　信度检验

内容分析法的信度是指两个或两个以上的研究者按照相同的分析维度，对同一材料进行评判之后，其结果的一致性程度，它是保证内容分析结果可靠性、客观性的重要指标。内容分析法的信度检验通常由以下公式来衡量[①]。

内容分析的信度

$$(CR) = N \times A / \{1 + [(N-1)] \times A\} \qquad (1)$$

在（1）式中：N = 参与内容分析的人数；

A = 平均相互同意度，它的数值为

$$2M / (N_1 + N_2) \qquad (2)$$

在（2）式中：M = 两者都完全同意的类目数；

N_1 = 第一评判者分析的类目数；

① Yung, S. J. Content analysis. In Social and Behavior Research Methods（Volume 2），Taipei, Taiwan：Tung Hua Publishers，1988：809 – 831.

$$N_2 = 第二评判者分析的类目数。$$

例如，假设 $N_1 = 10$，$N_2 = 10$，$M = 8$

那么，$A = 2 \times 8 / (10 + 10) = 0.8$

$$CR = 2 \times 0.8 / \{1 + [(2-1)] \times 0.8\} = 0.89$$

通常情况下，只有当内容分析信度大于 0.8 时，内容分析法的结果可信度才较高。如果达不到这一精度，那么就需要对研究设计进行修正。[1]

笔者也采用了上述两个公式对内容分析法的信度进行检验。但需要说明的是，当文献分析的内容较专业，一般测试者很难把握，且寻找两个专业测试者可能性较小时，采用一个测试者在不同时间测试两次的方法也可以作为一种替代方案，Kong-Ting Yeh 博士在对美国职业联赛的经济影响进行内容分析时，就运用了上述方法[2]。考虑到本书分析的内容也较为专业，故笔者也采用在不同时间对同一批文献分析两次的方法检验信度。笔者选取了学术文献中的 20 篇文献，10 篇评估报告，并分别于 2008 年 6 月 8—15 日及 2008 年 8 月 12—20 日对被选取的学术文献和评估报告进行了分析，并计算其信度。如果信度达到 0.8 以上，则继续对其他文献进行内容分析；如果信度达不到 0.8 以上，需要对研究进行重新设计。其研究结果表明，本书内容分析法的信度为 0.91 和 0.93，符合相关要求（信度检验过程详见附件四）。

第六节　结果分析

一　学术文献内容分析的结果

（一）基本情况

1. 类型分布

在前文中笔者已经指出，本书被分析的学术书献分为三种类型，即期

---

[1] Gou, S. F. Value analysis for communication contents: A case study for Readers' Digest in Chinese edition. Unpublished master thesis of National Zheng Zhi University. Taipei, Taiwan: National Zheng Zhi University.

[2] Kong-Ting Yeh. The Assessment of Economic Impact Studies on Sport-Related Events in North America: A Content Analysis. University of Northern Colorado, 1997: 30 – 32.

刊文献、会议论文和其他学术文献。这三种类型的学术文献共计 227 篇，
其中期刊文献 103 篇，占被分析学术文献总数的 45.4%；会议论文 28 篇，
占被分析学术文献总数的 12.3%；其他学术文献 96 篇，占总数的 42.3%
（见图 3 - 1）。需要指出的是，这一比例关系只是对在本文中被分析的学术
文献类型分布状况的一个客观描述，并无其他特殊涵义，而且从本质上
看，不同文献类型的文章，其差异性也甚小。

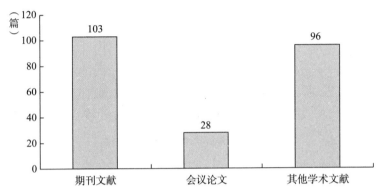

图 3 - 1　被分析的学术文献类型分布

2. 时间分布

如图 3 - 2 所示，1992—2007 年之间，有关体育赛事综合影响方面的
文章总体呈增长趋势，这与 2002 年 Hede 等人的研究基本一致，他们的研
究表明，1990—2001 年期间，发表在学术期刊上有关体育赛事影响的论文
不断增长。[①] 从下图中可以看出，在本书的被分析学术文献中，2000 年、
2002 年和 2005 年是文献量最多的三年，分别为 27 篇，34 篇和 43 篇。这
三个年份被分析的学术文献较多的主要原因可能是被分析的三次学术会议
分别在这三年举办，其中 2000 年和 2002 年，澳大利亚悉尼科技大学的体
育赛事研究中心分别召开了两次主题为体育赛事的学术会议，而 2005 年第
三届 DeHaan 旅游管理学术会议也以体育赛事为主题。此外，在被分析文
献中，1998 年是被分析文献量的一个分水岭，1998 年之前，被分析的文献
非常少，总共仅为 7 篇，只占总数的 3%，这一方面可能与笔者的搜集资

① Hede, A-M, Jago, L & Deery, M. 'Special events research during 1990 - 2001: key trends and
issues', L. Jago, M. Deery, R. Harris, A-M. Hede & J. Allen (eds), paper presented to Events
and Placemaking Conference. Event Research Conference, Sydney. 2002.

料的途径相关，但另一方面不可忽视的原因就是，从 1998 年开始，发表体育赛事方面论文最多的期刊——"*Event Management：An International Journal*"正式出版，它的很多内容和主题都与体育赛事影响相关。

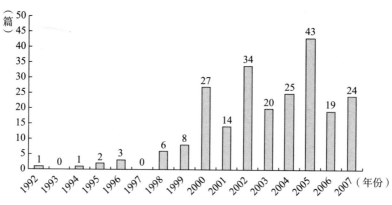

图 3-2　被分析学术文献的时间分布

3. 研究领域

在对学术文献作内容分析时，笔者根据当前体育赛事评估领域的研究热点以及本文关注的研究主题，对被分析学术文献的研究领域进行了划分，共分为 7 个研究领域，即经济影响、社会影响、环境影响、赛事管理、赛事评估、赛事旅游和其他。从图 3-3 看出，在被分析的学术文献中，研究内容为经济影响的学术文献最多，为 65 篇，占总数的 28.6%；排在第二位的是研究体育赛事社会影响的学术文献，也达到了 38 篇，占被分析学术文献总数的 16.7%；另一点值得说明的是，当前研究体育赛事环境

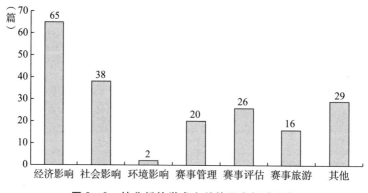

图 3-3　被分析的学术文献的研究领域分布

影响的学术论文很少，在被分析学术文献中，只有两篇文章以研究赛事环境影响为主题，这说明当前学者们对体育赛事的环境影响问题还未足够重视。

（二）体育赛事综合影响的确定

本书对 227 篇学术文献进行内容分析主要目的是为了确定在这些学术文献中，体育赛事的哪些影响提及频次较多，以最终形成体育赛事的综合影响框架体系，这是后面确定体育赛事综合影响事前评估指标的重要环节。本书对体育赛事综合影响的内容分析利用三重底线评估框架，具体包括经济影响、社会影响和环境影响三部分，在每一个影响方面又根据体育赛事影响的性质分为正面影响和负面影响两种。

通过对 227 篇相关学术文献的分析，本书共得到了 243 个体育赛事的影响指标，如此之多的体育赛事影响指标是笔者在文献分析之前始料不及的，但仔细分析后发现：由于是英文文献的原因，有很多种体育赛事的影响意思基本相同，只是用词略有区别，而且有很多种影响可以相互合并。考虑后续分析的需要，笔者决定对这 243 个体育赛事的影响指标进行整理和归类。

在对上述影响指标整理和归类过程中，笔者共经历了三个步骤。一是将体育赛事 243 个影响翻译成中文，并将意思基本相同的种类进行归类，如 "Civic Pride Providing" 和 "pride through participating in the event" 两个词组中文意思基本相近，均与 "居民自豪感" 关系密切，笔者在将这两个词组翻译成中文时就进行了汇总。经过第一轮的处理，共得出 86 个影响指标。二是以频次出现较多的影响指标为基础，通过对出现频次较多的影响指标的微调，将出现频次较少的赛事影响指标进行整合，如在体育赛事正面的经济影响中 "对举办地旅游业的积极影响" 共出现 82 次，同时，"对举办地商业、服务业的积极影响" 出现 5 次，"对体育产业的积极作用" 出现 5 次。考虑到这些影响的指标均归属于体育赛事相关产业，故在这一轮中，笔者将这三个指标进行了合并，名称改为 "对体育赛事相关产业的拉动"。经过第二轮的处理，文献分析结果中体育赛事的综合影响指标减少到 32 个。三是在第二轮分析的基础上，将不在同一个层次上的指标进行合并，尽量保持所选择的综合影响的指标在同一个层次上。经过第三轮的处理，本文得到体育赛事的 23 个综合影响的指标，形成了体育赛事综合影响的基本框架（见表 3 - 5）。

表 3 - 5　体育赛事综合影响框架（学术文献）

	体育赛事综合影响	出现频次	所占百分比（％）
经济影响（正面）	对举办地宏观经济指标的积极影响	208	91.6
	对体育赛事相关产业的拉动	154	67.8
	给举办地带来新的消费	122	53.7
	提升城市知名度和城市形象	118	52.0
	改善体育场馆和基础设施条件	96	42.3
	赛事组织者获得收益	6	2.6
经济影响（负面）	赛事运作成本高，投资风险大	25	11.0
	体育场馆等设施利用率低	21	9.3
	影响正常的商业活动	12	5.3
	财政负担增大	8	3.5
	通货膨胀，物价上涨	6	2.6
社会影响（正面）	居民的自豪感	40	17.6
	提高居民生活质量	34	15.0
	促进体育与文化发展	25	11.0
	提高居民素质	14	6.2
	提供交流与沟通的平台	8	3.5
社会影响（负面）	交通堵塞及过度拥挤	46	20.3
	扰乱举办地居民的正常生活	32	14.1
	犯罪及破坏公物行为	25	11.0
	噪音污染	18	7.9
	安全隐患及恐怖主义	8	3.5
环境影响（正面）	改善环境	20	8.8
环境影响（负面）	环境破坏及资源浪费	18	7.9

　　在对学术文献内容分析之后形成的体育赛事综合影响基本框架中，从指标个数的分布看，体育赛事经济影响方面共有 11 个指标，其中正面影响指标 6 个，负面影响指标 5 个；赛事社会影响方面共有 10 个指标，正面影响和负面影响指标各 5 个；环境影响共 2 个指标，正面影响和负面影响指

标各 1 个。在这一框架中，体育赛事经济影响和社会影响指标的个数相当，环境影响的指标较少，说明体育赛事与举办地经济和社会领域的关系较为密切，对举办地经济和社会的影响也较明显，学者们对其也较为关注。另外，从指标出现的频次看，体育赛事经济影响方面的指标出现的频次最高，共有 776 次，占据了绝对的比重，且经济方面的正面影响指标出现的频次（704 次）要远远大于其负面影响（72 次）；社会影响类的指标次之，也出现了 250 次，说明越来越多的学者已经开始关注体育赛事社会影响评估方面的研究，尤其是对举办地居民影响方面的研究；但结果也显示，目前涉及体育赛事的环境影响方面的学术研究还很少，总共出现了 38 次，体育赛事的环境影响仍是学者们研究的一个盲点。

二　评估报告内容分析的结果

当然，在体育赛事综合影响评估领域除了学术文献之外，还有很多由咨询公司或政府相关部门出具的体育赛事评估报告，相对于体育赛事的评估报告来说，赛事评估方面的学术文献虽然也有部分涉及具体赛事的评估，但它们毕竟不是在实际进行一个赛事的评估工作。因此，为了能够获取在实际的体育赛事评估中所包括的赛事影响指标，很有必要对具体的赛事评估报告进行分析。本书将对搜集到的 60 篇体育赛事评估报告从赛事举办时间、赛事评估领域、赛事评估类型、赛事综合影响等方面进行分析，其主要目的是为了提炼出赛事评估报告中涉及体育赛事综合影响的具体指标。

（一）赛事举办时间分布

如图 3 - 4 所示，在被分析的评估报告中，2002 年、2005 年是举办体育赛事最多的两年，分别为 8 场（13.3%）和 7 场（11.7%），另外 2003 年、2006 年和 2010 年举办的体育赛事场数相同，均为 6 场（10%），排在第三位。至于 2002、2003、2005、2006 年四个年度体育赛事较多的主要原因可能与 2001 年加拿大体育主管部门"Sport Canada"推出"国际体育赛事申办计划"（Policy for Hosting International Sport Events）有关，根据该计划的要求，凡是得到"Sport Canada"资助的体育赛事必须要由加拿大体育旅游联盟进行体育赛事经济影响评估，为此，该组织还研究出了一套名为

"体育旅游经济影响评估模型（STEAM）"的评估系统。在本书被分析的60篇赛事评估报告中，加拿大体育旅游联盟出具的体育赛事评估报告就占到了20%左右；此外，被分析的评估报告中2012年举办赛事较多的主要原因是2012年将要举办奥运会，各个申办城市通常要进行奥运会可能给申办城市带来的综合影响方面的事前评估，而这些申办城市的评估报告很大一部分都在本书的分析范围之内。

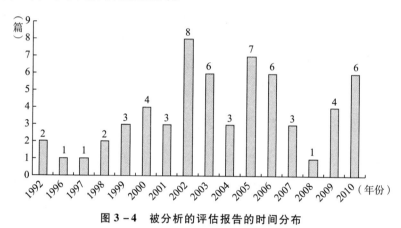

图3-4 被分析的评估报告的时间分布

（二）赛事评估领域

从图3-5可以很明显地看出，所有的60篇评估报告都牵涉体育

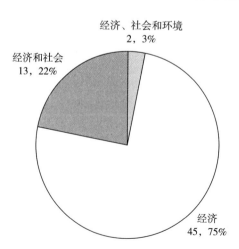

图3-5 被分析评估报告的评估领域分布

赛事经济影响方面的评估，其中只评估体育赛事经济影响的报告就达到45篇，占据了绝对的比重，占评估报告总量的75%。这一状况与学术文献分析中所体现的情况基本一致。这充分说明，体育赛事经济影响方面的评估理论相对成熟，且在发达国家已得到较为广泛的应用；体育赛事社会影响方面的评估理论近年来也有所发展，并逐渐运用到具体赛事的评估中；体育赛事环境影响方面的评估理论相对滞后，实践中运用的也很少。

（三）赛事评估类型

这里所指的赛事评估类型根据对具体赛事进行评估的时间，分为体育赛事的事前评估和体育赛事的事后评估两个类别。从图3-6可以直观地看出，在被分析的60篇体育赛事的评估报告中，属于体育赛事事前评估的有16篇，占总数的26.7%；属于体育赛事事后评估的有44篇，占总数的73.3%。这一结果显示，在体育赛事评估的实践领域，事后评估仍是主流，这与加拿大、英国、澳大利亚等西方发达国家纷纷出台政策，并要求对所资助的体育赛事进行事后评估的实际不谋而合；此外，通过结果我们还可以看出，有关体育赛事事前评估的报告所占比重也不小，这说明，在进行体育赛事申办或举办决策时，政府和赛事组织者越来越趋于理性，而且决策过程更加科学化、合理化。

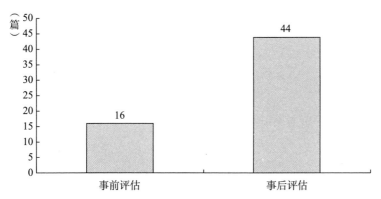

图3-6 被分析评估报告的评估类型分布

（四）赛事综合影响

为了能够提炼出评估报告中所涉及的体育赛事的综合影响，笔者采用了与学术文献分析时相同的方法，即通过阅读被分析的评估报告，找出评估报告中所提及的赛事影响指标。经过分析，笔者共得到了48个体育赛事影响指标。在这48个指标中，几乎所有赛事影响指标在学术文献中均有提及，但有所不同的是，学术文献中所提及的体育赛事影响更加宏观，而评估报告中的赛事影响则更具有操作性。例如在学术文献中，体育赛事正面经济影响提及频次最多的是"对举办地宏观经济指标的积极影响"，而在评估报告中体育赛事正面经济影响提及频次最多的则是"对举办地 GDP 的积极贡献"，虽然"对举办地 GDP 的积极贡献"是"对举办地宏观经济指标的积极影响"的反映，但它更具有操作性。考虑到本书分析的需要，笔者也按照前面处理学术文献时的方法，对所得到的48个体育赛事的影响指标进行了整理和归类，最终得出13个具体指标（见表3-6）。

表 3-6　体育赛事综合影响框架（评估报告）

	体育赛事综合影响	出现频次	所占百分比（%）
经济影响（正面）	对举办地 GDP 的积极贡献	45	75.0
	给举办地创造的就业机会	38	63.3
	给举办地带来的新的消费	34	56.7
	对体育赛事相关产业的拉动	25	41.7
	举办地居民收入增加	22	36.7
	给举办地政府带来的税收收入	20	33.3
	提高城市知名度和城市形象	5	8.3
经济影响（负面）	赛事运作成本高	2	3.3
社会影响（正面）	居民的自豪感	8	13.3
	提高居民生活质量	5	8.3
社会影响（负面）	交通堵塞、过度拥挤及噪音污染	9	15.0
	扰乱举办地居民的正常生活	4	6.6
环境影响（负面）	资源消耗	2	3.3

　　表 3 – 6 显示，体育赛事正面的经济影响是评估报告中提及最多的，共有 7 个指标，占到所有 13 个赛事影响指标的 53.8%。在体育赛事正面的经济影响中，对举办地 GDP 的积极贡献出现频次最多（45 次），给举办地创造的就业机会排第二（38 次），给举办地带来新的消费出现频次排名第三（34 次）。需要说明的是，评估报告中出现的很多影响指标只是一个狭义的概念，并不能完全代表赛事给举办地带来的某种影响，例如，虽然在评估报告中"对体育赛事相关产业的拉动"也出现了 25 次，排在赛事正面经济影响的第四位，但这里所指的"对体育赛事相关产业的拉动"只是赛事相关产业中的一部分，是当前可以衡量的部分。另外，体育赛事经济方面的负面影响，评估报告中只提及了"赛事运作成本高"（2 次），说明当前体育赛事评估中对赛事经济方面的负面影响关注较少，这主要是因为在很多情况下，体育赛事经济影响评估已经成为赛事组织者说服政府未来继续资助赛事或者论证政府资助赛事合理性的一个有效工具，因此，往往会夸大赛事对举办地正面的经济影响，而忽视其负面影响。就体育赛事的社会影响方面而言，评估报告中所提及的正、负方面的影响各两个，其中"居民的自豪感"（8 次）和"提高居民生活质量"（5 次）是评估报告中最为常用的两个正面的社会影响指标。与学术文献分析的情况相似，体育赛事环境影响在评估报告中被使用的也很少，只有两篇评估报告对赛事的资源消耗进行了评估。此外，在评估报告中，哪一个体育赛事影响指标出现的频次越高，则对其评估的可操作性越强，评估方法也越完善。根据本章体育赛事评估报告分析的结果，我们可以很明显看出，体育赛事经济方面的正面影响指标占据了绝对比重，而社会和环境影响方面的指标涉及不多，这说明目前体育赛事经济方面的正面影响评估可操作性相对较强，评估方法也较完善；而社会和环境方面影响的评估可操作性还不强，评估方法还有待进一步探索。

　　总而言之，体育赛事评估报告中所涉及的赛事综合影响指标基本都包含在学术文献所提及的指标中，但个数要远少于学术文献中所提及的体育赛事影响指标，其原因主要是评估报告中涉及的体育赛事影响指标往往都具有一定的可操作性，而学术文献中涉及的体育赛事影响指标则不一定要具有操作性。此外，尽管很多学者一再呼吁运用一套较为科学的、统一的评估框架和体系来审视体育赛事，但在被分析的评估报告中，评估框架和体系不尽相同。除了橄榄球世界杯的评估报告外，几乎没有被分析对象按照三重底线评估框架，从经济、社会和环境三个纬度对体育赛事进行评估。

第七节　体育赛事综合影响框架体系

通过对学术文献和评估报告的内容分析，本书分别得到了两套关于体育赛事综合影响的基本框架，即表 3 - 5（简称框架一）和表 3 - 6（简称框架二）。在此基础上，笔者要将这两个基本框架中所提及的赛事综合影响指标进行汇总，最终得到一个较为全面、完整的体育赛事综合影响框架体系。经过对这两套赛事综合影响基本框架的分析发现，两套框架中所包含的赛事综合影响的指标基本相同。在框架一的 13 个指标中，有 9 个指标与框架二的指标几乎一致，另外 4 个指标，即"对举办地 GDP 的积极贡献""给举办地创造的就业机会""举办地居民收入增加""给举办地政府带来的税收收入"都是框架二中"对举办地宏观经济指标的积极影响"指标的下属指标。因此，笔者将框架一和框架二中的所有指标进行汇总，并对此进行了初步分层，最终得到了体育赛事综合影响框架体系（见表 3 - 7）。在这一框架体系中，共有 29 个指标，其中二级指标 16 个，三级指标 13 个。在 16 个二级指标中，体育赛事经济影响方面的指标最多，共 10 个；社会影响指标次之，共 4 个，环境影响指标最少，只有 2 个。

在本书的第二章体育赛事综合影响的内涵分析部分，笔者提出，由于体育赛事具有复杂性、系统性以及利益相关者较多等特点，因此，体育赛事对举办地的综合影响非常复杂。而从本章研究所得的体育赛事综合影响框架体系中可以看出，体育赛事综合影响的影响指标较多，涵盖了诸多领域，且不同指标对举办地的影响范围和时效都不尽相同，有力地证明了体育赛事综合影响的复杂性。

此外，从国内关于体育赛事综合影响的研究看，目前，国内学者对体育赛事综合影响的认识主要有两大特点：一是对体育赛事综合影响的认识尚停留在宏观层面，如何振梁、任海、董杰、李益群等人；二是对体育赛事综合影响的认识尚处于描述性阶段，如叶庆晖、易见东、王志宇等人。

因此，虽然国内学者所涉及的体育赛事综合影响几乎都包含在体育赛事综合影响框架体系中，但由于其并未从对体育赛事综合影响进行可操作性评估的角度考虑，与国内学者提及的体育赛事综合影响相比，本章的体育赛事综合影响框架体系中所包含的指标更加具体，且更具有评估的可操作性。另外，还有一个需要说明的是，国内学者较多地强调体育赛事对举办地的政治影响，而在本框架体系中，这一点体现的不够明显。这主要出于两个方面的考虑：一是本书研究的是体育赛事对举办城市的综合影响，而非对举办国的影响；二是本书研究的对象是国际大型单项体育赛事，而非奥运会、亚运会等国际大型综合性体育赛事，因此，政治影响的因素相对比较小。

表 3 - 7　体育赛事综合影响框架体系

一级指标	二级指标	三级指标
经济影响 （正面）	对举办地宏观经济指标的积极影响	对举办地 GDP 的积极贡献
		给举办地政府带来的税收收入
		给举办地创造的就业机会
		举办地居民收入增加
	给举办地带来的新的消费	—
	对体育赛事相关产业的拉动	—
	提升城市知名度和城市形象	—
	改善体育场馆和基础设施条件	—
	赛事组织者获得收益	—
经济影响 （负面）	赛事运作成本高，投资风险大	财政负担增大
	体育场馆等设施利用率低	—
	影响正常的商业活动	—
	通货膨胀，物价上涨	—
社会影响 （正面）	居民的自豪感	—
	提高居民生活质量	使居民获得休闲机会
		促进体育与文化发展
		增强居民体育健身意识
		提高居民素质
		提供交流与沟通的平台

一级指标	二级指标	三级指标
社会影响 （负面）	扰乱举办地居民的正常生活	交通堵塞及拥挤
		噪音污染
		犯罪及破坏公物行为
	安全隐患及恐怖主义	—
环境影响 （正面）	改善环境	—
环境影响 （负面）	环境破坏及资源浪费	—

第四章　体育赛事综合影响事前评估
指标体系的构建

第一节　体育赛事综合影响事前评估
指标体系构建的原则

要对体育赛事综合影响进行事前评估首先需要有一些能够科学、全面地描述体育赛事综合影响的参数或物理量，这就是体育赛事综合影响事前评估的指标体系。在第二章，笔者已经提到，体育赛事综合影响的内涵广泛、类型多样、系统复杂，因此，构建体育赛事综合影响事前评估指标体系应遵循如下原则。

一　目的性原则

目的性原则是指标体系设计的出发点和根本，是衡量指标体系是否合理有效的一个重要标准。根据这一原则，本文所要构建的指标体系应是对体育赛事综合影响的本质特征、结构及其构成要素的客观描述，应为体育赛事综合影响事前评估的目的服务，并针对体育赛事综合影响事前评估任务的需求，为评估结果的判定提供依据。

二　科学性原则

指标体系的科学性是确保评估结果准确合理的基础，一项评估活动是否科学，很大程度上依赖其指标、标准、程序等方法是否科学。体育赛事综合影响事前评估指标体系的科学性主要指以下四方面。

（1）特征性：指标应能根据体育赛事的本质特点，反映体育赛事对举办地综合影响的特征。

（2）准确一致性：在指标体系中，反映体育赛事综合影响的具体指标的概念要正确，涵义要清晰，尽可能避免或减少主观判断类的指标，对于确实难以量化的评估因素应采用定性与定量相结合的方法来设置指标。此外，指标体系内部各指标之间应协调统一，指标体系的层次和结构应合理。

（3）完备性：指标体系应围绕赛事事前评估的目的，全面反映体育赛事对举办地的综合影响，既要包括正面的影响，还要包括负面影响，不能遗漏重要方面或有所偏颇。否则，评估结果就不能真实、全面地反映体育赛事可能给举办地带来的综合影响。

（4）独立性：指标体系中各指标之间不应有很强的相关性，不应出现过多的信息包容、涵盖而使指标内涵重叠。

需要指出的是，体育赛事综合影响事前评估指标体系的完备性是针对赛事事前评估的目的而言的，并不是包罗万象，指标越多越好。另外，在赛事综合影响评估实践中很难做到指标之间的完全独立无关，一方面是因为体育赛事各方面本身就是相关的，如体育赛事对 GDP 拉动和对赛事相关产业影响。另一方面，所构建的赛事综合影响事前评估指标体系并不是许多单个指标的堆砌，而是由一组相互间具有有机联系的个体指标所构成，指标之间绝对的无关往往构不成一个有机整体，因此指标之间应有一定的内在逻辑关系。在实际评估活动中，为加强对赛事综合影响某一方面的重点调查和评价，有时需要从不同角度设置一些指标，以相互弥补、相互验证。这时，指标之间的相关性可通过适当地降低每个指标的权重等方法来处理。

三　适用性原则

指标体系的设计应考虑到现实的可能性，指标体系应适应于评估的方式、评估活动对时间及成本的限制、指标使用者对指标的理解接受程度和判断能力，且适应于信息基础。评估活动是实践性很强的工作，指标体系的适用性是确保评估活动实施效果的重要基础。具体的，体育赛事综合影响事前评估指标体系适用性又可分为以下方面。

（1）精练简明：构建的体育赛事综合影响事前评估指标体系可能包含多个指标，如何把一些简单精练而又说明问题本质的指标提炼出来，是一项非常重要又需要许多理论研究和实践经验的任务。指标是对原始信息的提炼与转化，指标不宜过于烦琐，个数不宜过多，以避免因陷于过多细节而未能把握评估对象本质，从而影响评估的准确性，同时，指标的精练可减少评估的时间和成本，使评估活动便于操作。

（2）易于理解：在体育赛事综合影响事前评估过程和评估结果使用中往往涉及多方面的人员，如政府、赛事组织者、举办地居民，等等，因此，指标体系中设置的指标应易于理解，以保证评估过程和评估结果的准确性、高效性。

（3）数据采集的可行性：指标的设置既要考虑理论上的合理性，又要考虑我国体育赛事运作的实际情况，使设计的绝大部分指标能够在实践中较为准确地采集到数据。

（4）稳定一致：在满足赛事事前评估目的的前提下，应尽可能采用相对成熟和公认的指标，与国内外相关方面的工作相衔接，以便于评估结果的比较和应用。

第二节　体育赛事综合影响事前评估指标体系构建的方法

建立指标体系的方法很多，有文献可考且广泛使用的主要有以下五种。

（1）头脑风暴法[①]。美国创造学家 A. F. Dsborm1939 年首次提出、1953 年正式发表的一种激发创造性思维的方法。该法通过会议的形式，让所有参加者在自由、愉快、畅所欲言的气氛中，自由交换想法或点子，并以此激发与会者创意及灵感，以产生更多的"黄金方案"。

（2）德尔菲法[②]。美国兰德公司 1964 年总结并提出来的一种几乎可以应用于任何领域的咨询决策技术。

（3）模糊灰色物元空间法（FHW）[③]。我国北方交通大学贺仲雄教授综合德尔菲法和头脑风暴法，于 1986 年创建了一种针对宏观复杂大系统中的决策、预测问题所进行决策支持的理论方法。

---

① 陶理．"头脑风暴法"在决策中的应用［J］．中国出版，1985（5）：25.
② 马立平等．新编实用统计方法［M］．北京：北京经济学院出版社，1996.
③ 同②。

（4）层次分析法①。它是著名运筹学家美国匹兹堡大学教授萨蒂（T. L saaty）于 20 世纪 70 年代初，在为美国国防部研究"根据各个工业部门对国家福利的贡献大小而进行电力分配"课题时，应用网络系统理论和多目标综合评价方法提出的一种层次权重决策分析方法。

（5）逐步回归法②。通过对拟进入指标体系的各项候选指标进行逐步回归分析，从设定的概率水准上挑选那些对评价结果作用显著的指标，并建立指标体系。

在体育赛事综合影响事前评估指标体系的构建方法方面，头脑风暴法、德尔菲法和模糊灰色物元空间法基本都能适用。实践证明，头脑风暴法可以排除折衷方案，对所讨论的问题通过客观、连续的分析，找到一组切实可行的方案，但这种方法需要通过会议的形式，将专家召集在一起，通过共同讨论、互相启发的方式获得结果，因此，头脑风暴法的实施成本（时间、费用等）通常会很高。另外，头脑风暴法要求参与者有较高的素质，这些因素是否满足会影响头脑风暴法的实施效果。而德尔菲法则能够与分布在不同城市和地区的专家进行沟通，获得他们关于某些问题的意见和建议，既增加了获取各方专家意见的可行性，又大大减少了咨询成本。考虑到笔者的实际情况以及具体实施的科学性和可行性，笔者最终选择采用德尔菲法构建体育赛事综合影响事前评估指标体系。

一　德尔菲法概述

20 世纪 60 年代初，美国兰德公司的预测学家戈登和霍梅尔提出德尔菲法。德尔菲法是专家会议预测法的一种发展，以匿名方式，用调查表函询专家的意见。预测组织者根据专家反馈回来的调查表，进行信息综合处理，然后将第一轮调查的汇总结果及调查表再反馈给各个专家，请他们以此作参考，提出自己的观点。如此反复 2—4 轮，使专家的各种不同意见趋于一致，即可得到预测结果。

德尔菲法是"系统分析"方法在意见和价值判断领域内的一种有益延

---

① 曾光. 现代流行病学方法与应用［M］. 北京：北京医科大学中国协和医科大学联合出版社，1994.

② 孙振球，徐勇勇. 医学统计学［M］. 北京：人民卫生出版社，2002.

伸，它突破了传统的数量分析限制，为更合理地制订决策开阔了思路。由
于对未来发展中的各种可能出现和期待出现的前景作出概率估价，德尔菲
法为决策者提供了多方案选择的可能性。而用其他任何方法都很难获得这
样重要的、以概率表示的明确答案。该方法主要有三个特点。第一，匿名
性，为克服面对面发表看法易受心理因素干扰的缺点，德尔菲法采用背靠
背函询方式进行调查。专家在不同轮次的调查中可以充分发表不同观点的
意见，而无须顾忌会损害自己威望；第二，反馈性，德尔菲法一般须经过
2—4 轮调查，为使每个专家了解全体专家的总体看法，上轮结果总是在下
轮反馈给每一个专家，作为预测参考；第三，收敛性，德尔菲法的预测结
果可用统计法进行定量处理，而且，随着反馈轮次的增加，专家们的预测
结果大都趋于一致。①

　　近十几年来，德尔菲法已成为一种广为适用的预测方法。在长期规划
者和决策者心目中，德尔菲法享有很高威望，并逐渐成为一种重要的规划
决策工具。在军事领域中德尔菲法应用最普遍。机械工业科技发展和市场
需求预测，国外也多采用德尔菲法。德尔菲法应用的其他领域还有：人口
预测、医疗和卫生保健预测、旅游市场预测、经营预测、研究方案的评
价、信息处理以及社会各界的规划，等等。

二　德尔菲法在体育领域的应用

　　运用德尔菲法对体育领域中的问题进行研究在国外已经较为普遍，但
笔者对中国优秀博硕士学位论文全文数据库的查询显示：在体育硕、博士
论文中运用德尔菲法进行研究的论文不多。他们运用德尔菲法的主要目的
是为了建立一套针对某一方面的评价指标体系，如北京体育大学张春萍博
士的学位论文《中国都市体育竞争力研究》就旨在运用德尔菲法建立一套
中国都市体育竞争力评价指标体系②；福建师范大学余道明博士的学位论
文《体育现代化理论及其指标体系研究——以首都体育现代化研究为例》，
运用德尔菲法得出了首都体育现代化的指标体系③；北京体育大学硕士赵

①　古志超. 德尔菲法的特点及应用 [J]. 中外企业文化，2005 (8).
②　张春萍. 中国都市体育竞争力研究 [D]. 北京体育大学，2006.
③　余道明. 体育现代化理论及其指标体系研究——以首都体育现代化研究为例 [D]. 福建
　　师范大学，2002.

烜民的学位论文《竞技体育社会评价理论研究初探》，运用德尔菲法旨在形成竞技体育社会评价的内容体系。[①]

但纵观这些研究，笔者认为，这些研究在运用德尔菲法时存在着一定的问题，如首轮问卷的形成不尽科学、专家团队的选择不合理，等等，还有的论文将问卷调查法与德尔菲法混淆，认为直接向有关专家发放70份问卷，且只进行了一个轮次的专家咨询即可以称为德尔菲法，其实，它完全不符合德尔菲法的运用原则与步骤。

从研究内容看，国内运用德尔菲法进行体育赛事领域的研究很少，与本论文最为相关的一项研究来自国外学者 Jack Carlsen 等人[②]。Jack Carlsen 等人运用德尔菲法对体育赛事的评估标准问题进行研究，其专家团队包括 55 位体育赛事管理领域的专家，涉及的问题包括在体育赛事管理领域引进一套赛事评估框架标准的好处、局限性以及障碍等。他们对上述问题进行专家咨询的主要目的是为了综合和总结各方面专家对体育赛事评估框架标准的认识和看法，形成一套统一的赛事评估框架标准，即在体育赛事评估中到底应该包括哪些环节和因素。但这一研究在德尔菲法应用中存在的一个最主要问题——专家团队的选择。该文以 *Event Management：An International Journal* 这本杂志的编委为专家团队成员，缺少体育赛事实务运作专家，而正是这些实务运作的专家在赛事评估标准的实际运用上有绝对发言权，这一点是理论方面的专家无法替代的。笔者的这一观点与 Runyan & Wu 的观点不谋而合，他们在运用德尔菲法对发展旅游业可能给城市带来的潜在影响的研究中就提出了类似的观点。[③] 与 Carlsen 等人研究不同的是，在本书德尔菲法的专家团队中包含了一批体育赛事的实务运作人员。

总而言之，在对一些不确定的、复杂的或者是模糊的问题进行分析时，德尔菲法是非常适用的一种研究方法，它能够在专家团队内部就这些难以确定的问题达成共识。

---

① 赵烜民. 竞技体育社会评价理论研究初探 [D]. 北京体育大学，2007.

② Jack Carlsen, Donald Getz & Geoff Soutar. 'Event Evaluation Research', Event Management, 2001 (6)：247－257.

③ Runyan, D. & Wu, C-T 'Assessing tourism's more complex consequences', Annals of Tourism Research, 1979 (6)：448－463.

第三节　体育赛事综合影响事前评估
指标体系的建立

一　第一轮专家调查问卷的形成

第一轮专家调查问卷以第三章研究所得到的体育赛事综合影响框架体系（表3-7）为基础（删除了与体育场馆建设有关的影响），并按照指标体系构建的原则，通过对相关文献研究，形成了体育赛事综合影响事前评估指标体系第一轮专家调查问卷的草案。在此基础上，笔者还就形成的草案征求了部分专家的意见，根据专家提出的合理建议，对草案内容进行了适当修改，最终形成了《体育赛事综合影响事前评估研究专家咨询评议表（第一轮）》（见附件五）。

二　专家团队的选择

Brown. B 指出：选择专家团队是德尔菲法预测成败的关键[1]。根据德尔菲咨询专家遴选标准，拟选的专家不能仅局限于一个领域的权威，因为权威的人数是有限的。德尔菲法拟选的专家应该是其经历与研究问题相关的人，或在该领域从事数年以上技术工作的专业人员。在选择专家时不是采用随机样本的选择，而是通过有目的的程序选择。专家人数视研究项目的规模而定。人数太少，限制了学科的代表性；人数太多，难以组织，数据处理复杂且工作量也大。一般情况下，评估或预测的精度与参加人数呈函数关系，即精度随着专家人数的增加而提高。根据有关文献报道，专家人数以10—30人左右为宜。在确定专家人数时，因种种原因，专家不一定每轮必答，有时甚至中途退出。因此，在预选时应适当多选一些专家，以留有余地。

本次研究在专家团队的构成中主要从以下三个方面考虑：第一，体育赛事研究领域的专家和学者；第二，体育赛事运作实务领域的专家；第三，负责赛事管理的体育行政部门领导。根据以上三个方面，本文共

---

[1]　Brown. B. Dephi Process：A Methodology used for the elicitation of opinions of experts. The Rand Corporation，1969.

遴选出 14 位专家（具体名单见表 4 - 1）。这 14 位专家分别工作于与体育赛事相关的科研、教学、行政管理以及实务领域，参加调查的专家中，表示对评价指标很熟悉的有 8 人（57.1%），熟悉的 6 人（42.9%），没有人表示不熟悉。其建议和意见应该具有较好的代表性。详细结果如表 4 - 2。

表 4 - 1　专家团队组成成员一览

姓名	工作单位
鲍明晓	国家体育总局体育科学研究所
林显鹏	北京体育大学管理学院
谭建湘	广州鸿天体育经纪公司
陈锡尧	上海体育学院
李南筑	上海体育学院
陈林祥	武汉市体育局
曹可强	上海师范大学
虞重干	上海体育学院
周良君	广州体育学院
徐海友	上海市体育竞赛管理中心
张立新	英国先行公司
郭 蓓	上海市体育局
王子朴	首都体育学院
杨铁黎	首都体育学院

（一）咨询专家的基本情况

表 4 - 2　咨询专家基本情况一览

项目		人数	百分比
年龄	40 岁以下	1	7.14%
	40—50 岁	5	35.71%
	50—60 岁	6	42.86%
	60 岁以上	2	14.29%

续表

项目		人数	百分比
文化程度	本科	2	14.29%
	硕士	4	28.57%
	博士	8	57.14%
工作性质	教学科研	9	64.29%
	行政管理	3	21.43%
	赛事运作实务	2	14.29%
专业技术职称	正高	9	64.29%
	副高	2	14.29%
	无（担任行政职务或赛事实务）	3	21.43%

（二）专家积极系数、权威系数和协调系数

（1）专家积极系数：专家咨询表的回收率，其高低说明专家对该项目研究的关心程度。由于本次研究得到了上海体育学院体育赛事研究中心以及中国体育科学学会体育产业分会的大力支持，再加之，在专家选择时已经考虑到了咨询表的回收问题，因此，本书的专家积极系数非常高，具体数字见表4-3。

表4-3　咨询专家的积极系数一览

发出专家问卷（篇）	回收专家问卷（篇）	回收率
14	14	100%
14	12	85.7%

（2）专家权威程度：专家的权威程度由两个因素决定，一个是专家对方案作出判断的依据；一个是专家对问题的熟悉程度。判断依据为理论分析、实践经验、国内外同行的了解和直觉，判断系数总和等于1表明对专家判断的影响程度大，判断系数总和等于0.8表明对专家判断的影响程度为中等，判断系数总和等于0.6表明对专家判断的影响程度小。专家将问题的熟悉程度分为6个等级，分别是很熟悉、熟悉、较熟悉、一般、较不熟悉、很不熟悉，以上具体量化值分别见表4-4和表4-5。专家权威程

度等于专家判断系数与熟悉程度系数的算术平均值，其计算公式为：$C_r =(C_a + C_s)/2$，其中 C_r 表示专家权威程度，C_a 表示判断系数，C_s 表示熟悉程度。

表 4 - 4　判断依据及其影响程度量化表

判断依据	对专家判断的影响程度		
	大	中	小
理论分析	0.3	0.2	0.1
实践经验	0.5	0.4	0.3
国内外同行的了解	0.1	0.1	0.1
直觉	0.1	0.1	0.1

表 4 - 5　专家对问题的熟悉程度系数

熟悉程度	C_s
很熟悉	0.9
熟悉	0.7
较熟悉	0.5
一般	0.3
较不熟悉	0.1
很不熟悉	0.0

本次研究专家权威系数是根据专家自填的"判断依据及其影响程度量化表"、"专家对问题的熟悉程度表"及"专家判断依据"的数据计算而来的，具体结果见表 4 - 6。

表 4 - 6　专家的判断依据

	经济影响	社会影响	环境影响
理论分析	0.27	0.26	0.25
实践经验	0.44	0.47	0.43
国内外同行的了解	0.1	0.1	0.1
直觉	0.1	0.1	0.1

根据以上计算方法计算出本次研究专家权威系数，结果见表 4 - 7。

表 4 - 7　专家权威系数结果一览

	判断系数 C_a	熟悉系数 C_s	权威系数 C_r
经济影响	0.91	0.81	0.86
社会影响	0.92	0.85	0.89
环境影响	0.88	0.73	0.81

从计算结果中可以看出，对三项一级指标，判断依据对专家的影响程度介于中等与大之间，而专家对问题的熟悉程度均在熟悉与很熟悉之间，专家权威程度的平均值均在0.8以上，说明本次研究专家的权威程度较高。根据专家权威程度与预测精度之间的函数关系可知本次研究的预测精度也较高。

3. 专家咨询协调系数[①]：专家意见的协调程度是一项十分重要的指标，通过计算可以判断专家对每项指标的评价是否存在较大分歧或者找出高度协调专家组和持异端意见的专家，同时也是咨询结果可信度的指标。衡量协调程度的指标有各指标评价结果的变异系数和专家意见协调系数。前者表示 m 个专家对第 j 个指标的协调程度 （V_j），后者表示全部 m 个专家对全部 n 个指标的协调程度 （W_j）。专家意见的协调系数介于0—1之间，一般来讲，该系数越大越好。其计算公式分别为：

（1）$V_j = \dfrac{\sigma_j}{M_j}$

σ_j：表示 j 指标的标准差；

M_j：表示 j 指标的均数。

（2）W 具体计算过程如下：

A. 计算全部指标评价等级的算术平均值：按专家对各指标的评价等级递减排队，每个指标赋予相应的秩次，对 j 指标评价的专家分别给出等级（秩次）求和就是 j 指标的等级总和。

$S_j = \sum\limits_{i=1}^{m_j} R_{ij}$ 式中：S_j 表示 j 指标的等级和；R_{ij} 表示 i 专家对 j 指标的评价等级。很明显，S_j 越小，该指标越重要。

$M_{sj} = \dfrac{1}{n}\sum\limits_{j=1}^{n} S_j$ 式中：M_{sj} 表示全部指标评价等级的算术平均数。

---

① 金星政，罗乐宣. 软科学研究方法 ［M］. 武汉：湖北科学技术出版社，2002：92 - 101.

B. 计算指标等级和的离均差平方和。

$d_j = S_j - M_{sj}$ 式中：d_j 表示 j 指标的离均差。

$\sum_{j=1}^{n} d_j^2 = \sum_{j=1}^{n} (S_j - M_{sj})^2$ 式中：$\sum_{j=1}^{n} d_j^2$ 表示全部 n 个指标等级和的离均差平方和。

C. 协调系数 W 的计算。

$W = \dfrac{12}{m^2(n^3 - n)} \sum_{j=1}^{n} d_j^2$ 式中：W 表示所有 m 个专家对全部 n 个指标的协调系数；m 表示专家总数；n 表示指标总数。

当有相同等级时，上式的分母要减去修正系数 T_i，此时 W 的计算如下：

$W = \dfrac{12}{m^2(n^3 - n) - m\sum_{i=1}^{m} T_i} \sum_{j=1}^{n} d_j^2$ 式中：T_i 表示相同等级指标。

$T_i = \sum_{i=1}^{L} (t_i^3 - t_i)$ 式中：L 表示 i 专家在评价中相同的评价组数；t_i 表示在 L 组中相同等级数。

协调系数 W 在 0—1 之间，W 越大，表示协调程度越好。反之，意味着专家意见协调程度较低。

D. 协调程度的显著性检验——χ^2 检验。

$$\chi_R^2 = \frac{12}{mn(n+1) - \dfrac{1}{n-1} \sum_{i=1}^{m} T_i} \sum_{j=1}^{n} d_j^2$$

$$d.f. = n - 1$$

根据自由度 $d.f.$ 和显著性水平 α，从 χ^2 值表中查得 χ^2 值。如果 $\chi_R^2 > \chi^2$，则可认为协调系数经检验后有显著性，说明专家评估或预测意见协调性好，结果可取。反之，χ_R^2 值很小，如果 $P > 0.05$，则认为专家意见评估或预测结论的可信度差，结果不可取。本次专家咨询的专家意见协调系数计算结果见表 4 - 8。

由表 4 - 8 可见，虽然本次研究只进行了两轮的专家咨询，但合并重要性、可操作性和敏感性数据后，专家意见的协调性较好，很多指标在第一轮专家咨询中就已经是高度协调指标。因此，本次专家咨询可信度较高，结果可取。

表 4 - 8　专家意见协调系数一览

指标	重要性				可操作性				敏感性			
---	第一轮		第二轮		第一轮		第二轮		第一轮		第二轮	
	协调系数	χ_R^2	协调系数	χ_R^2	协调系数	χ_R^2	协调系数	χ_R^2	协调系数	χ_R^2	协调系数	χ_R^2
经济影响	0.1536	34.3968*	0.3006	68.538*	0.2239	50.1629*	0.2651	60.4384*	0.1744	39.0652	0.3028	69.0374*
社会影响	0.2883	60.5463*	0.4209	80.7909*	0.1078	22.6280	0.3305	63.4583*	0.2176	45.7025*	0.4112	78.9586*
环境影响	0.1517	19.1199	0.3636	43.6353*	0.2276	28.6816*	0.4099	49.1839*	0.2334	29.4142	0.3537	42.4492*

注："＊"表示 p < 0.05。

三 德尔菲法专家咨询结果

(一) 第一轮专家咨询结果

在第一轮专家咨询中，专家从重要性、可操作性和敏感性三方面对指标进行五等级评价，通过了解专家对一级指标的熟悉程度和判断依据，计算每个指标所得分数的均数、变异系数。在所有收回问卷的专家中，有42.6%的专家对评价指标提出了详细的意见和建议。结合专家提出的意见和建议，本书对咨询结果进行了充分的讨论，对指标进行进一步的筛选与修改，形成第二轮专家咨询评议表。表4-9是第一轮专家咨询各候选指标在重要性、可操作性和敏感性三方面的得分均数、标准差和变异系数。其中算术均数表示专家意见的集中程度，算术均数越大，说明对应的指标的重要性越高，可操作性越好、敏感性越高。本论文咨询的专家对各级指标的重要性和可操作性进行判断，分为很好、较好、一般、较差、很差，分别赋值9、7、5、3、1分，因此算术均数取值在1—9分。变异系数表示专家意见对某个指标的协调程度，说明专家对该指标相对重要性和相对可操作性的波动程度，或者说是协调程度。变异系数越小，专家们对该指标的协调程度越高。①

表4-9　第一轮专家咨询指标得分结果

指标	重要性			可操作性			敏感性		
	均值	标准差	变异系数	均值	标准差	变异系数	均值	标准差	变异系数
1. 经济影响	8.14	1.51	0.19	7.62	1.89	0.25	7.71	1.86	0.24
2. 社会影响	8.57	0.85	0.10	7.46	1.20	0.16	8.43	0.94	0.11
3. 环境影响	7.00	1.92	0.27	7.15	2.23	0.31	7.57	1.83	0.24
1.1 给举办地带来的新的消费	8.00	1.71	0.21	6.86	1.99	0.29	7.14	2.14	0.30
1.2 对宏观经济指标的积极影响	7.29	1.54	0.21	6.29	1.86	0.30	6.57	1.60	0.24
1.3 城市知名度和城市形象的提升	8.69	0.75	0.09	7.62	1.50	0.20	8.23	1.30	0.16
1.4 赛事运作获得的会计收益	6.43	1.83	0.28	8.29	0.99	0.12	7.14	1.99	0.28

---

① 金星政，罗乐宣. 软科学研究方法 [M]. 武汉：湖北科学技术出版社，2002：92-101.

续表

指标	重要性			可操作性			敏感性		
	均值	标准差	变异系数	均值	标准差	变异系数	均值	标准差	变异系数
1.5 赛事运作的经济风险	8.00	1.52	0.19	7.14	1.66	0.23	7.71	1.49	0.19
2.1 提高居民生活质量	6.71	1.54	0.23	5.86	2.18	0.37	6.00	2.32	0.39
2.2 居民自豪感	7.86	1.51	0.19	6.86	1.66	0.24	7.00	2.00	0.29
2.3 交通拥挤成本	7.14	1.66	0.23	7.00	1.57	0.22	6.86	1.83	0.27
2.4 噪声污染	5.00	1.75	0.35	5.57	1.99	0.36	5.14	1.83	0.36
2.5 扰乱举办地居民的正常生活	6.85	1.52	0.22	6.54	1.66	0.25	6.54	1.66	0.25
3.1 改善环境	8.00	1.04	0.13	7.71	0.99	0.13	7.77	1.30	0.17
3.2 环境破坏与资源消耗	6.29	2.55	0.41	6.29	2.30	0.37	6.23	2.52	0.40
1.1.1 外来观众及游客的人数	8.29	1.27	0.15	8.00	1.71	0.21	7.57	1.65	0.22
1.1.2 外来观众及游客的消费量	7.86	1.51	0.19	6.29	2.02	0.32	6.29	2.02	0.32
1.1.3 赛事组织在本地的支出额	7.29	2.05	0.28	7.43	1.95	0.26	6.29	2.30	0.37
1.2.1 对举办地 GDP 的贡献率	7.43	1.95	0.26	6.00	1.88	0.31	6.29	2.43	0.39
1.2.2 新增的就业岗位数	7.86	1.88	0.24	7.14	2.14	0.30	7.29	2.33	0.32
1.2.3 对赛事相关产业 GDP 的贡献率	7.71	1.27	0.16	6.71	1.54	0.23	6.57	2.24	0.34
1.3.1 参与赛事的国家数	8.38	0.96	0.11	8.38	1.26	0.15	8.08	1.32	0.16
1.3.2 参与报道的媒体数量	8.54	0.88	0.10	8.54	0.88	0.10	8.23	1.01	0.12
1.3.3 参与报道的媒体级别	8.69	0.75	0.09	8.69	0.75	0.09	8.08	1.04	0.13
1.4.1 赛事运作收入	8.29	1.27	0.15	8.14	1.70	0.21	7.57	1.99	0.26
1.5.1 赛事运作成本	8.14	1.29	0.16	8.14	1.29	0.16	7.71	1.49	0.19
2.1.1 居民获得休闲机会的比例	6.86	1.46	0.21	6.29	1.49	0.24	6.00	1.71	0.28
2.1.2 居民增强体育健身意识的比例	7.14	1.99	0.28	5.86	1.70	0.29	6.29	2.30	0.37
2.1.3 居民学习新事物、新技能机会的比例	6.29	2.30	0.37	5.57	2.14	0.38	5.57	2.41	0.43
2.1.4 居民直接参与赛事及相关活动的比例	6.29	2.43	0.39	5.71	2.30	0.40	5.86	2.44	0.42
2.2.1 居民自豪感的价值量	7.71	1.49	0.19	6.71	1.90	0.28	7.14	1.83	0.26
2.3.1 额外时间成本	7.00	1.92	0.27	6.57	1.79	0.27	6.43	1.99	0.31
2.3.2 环境污染成本	6.57	2.10	0.32	5.71	1.86	0.33	6.29	2.43	0.39
2.3.3 交通事故成本	5.86	2.03	0.35	6.57	2.24	0.34	5.43	2.62	0.48
2.4.1 噪声污染的损害价值量	6.14	1.88	0.31	5.43	1.79	0.33	5.43	1.95	0.36

续表

指标	重要性			可操作性			敏感性		
	均值	标准差	变异系数	均值	标准差	变异系数	均值	标准差	变异系数
2.5.1 犯罪率上升程度	6.43	1.99	0.31	6.43	1.99	0.31	6.14	2.32	0.38
3.1.1 进行环保宣传的概率	7.57	1.99	0.26	7.29	1.90	0.26	6.86	2.14	0.31
3.1.2 进行城市环境治理的概率	8.29	0.99	0.12	8.00	1.30	0.16	7.71	1.27	0.16
3.2.1 破坏自然环境的面积	7.00	2.08	0.30	6.71	2.05	0.31	6.43	2.28	0.35
3.2.2 产生的垃圾量	7.00	1.57	0.22	7.00	1.57	0.22	6.57	1.79	0.27
3.2.3 二氧化碳的排放量	6.14	2.80	0.46	5.43	2.85	0.52	5.43	2.95	0.54
3.2.4 水资源消耗量	6.71	1.73	0.26	6.29	2.30	0.37	6.14	1.88	0.31
3.2.5 能源消耗量	7.00	1.57	0.22	6.71	1.90	0.28	6.29	2.02	0.32

（二）专家第一轮建议汇总

在第一轮专家咨询中，共有6位专家对指标体系提出了建议。

有的专家提出"不同的体育赛事，对经济、社会和环境的影响是不一样的"，并建议对赛事进行分类。这一点在相关背景材料中已经说明，为了研究的方便，本书对体育赛事的类型进行了限制，特指大型的、国际性的单项体育赛事。

有的专家提出一级指标中除了经济影响、社会影响、环境影响之外，还应包括对赛事本身的影响。这一点需要说明的是，本书所研究的体育赛事综合影响是指"赛事对举办地的影响"，不包括对赛事自身的影响。

有的专家提出在负面的社会影响中还应该包括"赛后场馆的闲置"这一指标。这一点在相关背景材料中已经说明，本研究中与"体育场馆建设有关的影响"不在本书的评估框架体系内。

此外，很多专家对指标的增减问题也提出了实质性建议，经过认真分析，本书采纳了专家的大部分意见，具体体现在对指标体系的修改方面。

（三）指标体系修改情况

根据第一轮专家咨询的结果，综合考虑以下几个方面的因素，包括专家关于指标重要性、可操作性和敏感性的评分结果（算术均数、标准差等）、目前我国体育赛事产业发展的现状和水平、所选指标与体育赛事综合影响的紧密程度以及指标之间的相互替代性等，我们对指标体系草案进行了一定的修改，形成了第二轮专家咨询问卷（见附件六）。

1. 删除的指标

二级指标：交通拥挤成本、噪音污染。

三级指标：外来观众及游客人数、额外时间成本、环境污染成本、交通事故成本。

2. 增加的指标

二级指标：对赛事相关产业的拉动；安全隐患及恐怖主义。

三级指标：政府税收收入增加量；居民收入增长额；政府财政支出额；交通堵塞及拥挤成本；消费指数的上升程度；安全隐患及恐怖主义事件发生的概率。

3. 修改的指标

二级指标：将"赛事组织者获得收益"改为"赛事运作获得会计收益"；将"环境破坏与资源消耗"指标分拆为"环境污染与破坏"及"资源消耗"两个指标。

三级指标：将"赛事运作收入"和"赛事运作成本"两个指标合并为"赛事收入与成本的差额"；将"犯罪率上升程度"改为"犯罪及破坏公物行为"。

（四）第二轮专家咨询结果

将第一轮专家咨询结果进行总结并反馈给参加过第一轮专家咨询的专家，从重要性、可操作性以及敏感性方面再次对指标进行评价，并了解专家对每个指标的熟悉程度，计算指标得分的均数、变异系数，结果见表4-10。根据评价结果，将指标得分分为5个分数段，即1—2分、3—4分、5—6分、7—8分、9—10分各为一个分数段，然后统计各个指标各等级的频率，形成评价等级矩阵。另外，根据专家对指标重要性、可操作性和敏感性三者之间的得分分配，确定了权重计算中的隶属度。最后得分为指标的重要性48.75分、指标的可操作性32.5分、指标的敏感性18.75分。

表 4 – 10 第二轮专家咨询指标得分结果

指标	重要性			可操作性			敏感性		
	均值	标准差	变异系数	均值	标准差	变异系数	均值	标准差	变异系数
1. 经济影响	8.46	0.66	0.08	7.84	0.79	0.10	7.6	0.93	0.12
2. 社会影响	8.63	0.48	0.06	7.56	1	0.13	7.82	0.9	0.12
3. 环境影响	6.88	1.54	0.22	6.82	1.84	0.27	7.13	1.57	0.22
1.1 赛事给举办地带来的新的消费额	8.13	0.8	0.10	6.74	1.05	0.16	7.33	0.89	0.12
1.2 对举办地宏观经济的积极影响	7.71	0.86	0.11	6.57	0.89	0.14	6.79	0.99	0.15
1.3 对赛事相关产业的拉动	8.11	0.67	0.08	8.27	0.45	0.05	7.77	0.58	0.07
1.4 城市知名度和城市形象的提升	8.88	0.31	0.03	7.78	0.72	0.09	8.21	0.58	0.07
1.5 赛事运作获得的会计收益	7.25	1.22	0.17	8.17	0.91	0.11	7.54	1.3	0.17
1.6 赛事运作的经济风险	8.04	0.86	0.11	7.46	0.78	0.10	7.55	0.66	0.09
2.1 居民自豪感	7.49	1.12	0.15	6.64	0.81	0.12	6.5	1.05	0.16
2.2 提高居民生活质量	6.63	0.64	0.10	5.17	1.48	0.29	5.21	1.3	0.25
2.3 扰乱举办地居民的正常生活	6.43	1.09	0.17	6.63	0.88	0.13	6.54	0.78	0.12
2.4 安全隐患及恐怖主义	6.41	0.79	0.12	5.97	0.75	0.13	5.96	0.92	0.15
3.1 改善环境	7.88	0.86	0.11	7.59	0.8	0.11	7.65	0.77	0.10
3.2 环境污染与破坏	6.29	1.05	0.17	6.27	0.86	0.14	6.46	1.27	0.20
3.3 资源消耗	6.23	1.03	0.17	6.13	0.91	0.15	5.89	1.14	0.19
1.1.1 外来游客的消费额	7.81	0.84	0.11	6.65	1.66	0.25	6.63	1.64	0.25
1.1.2 赛事组织在本地的支出额	7.58	0.67	0.09	7.42	0.87	0.12	6.38	0.98	0.15
1.2.1 对举办地 GDP 的贡献率	7.4	0.66	0.09	6.77	1.13	0.17	6.37	1.23	0.19
1.2.2 政府税收收入增加量	5.79	0.94	0.16	6.58	0.91	0.14	5.55	0.99	0.18
1.2.3 新增的就业岗位数	7.58	1.08	0.14	7.38	1.23	0.17	6.98	1.52	0.22
1.2.4 居民收入增加额	6.82	0.72	0.11	6.48	0.9	0.14	6.11	0.79	0.13
1.3.1 对赛事相关产业 GDP 的贡献率	7.79	0.84	0.11	7.13	0.74	0.10	6.44	1.37	0.21
1.4.1 参与赛事的国家数	8.33	0.75	0.09	8.73	0.73	0.08	8.07	0.67	0.08
1.4.2 参与报道的媒体数量	8.67	0.62	0.07	8.49	0.48	0.06	8.12	0.74	0.09
1.4.3 参与报道的媒体级别	8.58	0.64	0.07	8.58	0.47	0.05	8.18	0.72	0.09
1.5.1 赛事收入与成本的差额	8.27	0.45	0.05	8.38	0.48	0.06	8.11	0.44	0.05
1.6.1 政府财政支出额	7.63	2.13	0.28	7.75	1.14	0.15	6.83	2.06	0.30
2.1.1 居民自豪感的价值量	7.58	1	0.13	6.63	0.98	0.15	6.6	0.91	0.14

续表

指标	重要性			可操作性			敏感性		
	均值	标准差	变异系数	均值	标准差	变异系数	均值	标准差	变异系数
2.2.1 居民获得休闲机会的概率	6.38	0.64	0.10	5.78	0.77	0.13	5.61	0.88	0.16
2.2.2 居民增强体育健身意识的概率	7.03	1.05	0.15	5.83	0.83	0.14	5.73	0.77	0.13
2.2.3 居民学习新事物、新技能机会的概率	6.29	0.86	0.14	5.73	0.86	0.15	5.57	0.79	0.14
2.2.4 居民直接参与赛事及相关活动的概率	6.79	1.12	0.16	5.99	1.13	0.19	5.64	1.23	0.22
2.3.1 交通堵塞及拥挤成本	6.93	1.17	0.17	6.92	0.9	0.13	6.71	1.01	0.15
2.3.2 噪声污染损害的价值量	5.77	0.87	0.15	5.52	0.99	0.18	5.08	0.47	0.09
2.3.3 犯罪及破坏公物行为	6.07	0.76	0.13	6.15	1.18	0.19	5.68	0.99	0.17
2.3.4 消费指数的上升程度	7.05	1.22	0.17	5.83	1.4	0.24	6.12	1.45	0.24
2.4.1 安全隐患及恐怖主义事件发生的概率	8.2	0.94	0.11	7.17	1.27	0.18	7.94	1.17	0.15
3.1.1 对居民进行环保宣传的概率	6.73	1.4	0.21	6.78	1.36	0.20	6.25	1.14	0.18
3.1.2 进行城市环境治理的概率	8	0.83	0.10	7.79	0.72	0.09	7.33	0.78	0.11
3.2.1 破坏自然环境的面积	6.35	1.17	0.18	6.07	1.05	0.17	5.73	1.11	0.19
3.2.2 产生的垃圾量	7.03	0.61	0.09	7.04	0.62	0.09	6.68	0.75	0.11
3.2.3 二氧化碳的排放量	5.78	0.98	0.17	5.39	0.96	0.18	5	0.95	0.19
3.3.1 水资源消耗量	6.07	1.23	0.20	5.87	1.35	0.23	5.36	1.25	0.23
3.3.2 能源消耗量	6.43	1.01	0.16	6.29	1.05	0.17	5.7	0.91	0.16

第四节 体育赛事综合影响事前评估权重系数的确定

在多指标综合评价中，目前指标权重的确定可分为两大类。一是主观赋权法，即由专家根据经验判断各评价指标相对于评价目的的相对重要程度，然后经过综合处理获得指标权重的方法，如专家调查法、层次分析法、模糊评价法等。主观赋权法认为权重的本质是各评价指标相对于评价目标的相对重要程度的量化值。由于这种相对重要程度是一种客观存在的模糊概念，对其度量的依据是客观的，但又必须通过主观判断来获得。二是客观赋权法，即直接依据被评对象指标属性值数列的离散程度确定各指标权重的方法，如主成分分析和因子分析法、变异系数法、熵权系数法、局部变权法等。客观赋权法认为权重的大小取决于各评价指标属性值数列的离散程序的相对大小。也就是说，如果某指标的各属性值均相同，则该指标的权重值应为 0；指标属性值的差异（即离散程度）越大，则赋予的权重值也越大，即该指标在综合评价中的作用也越大。客观赋权法的特点是消除了主观赋权法的"主观随意性"，但有其局限性，它适用于评价突出各评价对象的差异的情况。[①]

总体而言，目前指标权重的确定还是以主观赋权法为主，尤其是层次分析法和模糊评价法。层次分析法的基本原理是根据问题的性质和目标，按照因素之间的相互影响和隶属关系分层聚类组合，由专家根据个人对客观现实的判断对模型中每一层次因素的相对重要性给予定量标度，确定每一层次全部因素相对重要性次序的权值，通过综合计算各因素相对重要性的权值，得到相对重要性次序的组合权值。层次分析法判断矩阵的一致性问题是制约其应用的关键，而且在实践中，由于客观事物的复杂性，用准确的数据来描述相对重要性不甚现实。模糊评价法可以看作层次分析法的改进，由于层次分析法评价指标体系中，存在许多难以精确描述的指标，故可以用模糊集来取代判断矩阵中的数，然后根据判断矩阵求出指标的模糊权重。这种方法既考虑了模糊判断，又提出了解决模糊判断一致性问题的一些方法，使其较层次分析法更具科学性。[②] 因此，根据专家对指标重要性、可操作性和敏感性的等级评判具有模糊性的特征，本书采用模糊评价法来计算指标的权重值以增加合理性、科学性和准确性。按照前述专家对指标评价三种属性重要性、可操作性以及敏感性的评分，按总分 100 计算，这三项属性分别得分为 48.75、32.5、18.75，权重值分别为 0.4875、0.3250、0.1875，将此作为下一步计算指标权重值的模糊评价法中的隶属度。

模糊评价法计算各指标的权重值：

---

① 高光贵. 多指标综合评价中指标权重确定及分值转换方法研究［J］. 经济师，2003（3）：256 – 266.

② 李因果，李新春. 综合评价模型权重确定方法研究［J］. 辽东学院学报（社会科学版），2007（4）：92 – 97.

（1）模糊评价法模型

$$Y_i = K \times W_i \times R_{ij} \times V_i$$

K：为逻辑数，依赖于单项评判属性的可行度；

W_i：模糊评判的隶属度；

R_{ij}：12 位专家对每一项指标的评价矩阵；

V_i：评分等级向量的转置；

Y_i：各项指标的综合评分。

本次研究中：

$$Y_i = K \times (0.4875, 0.3250, 0.1875) \times \begin{bmatrix} r_{11}, r_{12}, \cdots, r_{1n} \\ r_{21}, r_{22}, \cdots, r_{2n} \\ \vdots \ \vdots \ \cdots \ \vdots \\ r_{n1}, r_{n2}, \cdots, r_{nn} \end{bmatrix} \times \begin{bmatrix} 9 \\ 7 \\ 5 \\ 3 \\ 1 \end{bmatrix}$$

所有指标的 K 值均取 1。

（2）计算各项指标的权重值

$$P_i = Y_i / \sum Y_i \tag{1}$$

各指标的权重系数计算结果见表 4 - 11。

表 4 - 11 体育赛事综合影响事前评估指标权重

指标名称	综合评分（Y_i）	权重（P_i）
1. 经济影响	7.4875	0.3513
1.1 给举办地带来的新的消费	7.1312	0.0576
1.1.1 外来游客的消费额	7.2708	0.0298
1.1.2 赛事组织在本地的支出额	6.7771	0.0278
1.2 对宏观经济指标的积极影响	6.7167	0.0542
1.2.1 对 GDP 的贡献率	6.4917	0.0137
1.2.2 政府税收收入增加量	6.5687	0.0139
1.2.3 新增就业岗位数	6.7708	0.0143
1.2.4 居民收入增加额	5.7708	0.0122
1.3 对赛事相关产业的拉动	7.4375	0.0600

续表

指标名称	综合评分（Y_i）	权重（P_i）
1.3.1 对赛事相关产业 GDP 的贡献率	6.7000	0.0600
1.4 提升城市知名度和城市形象	8.0146	0.0647
1.4.1 参与赛事的国家数	7.7167	0.0210
1.4.2 参与报道的媒体数量	8.0458	0.0219
1.4.3 参与报道的媒体级别	8.0188	0.0218
1.5 赛事运作获得会计收益	7.0813	0.0572
1.5.1 赛事收入与成本的差额	7.4375	0.0572
1.6 赛事运作的经济风险	7.1312	0.0576
1.6.1 政府财政支出额	7.0417	0.0576
2. 社会影响	7.6000	0.3565
2.1 居民的自豪感	6.4917	0.0959
2.1.1 居民自豪感的价值量	6.5729	0.0959
2.2 提高居民生活质量	5.2625	0.0778
2.2.1 居民获得休闲机会的概率	5.3750	0.0186
2.2.2 居民增强体育健身意识的概率	5.8667	0.0203
2.2.3 居民学习新事物、新技能机会的概率	5.3792	0.0186
2.2.4 居民直接参与赛事及相关活动的概率	5.8625	0.0203
2.3 扰乱举办地居民的正常生活	6.1625	0.0910
2.3.1 交通堵塞及拥挤成本	6.3875	0.0255
2.3.2 噪音污染的损害价值量	5.0000	0.0200
2.3.3 犯罪及破坏公物行为	5.5729	0.0223
2.3.4 消费指数的上升程度	5.7979	0.0232
2.4 安全隐患及恐怖主义	6.2125	0.0918
2.4.1 安全隐患及恐怖主义事件发生的概率	6.0128	0.0918
3. 环境影响	6.2292	0.2922
3.1 改善环境	7.0187	0.1119
3.1.1 对居民进行环保宣传的概率	6.1271	0.0522
3.1.2 进行城市环境治理的概率	7.0187	0.0597
3.2 环境污染与破坏	5.7292	0.0914
3.2.1 破坏自然环境的面积	5.6500	0.0304
3.2.2 产生的垃圾量	6.4875	0.0349

续表

指标名称	综合评分（Y_i）	权重（P_i）
3.2.3 二氧化碳的排放量	4.8292	0.0260
3.3 资源消耗	5.5771	0.0889
3.3.1 水资源消耗量	5.4021	0.0423
3.3.2 能源消耗量	5.9563	0.0466

总的来讲，根据计算结果可以看出，三项一级指标的权重系数基本相似，其中社会影响的权重系数最高（0.3565），经济影响次之（0.3513），环境影响的权重系数最低（0.2922）。这反映出在当前，我国的体育赛事综合影响事前评估，需要对影响体育赛事社会影响的因素及其结果充分重视，这一点与国外的情况不尽相同。虽然，据笔者了解，国外尚没有运用权重系数的方法确定体育赛事综合影响的指标权重，但诸多研究均表明，西方发达国家更加关注于体育赛事对举办地的经济影响，如澳大利亚EventsCorp 公司认为，体育赛事公司投资和选择赛事的标准最主要的方面就是体育赛事对举办地的经济影响[1]；Alan Clarke 也认为在体育赛事选择中首要标准是体育赛事对举办地直接的经济影响，包括额外消费、税收收入及对商业的促进[2]。从二级指标权重系数的分配来看，在实际的体育赛事综合影响事前评估中，经济影响方面，要重视影响"提升城市形象和知名度"和"对赛事相关产业的拉动"等方面的因素及其评估结果；社会影响方面，要重视体育赛事给举办地社会带来的负面影响；环境影响方面，要更加关注体育赛事举办对改善举办地城市环境的作用。

需要说明的是，以上权重只是针对上述较为完整的体育赛事综合影响事前评估指标体系所给出的，在具体赛事的实际评估过程中，不可能包括指标体系中的所有指标，故其权重会发生相应的变化。

通过两轮德尔菲专家咨询，得到了一套较为全面完整的体育赛事综合影响事前评估指标体系，指标体系共包括 3 个一级指标（经济影响、社会影响、环境影响）；13 个二级指标（给举办地带来的新的消费、对宏观经

① Mike Rees. Issues in Evaluation：EventsCorp's Perspective. Events Beyond 2000：Setting The Agenda, 2000：75.

② Alan Clarke. Evaluating Mega-events：A Critical Review. The 3rd DeHaan Tourism Management Conference, 2005（4）：5 - 24.

济指标的积极影响、对赛事相关产业的拉动、提升城市知名度和城市形象、赛事运作获得会计收益、赛事运作的经济风险、居民的自豪感、提高居民生活质量、扰乱举办地居民的正常生活、安全隐患及恐怖主义、改善环境、环境污染与破坏和资源消耗）和 29 个三级指标（外来游客的消费额、赛事组织在本地的支出额、对举办地 GDP 的贡献率、政府税收收入增加量、新增就业岗位数、居民收入增加额、对赛事相关产业 GDP 的贡献率、参与赛事的国家数、参与报道的媒体数量、参与报道的媒体级别、赛事收入与成本的差额、政府财政支出额、居民自豪感的价值量、居民获得休闲机会的概率、居民增强体育健身意识的概率、居民学习新事物新技能机会的概率、居民直接参与赛事及相关活动的概率、交通堵塞及拥挤成本、噪音污染损害的价值量、犯罪及破坏公物行为、消费指数的上升程度、安全隐患及恐怖主义事件发生的概率、对居民进行环保宣传的概率、进行城市环境治理的概率、破坏自然环境的面积、产生的垃圾量、二氧化碳的排放量、水资源消耗量和能源消耗量）。

第五章　体育赛事综合影响事前评估指标分析

第一节　体育赛事经济影响类事前评估指标

在体育赛事综合影响事前评估指标体系中，体育赛事经济影响类事前评估指标共包括 6 个二级指标和 12 个三级指标（见表 5－1）。其中，"对宏观经济指标的积极影响""给举办地带来的新的消费""对赛事相关产业的拉动""提升城市知名度和城市形象""赛事运作获得的会计收益"这 5 个二级指标属于正向指标；而"赛事运作的经济风险"指标属于逆向指标。

表 5－1　体育赛事经济影响类事前评估指标一览

一级指标	二级指标	三级指标
经济影响	1.1 给举办地带来的新的消费（＋）	1.1.1 外来人员的消费额 1.1.2 赛事组织在本地的支出额
	1.2 对宏观经济指标的积极影响（＋）	1.2.1 对 GDP 的贡献率 1.2.2 政府税收收入增加额 1.2.3 新增就业岗位数 1.2.4 居民收入增加额
	1.3 对赛事相关产业的拉动（＋）	1.3.1 对赛事相关产业 GDP 的贡献率
经济影响	1.4 提升城市知名度和城市形象（＋）	1.4.1 参与赛事的国家数 1.4.2 参与报道的媒体数量 1.4.3 参与报道的媒体级别
	1.5 赛事运作获得的会计收益（＋）	1.5.1 赛事收入与成本的差额
	1.6 赛事运作的经济风险（－）	1.6.1 政府财政支出额

就体育赛事的经济影响而言，目前存在两种解释。

第一种是广义概念，认为体育赛事的经济影响是指赛事对举办地经济方面的各种影响，包括：直接的和间接的、长期的和短期的。凡是与举办地经济相关，均可以包含在内，如赛事的媒体价值、赛事对城市的营销作用，等等①。国内学者方福前在对北京奥运会经济影响分析时就采用了广义的概念。他认为，从经济层面上分析，奥运的经济影响包括对实物经济层面的影响和货币（或金融）经济层面的影响，或者包括对经济的实物系统的影响和货币系统的影响。奥运对实物经济层面的影响主要通过一些实物指标来反映，如生产部门的结构、生产系统的集中程度、运输系统结构等；奥运对货币经济层面的影响主要通过一些金融指标和财政指标来反映，如消费价格指数、汇率、人均债务量、公债的负担率等。从时效上分析，奥运对经济的影响在短期主要是影响总需求，包括来自国内外企业的投资需求（支出）、居民和团体的消费需求、政府投资和净出口的增加；在长期主要是影响生产技术、劳动力的素质、基础设施和经济体制，从而影响总供给或生产能力。此外，他还认为，从广义概念的角度，奥运的经济影响包括对市场化水平、开放度、新型工业化进程以及可持续发展的影响（见图5-1）。②

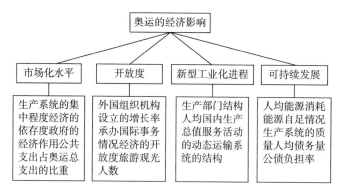

图 5 - 1 奥运会的经济影响指标一览

第二种是狭义概念，认为体育赛事的经济影响是指由于赛事给举办地

① Eric Barget & Jean-Jacques Gouguet. The Total Economic Value of Sporting Events Theory and Practice, Journal of Sports Economics, 2007 (8)：165 - 182.

② 方福前. 论研究奥运经济影响的思路与方法 [J]. 北京社会科学，2004 (2)：3 - 7.

市场带来的新的投资和消费，而对举办地经济产生的整体拉动作用。赛事的这种经济影响主要体现在三个方面：第一，赛事给举办地带来的新的投资和消费；第二，赛事对举办地宏观经济指标的影响，如 GDP、就业指标，等等；第三，赛事对相关产业（如旅游业、餐饮业、交通业等）的拉动作用。从当前国外相关研究，尤其是具体赛事的评估报告看，他们一般都持第二种观点，如 Crompton 认为经济影响是指由于体育赛事而引起的举办地经济指标的净变化。其原因可能是，体育赛事经济影响的广义概念内容非常繁杂，研究难度很大，尤其是具体操作层面。因此，为了研究的方便，学者们都先从赛事经济影响狭义的概念入手，对这一问题进行深入研究，但即使这一领域，目前研究也没有达成共识，在评估方法和手段上也存在着很多争议的地方。①

本书所指的体育赛事经济影响是广义概念，其二级指标的构建是以国外文献的内容分析为基础，并通过德尔菲法最终确定。在 6 个二级指标中，大致可分为三个层次：一是赛事运作自身经济方面的影响，包括"赛事运作获得的会计收益""赛事运作的经济风险"；二是狭义概念上的赛事经济影响，包括"给举办地带来的新的消费""对宏观经济指标的积极影响""对赛事相关产业的拉动"；三是体育赛事对举办地经济方面的其他影响，包括提升城市知名度和城市形象。

此外，正如在本书第二章中提到的一样，体育赛事对举办地的经济影响也有短期和长期之分，短期的经济影响一般是指在体育赛事筹备和举办整个过程中以及赛事结束之后一个很短时间内经济方面的影响，而长期的经济影响是指在体育赛事结束后一个较长时期内才能体现出来的经济方面的影响。但短期和长期之间并没有一个明确的界限，通常人们都认为，它们之间的本质区别在于长期影响通常不是原赛事组织者管理和开发的，而短期影响是由赛事组织者的行为所产生的。根据这一判断，在本文的 6 个经济影响二级指标中，"给举办地带来的新的消费""赛事运作获得的会计收益""赛事运作的经济风险"属于赛事短期的经济影响；其他 3 个二级指标则属于赛事长期的经济影响。

---

① John L. Crompton & Seokho Lee. The Economic Impact of 30 Sports Tournaments, Festivals and Spectator Events in Seven U. S. Cities, Journal of Park and Recreation Administration, 2000 (2)：107 – 126.

一 给举办地带来的新的消费

一个国家或地区举办一项体育赛事，特别是一些重大体育赛事，势必会有一些新的资金流入该国家或地区，并在该国家或地区的经济体系中循环，从而对赛事举办地的经济产生影响。Crompton 认为："体育赛事给举办地带来的新的资金只包括外来人员、媒体、商家、发起人、外地政府机构、外地银行或投资商等方面的资金。只有外来人员、以观看体育赛事为初衷的人，以及为了观看比赛而停留更长时间的人所产生的消费才能计入赛事给举办地带来的新的消费。"[①] Gratton 等人也认为："赛事给举办地带来的新的消费不应包括本地居民的消费，因为这些消费在本地原有的资金循环中业已存在，这笔资金并不会对举办地宏观经济指标产生积极影响，只不过是在当地经济中不同部门之间转换而已，如果举办地居民没有在观看体育赛事上花钱，他们最终还会在本地通过购物或休闲进行消费。"[②] 虽然经济学家们都认为，赛事给举办地带来的新的消费不应包括当地居民的消费，但在实际的赛事评估研究和操作中，很多都没有能够做到，Newman，P. W. G 就指出："大多数经济影响研究的局限性就是有一个隐含假设，即把对人们在球队或体育场内的第一轮消费作为赛事给举办地带来的新消费，而不管这些消费是对外消费还是在内部对其他消费的替代。在体育赛事上的消费有许多仅仅是对当地早已存在的消费的一种重新分配。"[③] 其原因主要是，若不计算当地居民消费，那么很多赛事给举办地带来的新的消费将会大大减少，不能为政治服务。

当然，举办地居民在赛事上的所有消费是否都产生替代效应，这一点还值得商榷，也没有学者对这一问题进行深入研究。但笔者认为，本地居民在赛事上的消费到底算不算"新的消费"这一问题不能一概而论，这与各个国家和地区居民的消费意识、消费方式有较大关系，各个国家和地区

① Dennis R. Howard, John L. Crompton 著，张兆国，戚拥军，谈多娇等译. 体育财务（第二版）［M］. 北京：清华大学出版社. 2007：114.

② Chris Gratton & Ian Henry. Sport in the city: The role of sport in economic and social regeneration. London and New York, 2001: 78 – 90.

③ Newman, P. W. G (1989). The impact of the America's Cup on Freemantle-an insider's view. In G. S. Syme, B. J. Shaw, D. M. Fenton, & W. S. Mueller (Eds.), The planning and evaluation of hallmark events (pp. 46 – 58). Aldershot, England: Avebury.

的情况可能还不尽相同。Crompton 等人以美国、英国、澳大利亚等西方发达城市居民的消费习惯和行为为前提，得出了本地居民消费不能算为新的消费的论断。但笔者认为，在我们这样一个现阶段居民储蓄意愿较强、赛事其他替代性产品还不够丰富的国家，情况并非如此简单，虽然由体育赛事而产生的本地区经济系统内的经济流有一部分确实存在"替代效应"，但还有一部分应该算为直接由体育赛事给举办地经济带来的新的消费。其原因是：一方面，如果这些资金不用于体育赛事，那么它有可能不被消费，而变成储蓄，不在该经济系统内流动；另一方面，如果这些资金不用于体育赛事，那么它有可能流入该经济系统以外，产生"漏出效应"。因此，应将部分本地居民用在体育赛事上的消费算为"新的消费"范畴。当然，到底有多大比例能够算为赛事给举办地带来的新的消费范畴，这一问题还要经过后续进一步研究。

　　基于此，笔者认为，在我国现阶段，体育赛事给举办地带来的新的消费主要来自以下几个方面。第一，由场馆设施和城市基础设施建设而给举办地带来的新的消费。第二，本地区以外的赛事相关群体给举办地带来的额外消费。这里所指的本地区以外的赛事相关群体是指完全由于赛事的举办而前来赛事举办地的群体，包括运动员、教练员、赛事官员、媒体人员以及部分观众，等等。第三，由于赛事运作而给举办地带来的资金流动。赛事组织方的部分赛事收入是从本地区经济系统外的经济主体中获得的，如门票收入、赞助费等，而这些收入将成为赛事运作的成本，并有很大一部分在本地区的经济系统中流动。第四，本地区经济系统内由于举办体育赛事而产生的额外经济流，如本地居民在体育赛事上的消费，等等。

　　为了较为科学可行地反映"给举办地带来的新的消费"，本书运用了"外来人员的消费额"和"赛事组织在本地的支出额"这两个三级指标，分别对应上述的第二、第三两个方面。体育赛事给举办地带来的新的消费的另外两个方面，在指标体系中并没有反映，其原因分别是：（1）在第一章，我们已经假设，举办地拥有足够的场馆设施和城市基础设施，因此，赛事场馆设施和城市基础设施建设的相关影响不纳入指标体系中；（2）从理论层面，国内赛事中本地居民的部分消费应纳入"赛事给举办地新的消费"的范畴，这在上面也进行了较为详细的阐述，但从实际可操作性角度看，由于当前国内尚没有机构和学者对这一比例关系问题进行研究，要较为准确地预测这一比例关系难度非常之大，几乎是不太可能。

以上是关于"对举办地带来的新的消费"这一指标的理论阐述，该指标下属的两个三级指标的数据获取如下。

1. 外来人员的消费额

体育赛事给举办地带来的外来人员的消费额等于外来人员的人数与每一个外来人员消费量的乘积，用公式表示为：

$$C = eq$$

其中：C 表示外来人员的消费额；

e 表示平均每位外来人员的消费量；

q 表示外来人员的人数。

目前关于体育赛事给举办地带来的外来人员消费额的获取最为常见和有效的方法就是采用已有的相关数据进行推算。当然，运用这一方法最重要的环节就是基础数据的获取，其结果的可靠性也要受基础数据采集方法的影响。Larry Dwyer 等人为了能够预测未来澳大利亚举办的体育赛事所带来的新的消费，搜集了包括 F1、摩托 GP 等多个赛事的相关信息，并利用平均值来预测未来相类似的赛事可能给举办地带来的新的消费（见表 5 - 2）。[①]

当然，若本地没有举办过类似的体育赛事，或虽然举办过，但相关资料搜集不全，这时要预测赛事给举办地带来的"外来人员的消费额"这一指标的数据就很困难。在这种情况下，只有寻找外地，甚至国外地区的相关数据进行推测算，但这种推算方法的精度肯定没有上述推算方法精确。

关于平均每位外来人员的消费量这一指标，很多学者通过旅游部门或政府经济部门的统计资料直接获取。但不可否认的是，不同的体育赛事，其参与者和观众的消费习惯也不同。因此，为了提高精确度，建立一个有关某地区体育赛事相关群体消费情况的数据库非常有必要。

---

① Larry Dwyer, Robert Mellor, Nina Mistilis & Trevor Mules. Forecasting the economic impacts of events and conventions. Event Management：An international journal, 2000（6）：191 - 204.

表 5 - 2　澳大利亚体育赛事观众及消费相关数据一览

年份	外来人员人数		平均每位外来人员				给举办地带来的新的消费（澳元）
			在举办地逗留的天数		每天在举办地的消费		
	来自非举办地的本国观众（人）	来自国外的观众（人）	来自非举办地的本国观众（天）	来自国外的观众（天）	来自非举办地的本国观众（澳元）	来自国外的观众（澳元）	
Formula One							
1985	17920	1600	5	9.9	90	127	10075680
1988	22280	3400	5.7	11.7	98	66	15071088
1992	16082	2695	5.6	10.6	159	160	18890133
1996	11738	5176	4.8	5.6	242	379	24620403
平均	17005	3218	5.3	9.5	147	183	18843089
Motorcycle Grand Prix							
1989	38000	2505	6.2	11.1	110	208	31699544
1991	16720	1520	6.8	10.8	134	193	18403552
平均	27360	2013	6.5	11.0	122	201	26147223
Indy Car							
1991	16720	1520	5.4	15.9	204	185	22889832
1994	12939	4838	6.5	11.4	185	201	26644941
1995	9727	4086	6.8	10.8	134	193	17380101
平均	13129	3481	6.2	12.7	174	193	22695844
Drag Racing							
1998	3151	498	N/A	N/A	N/A	N/A	N/A
World Cup Athletics							
1985	5005	1088	4.9	8.0	189	119	5670907
World Masters Games							
1994	11361	3476	12.7	14.9	100	282	29033927
Australian Masters Games							
1987	1382	317	N/A	N/A	104	N/A	N/A
1989	2828	199	N/A	N/A	N/A	N/A	N/A
1993	970	1074	N/A	N/A	N/A	N/A	N/A
1994	3279	685	N/A	N/A	161	N/A	N/A

续表

年份	外来人员人数		平均每位外来人员				给举办地带来的新的消费（澳元）
			在举办地逗留的天数		每天在举办地的消费		
	来自非举办地的本国观众（人）	来自国外的观众（人）	来自非举办地的本国观众（天）	来自国外的观众（天）	来自非举办地的本国观众（澳元）	来自国外的观众（澳元）	

Australian Masters Games

1995	4169	901	N/A	N/A	N/A	N/A	N/A
1997	N/A	N/A	N/A	N/A	160	N/A	N/A

注：N/A 表示数据缺失。

随着研究的进展，很多学者发现，体育赛事的相关外来人员还分为多种类型，如观众、运动员、媒体人员，等等。因此，很多学者又针对赛事不同的外来人员分别进行数据搜集，尤其是在体育赛事经济影响的事后评估中。例如，加拿大体育旅游联盟专门开发了"体育旅游经济影响评估系统（STEAM）"，用以对在加拿大举办的，并由加拿大体育旅游联盟资助的所有体育赛事进行事后评估。在该系统中，赛事给举办地所带来的外来人员被分为3类，即赛事参与者（包括运动员、裁判员及其家属等）、观众、媒体人员/VIP（见表5-3）。英国体育（UK Sport）则将赛事给举办地带来的外来人员分为观众、运动员、媒体人员、赛事官员和其他五种类型，对不同体育赛事相关数据的搜集和对比（见表5-4和图5-2）将有利于未来赛事相关数据的预测工作。

表5-3 2002年北美土著居民运动会不同人群消费一览[①]

外来人员类型	消费总额（美元）
赛事参与者	317.9万
观众	125.1万
媒体/VIP	15.7万
合计	458.7万

① The Canadian Sport Tourism Alliance（2002）. Economic Impact Analysis of the 2002 North American Indigenous Games.

表 5 - 4　英国六个国际体育赛事的外来人员情况一览

单位：人

外来人员 类型	赛艇世界 杯赛	欧洲 U19 足球赛	女子自行车 锦标赛	欧洲马术 锦标赛	世界青年帆 船锦标赛	世界赛艇 锦标赛	合计
运动员	136	95	31	87	382	397	1128
观众	978	1427	135	1491	44	2114	6189
媒体人员	54	36	16	167	9	170	452
赛事官员	18	29	45	45	151	32	320
其他	120	30	20	418	31	217	836
合计	1306	1617	247	2208	617	2930	8925

资料来源：UK Sport（2007）. The Economic Impact of Six Major Sports Events Supported By the World Class Events Programme in 2005 & 2006.

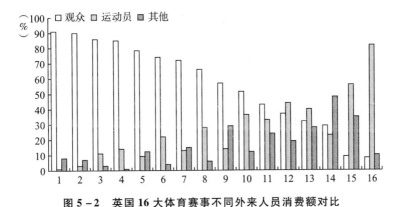

图 5 - 2　英国 16 大体育赛事不同外来人员消费额对比

资料来源：UK Sport. Measuring Success2：The Economic Impact of Major Sports Events. 2004.

2. 赛事组织在本地的支出额

"赛事组织在本地的支出额" 是赛事总支出的一部分，是赛事组织者在举办地的支出。除此之外，赛事的总支出中还包括一部分赛事组织者在举办地之外的支出。例如，上海网球大师杯赛的申办费就是赛事组织者在举办地之外的支出。"赛事组织在本地的支出额" 这一指标数据与体育赛事的类型和级别关系密切，不同类型、不同级别的赛事，组织者在本地的支出都不尽相同。此外，赛事组织在本地的支出比例与举办地的城市发达程度和现代化水平有关，通常情况下，举办地的城市发达程度和现代化水平越高，赛事组织在本地的支出比例就越大，反之亦然。

　　在实际操作过程中，对赛事组织在本地的支出额这一指标数据的获取最有效、最可行的方法就是从赛事预算中获取相关数据，这是目前几乎所有评估报告均采用的途径和方法。例如，Stephen S. Fuller 在对 2012 年华盛顿巴尔的摩地区举办奥运会的经济影响评估中就通过赛事预算获取了赛事组织在本地的支出额[①]；George Vredeveld 等人在一份关于 2012 年美国俄亥俄州和肯塔基州举办奥运会的经济影响评估报告中，也是根据前期的赛事预算获得了组委会和电视转播商在本地的支出额[②]。若在进行赛事综合影响事前评估时，赛事预算还没有公布，则要请专业人士编制赛事预算。当然，这是一项很有挑战的工作，首先需要找到非常有经验的专家和实务人士，其次这些人要对赛事和举办地非常熟悉。

表 5 - 5　伦敦奥运会组委会支出预算

单位：百万英镑（2004 年价格）

	低	中	高
奥运会运作成本			
场馆运作	23	30	46
技术支出	240	260	300
奥运村运营成本	42	100	144
赛事组织成本	210	250	300
安全支出	16	18	27
交通支出	50	52	60
开、闭幕式等活动	30	51	60
广告和宣传	70	78	90
其他成本	162	171	184
小计	931	1010	1089

---

① Stephen S. Fuller. The Economic and Fiscal Impacts of Hosting the 2012 Olympic Games On the Washington-Baltimore Metropolitan Area. 2000.

② Economics Research Group Greater Cincinnati Center for Economic Education. The Economic and Fiscal Impacts of the 2012 Olympic Games in Ohio and Kentucky. 2000.

续表

	低	中	高
奥运场馆建设成本			
奥运会主体育场	200	325	360
MPC & IBC 项目	50	75	95
奥运会体育会堂	42	55	84
奥运会水上中心	60	67	90
格林威治体育会堂	20	22	56
奥运会曲棍球馆	15	16	21
室内自行车场	22	26	30
训练馆	10	15	25
Broxbourne 项目	8	9	10
东伦敦大学项目	9	9.5	10
BMX 赛道	6.5	7.5	8.5
奥运会网球场	3	6.5	7
Eton 项目	3.3	5.3	7.3
Weymouth 项目	2	3	4
小计	553	642	731
总计	1484	1652	1820

资料来源：Adam Blake. The Economic Impact of the London 2012 Olympics. Christel DeHaan Tourism and Travel Research Institude, Notting University Business School. 2005.

在赛事预算的基础上再获取赛事组织在本地的支出额就相对容易很多，只要将肯定不会留在本地的支出去除即可。如对于上海网球大师杯来说，申办费是一定要扣除的，除此之外，赛事组织者的所有支出基本都可以算为在本地的支出。加拿大和英国通常都是直接用赛事运作的成本替代赛事组织在本地的支出额这一指标。[①] 此外，英国体育的一项研究还专门对在英国举办的 6 个赛事中外来人员的消费和赛事组织在本地的支出进行了比较，这也为未来预测赛事相关数据提供了强有力的支撑[②]（见表 5-6）。

① The Canadian Sport Tourism Alliance. Economic Impact Assessment：2005 Bell Capital Cup Ottawa, ON. 2005.

② UK Sport. The Economic Impact of Six Major Sports Events Supported By the World Class Events Programme in 2005 & 2006. 2007.

表 5 - 6　英国六个国际体育赛事外来人员消费与赛事组织在本地支出

单位：英镑

在本地消费主体	赛艇世界杯赛	欧洲 U19 足球赛	女子自行车锦标赛	欧洲马术锦标赛	世界青年帆船锦标赛	世界赛艇锦标赛
外来人员	446088	56013	49877	1914498	274845	2680070
赛事组织	117811	19265	6537	202201	74529	588633
合计	563899	75278	56414	2116699	349374	3268703

二　对宏观经济指标的积极影响

体育赛事对举办地宏观经济指标的积极影响是指由于体育赛事的举办而引致的举办地部分宏观经济指标的积极变化。从传统的凯恩斯主义宏观经济学角度上看，体育赛事的经济影响是一种需求冲击，即体育赛事引发对基础设施投资、旅游出口、商业贸易等需求的变化，通过直接效应和乘数效应影响举办地的产出、收入和就业水平。体育赛事对举办地宏观经济指标的影响与赛事给举办地带来的新的消费成正相关关系，赛事给举办地带来的新的消费越大，对宏观经济指标影响就越大。相反，如果赛事给举办地带来的新的消费额很小，那么该赛事对举办地宏观经济指标的影响就不会很大。

从图 5 - 3 可以很明显地看出体育赛事对举办地宏观经济指标影响的大致流程：赛事举办地居民通过税收的形式为本地区政府提供资金，政府部门再将其中一部分用于资助体育赛事的举办，体育赛事吸引来的非本地区居民在本地体育赛事和其他方面的消费，又促进了本地区 GDP 的增长、居民收入的增加、就业岗位的增多以及政府税收的增加，这有助于经济发展的良性循环。赛事举办地只需提供原始投资，便可以在宏观经济上获得更多的投资回报。

体育赛事对举办地宏观经济指标的影响共分为三个层级：即直接影响、间接影响和引致影响。[①] 其中体育赛事对举办地经济的直接影响是指改变特定地区经济活动的第一次花费，即体育赛事给举办地带来的新的资

---

① Evangelia Kasimati. 'Economic Aspects and the Summer Olympics: a Review of Related Research', International Journal of Tourism Research, 2003 (5): 433 - 444.

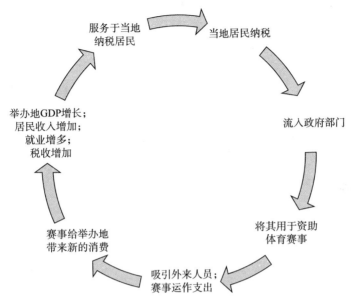

图 5 – 3　体育赛事对举办地宏观经济指标影响的概念性框架

金流入（这些新的资金主要流入宾馆、餐饮、交通、中介服务等行业和部门）对当地经济产生的第一次影响，例如，外来观众参加某地区举办的高尔夫赛事，或这些外来观众到本地的相关消费所导致的影响。其本意在于说明体育赛事第一波外来资金对于若干最终需求的投入所导致的经济活动变化程度。体育赛事对举办地经济的间接影响是指由于以上直接影响的结果而对举办地经济产生的影响，它是举办地相关产业因为前述这些活动或者观众的外来资金投入所导致的各行各业经济活动的变化，例如宾馆饭店从本地区的供应商购买实物和服务时，这些购买者在销售过程中产生的额外的经济增长。通常影响较大者是：旅馆、餐饮、零售以及与娱乐相关的产业。当赛事举行期间或者结束后，在该地区仍会有各种相关产业持续发生买卖行为。简言之，间接影响在于衡量该特定地区的各行各业依靠体育赛事所带来的间接经济利益。引致影响指某特定地区的家庭单位因为上述体育赛事的直接或间接经济影响所增加的收入在当地的再消费程度，它是由体育赛事而引起的本地区居民收入增加后，居民将部分增加的收入又在本地区经济系统中消费，从而对本地区经济产生的影响。例如，某餐厅员工因外地观众参加本地高尔夫比赛的消费而增加收入，并因此促使这些员工花费这些收入去添购各类日常用品的现象。体育赛事的间接影响和引致影响通常也被称为二次影响（见图 5 - 4）。①

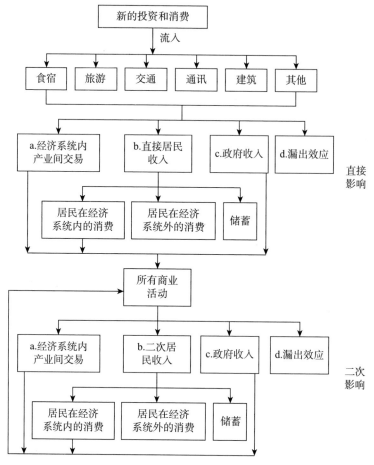

图 5 - 4　体育赛事对举办地宏观经济指标积极影响流程

　　体育赛事对举办地宏观经济的影响主要包括对举办地 GDP 的影响、对居民收入的影响、对就业的影响以及对政府税收的影响。② 通过笔者在第三章中对具体赛事评估报告的分析发现，通常在赛事经济影响的评估报告中均涉及上述四个方面的指标。本书经济影响二级指标"对宏观经济指标

①　John L. Crompton. 'Economic impact analysis of sports facilities and events: Eleven sources of misapplication', Journal of Sport Management, 1995 (9): 14 - 35.

②　Greeley Colorado. The Assessment of Economic Impact Studies on Sport-related Events in North America: A Content Analysis [D]. University of Northern Colorado. 1997: 85 - 110.

的积极作用"下属的四个三级指标分别为：对举办地 GDP 的贡献率、政府税收收入增加额、居民收入增加额和新增就业岗位数。这基本与现有的赛事经济影响涉及的指标相同。

1. 对 GDP 的贡献率

GDP 是国内生产总值（Gross Domestic Product）的简称，指的是一国（或一个地区）在一年内所生产的所有最终产品和服务的市场价值之和。具体来说，是指在一个国家或地区的领土范围，一定时期内（一般为一年）经济中所生产的全部最终产品和劳务的价值，它是对经济活动的基本度量。GDP 有三种表现形态，即价值形态、收入形态和产品形态。从价值形态看，它是所有常住单位在一定时期内所生产的全部货物和服务价值超过同期投入的全部非固定资产货物和服务价值的差额，即所有常住单位的增加值之和；从收入形态看，它是所有常住单位在一定时期内所创造并分配给常住单位和非常住单位的初次分配收入之和；从产品形态看，它是最终使用的货物和服务减去进口货物和服务。在实际核算中，GDP 的三种表现形态体现为三种不同的计算方法，即生产法、收入法和支出法。三种方法分别从不同的方面反映 GDP 的大小及其构成。

体育赛事对举办地 GDP 的拉动作用是体育赛事对举办地经济影响的一个主要方面。据研究，2002 年至 2007 年间，因北京奥运会引起的投资和消费需求，拉动北京市 GDP 增长速度平均每年提高约 1.7 个百分点；2008年 8 月 21 日"奥运与北京经济"新闻发布会上，北京奥运经济研究会执行会长陈剑指出，2008 年后，北京奥运会还将继续拉动北京市的 GDP 每年增长 1%。Blake 预计 2012 年伦敦奥运会对举办地伦敦市 2005 年—2016年期间 GDP 的影响总计将达到 59 亿英镑，且在 2012 年达到峰值，为 9.25亿英镑（见图 5 - 5）。

体育赛事对举办城市或地区的 GDP 的拉动是一个长期的过程，通常包括体育赛事举办前期、体育赛事举办中期和体育赛事举办后期三个阶段，各个阶段对举办城市或地区 GDP 的拉动方式也是不一样的，体育赛事举办前期主要通过场馆设施和基础设施建设拉动举办地 GDP 的增长，中期则一般通过赛事组织者、观众及游客的消费带动举办地 GDP 的增长，后期一般是由于举办体育赛事而引起的举办地知名度和城市形象的提升所带来的旅游、投资等而拉动举办地 GDP 的增长。

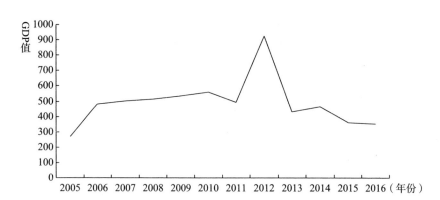

图 5-5　2012 年奥运会对伦敦 GDP 的贡献

资料来源：根据 Adam Blake（2005）的研究整理。

2. 新增的就业岗位数

体育赛事对举办地就业的影响是体育赛事影响经济结构和经济发展的重要部分，对于一个城市或地区来说，体育赛事作为一个外加的经济活动，它的快速持续发展，将带动就业的同步扩大。据测算，F1 上海站全年平均需要雇佣 5000 名工作人员，其中包括接线员、管道工、木工和油漆工；每场比赛前后需要 60 名清洁工打扫卫生，清理现场；需要出动 30 辆救护车和 200 名医务人员以备不测；需要 2000 名厨师不停地制作三餐，至少需要 2000 名服务员为就餐者服务；赛道旁还需要 400 名志愿信号员、108 名志愿旗手、40 名警官、10 辆警车、12 辆救火车，以防发生意外。[①]

与体育赛事的其他经济影响一样，体育赛事对举办地的就业水平的影响也有长期和短期之分，就举办体育赛事这一活动自身而言，由于其持续的时间较短，因此，它所创造的就业岗位往往也是短期的。但由于体育赛事与其他很多产业都有较高的关联性，它的举办可以带动和刺激其他相关产业的发展，从而能够间接地带动举办地长期就业岗位和就业人数的增加。

近年来，国外很多学者对体育赛事给举办地带来的就业效应进行了实证研究。1994 年，Baim 通过对美国 15 个城市的研究发现，职业橄榄球和

① 上海赛车场一期投资 26 亿元，F1 盛宴惠泽多少中国人［OL］. http://www.yunnan.cn, 2004-04-20.

棒球联赛对这些城市的就业具有积极的促进作用。① 佐治亚大学对 1996 年亚特兰大奥运会的就业效应进行了系统研究，结果发现，奥运会或其相关活动的举行对美国佐治亚州各个行业的就业积极影响是巨大的。②

当然，也有很多学者对体育赛事的就业效应表示怀疑，他们运用计量经济模型将赛事举办地与非举办地就业状况进行比较分析，结果表明体育赛事对举办地的就业效应很小，如 Baade、Dye、Sanderson、Matheson、Hagn、Maennig 等人的相关研究。此外还有一些研究甚至认为，体育赛事对举办地的就业产生了较大的消极影响，如 Coates、Humphreys、Teigland 等人的相关研究。

表 5 - 7　1996 年奥运会对佐治亚州各个行业的就业影响一览

产业名称	就业影响	占总影响的比重
农、牧、渔服务	598	0.8%
农、牧、渔生产	6	0.0%
采煤	2	0.0%
石油勘采	0	0.0%
其他矿采业	23	0.0%
新建筑	2807	3.6%
M&R 建筑	1228	1.6%
食品生产	883	1.1%
纺织生产	238	0.3%
服装	824	1.1%
造纸	279	0.4%
印刷和出版	953	1.2%
化工提炼	252	0.3%
橡胶/皮革生产	271	0.4%
木材/家具	317	0.4%
石材/陶瓷/玻璃	220	0.3%
基础金属	76	0.1%

① Baim, D. V. Westport, The Sports Stadium as a Municipal Investment [M], CT: Greenwood Press, 1994.
② 付磊. 奥运会影响研究：经济和旅游 [D]. 中国社会科学院研究生院, 2002.

续表

产业名称	就业影响	占总影响的比重
合成金属	261	0.3%
非电动机械	183	0.2%
电力/电气	424	0.6%
机动车和设备	114	0.1%
其他交通	61	0.1%
仪器	54	0.1%
其他制造业	85	0.1%
交通	2640	3.4%
通讯	1012	1.3%
公用事业	272	0.4%
批发贸易	1988	2.6%
零售贸易	8871	11.5%
金融	1411	1.8%
保险	1330	1.7%
房地产	324	0.4%
住宿和娱乐	18067	23%
个人服务	1431	1.9%
商务服务	10483	13.6%
餐饮	11689	15.2%
保健服务	2687	3.5%
其他服务	3900	5.1%
家庭	763	1.0%
总计	77027	100.0%

3. 政府税收收入增加额

体育赛事给举办地政府创造税收收入也是赛事对举办地宏观经济指标积极影响的一个方面。2001 年澳大利亚墨尔本举办的一级方程式汽车锦标赛仅为维多利亚州政府创造的税收额就接近 1000 万澳元。[①] 据 AC 尼尔森调查显示：在上海举办的 2004 年一级方程式汽车大奖赛（中国站），仅门

---

① 张国庆. 赛场上的经济阳光，经济导报，2002 - 12 - 02.

票销售一项就为上海带来了 1240 万元的税收；对旅游业的拉动则给政府创造了多达 8340 万元的税收。[①]

从国外经验看，政府往往会针对非本地居民征收一定的"软税"，[②] 旅游开发税是其中一种，它实际上也是一种营业税，但它又不同于一般的营业税，因为其征税范围不是针对一般的销售交易，而主要是针对两种消费：酒店住宿和汽车租赁。如此一来，其征税对象就落在了那些享受上述服务的外地来访者身上。在体育赛事举办期间，由于体育赛事而给举办地带来的非本地居民通常都会进行住宿和汽车租赁等消费，这带来的最为直接的影响就是举办地住宿和汽车租赁等组织和单位收入的增加，从而进一步带动政府税收收入的增长。

由于税收体制不尽相同，我国虽然没有在赛事期间专门征收某一税种，但由于赛事给举办地带来的巨大的新消费，拉动了举办地旅游、住宿、交通等产业的发展，这势必也会对举办地政府税收产生积极影响。

4. 居民收入增加额

举办体育赛事一般也会带来举办地居民收入的增加，这也是衡量体育赛事经济影响的一个重要指标。与其他几个指标一样，居民收入增加的导火索也是体育赛事给举办地带来的新的资金，这些新的资金通过外来人员和体育赛事组织者的花费流入举办地各个产业部门，带动了这些产业销售量的增长，从而增加了上述产业工作人员的工资和奖金，最终促进了举办地居民收入的增加。

2000 年美国犹他州政府对 2002 年盐湖城冬奥会对该州不同产业居民收入的影响进行了评估，结果表明，与其他行业相比，从事服务业的居民收入水平受冬奥会举办地影响最大；而且在 2001 年，即冬奥运举办的前一年，赛事对举办地各个行业居民收入的影响达到了最大值。[③]

---

① F1 效应：拉动城市经济，带动相关产业，突破品牌传播，市场观察，2006 年第 6 期.

② 在国外，财产税和营业税是地方政府为体育赛事提供补贴的传统税收来源，这两种税收有时被称为"硬"税。由于人们对大范围征税补贴体育赛事的抵触情绪越来越强烈，便产生了一系列补贴体育赛事的"软"税。由于其涉及的范围相对较小，并经过了严格筛选，因而易于征收，如旅游开发税、烟酒税、球员所得税等。

③ 2002 Olympic Winter Games：Economic，Demographic and Fiscal Impacts. State of Utah，2000，12.

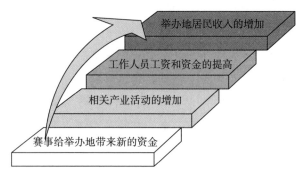

图 5 – 6　体育赛事带动举办地居民收入增长示意图

表 5 – 8　2002 年盐湖城冬奥会对不同产业居民收入的影响一览

单位：千美元（2000 年价格）

年份 产业	1996	1997	1998	1999	2000	2001	2002	2003	合计
农业	3	121	275	578	820	1337	668	26	3829
矿业	6	143	345	690	884	1563	549	22	4201
建筑业	220	11047	21598	47037	60657	81585	17924	431	240499
制造业	87	2985	6147	13363	17980	28936	11367	408	81275
交通与公共设施	102	1976	3981	9010	13063	22472	31806	437	82847
贸易	298	4381	9239	20385	28324	48738	44615	1181	157162
金融、保险和房地产	292	5105	10825	24072	34333	61063	35815	1335	172839
服务业	2848	17989	39082	88731	132066	256612	147352	6650	691330
公共事业	175	3010	6538	14799	20676	36812	27011	1200	110220
合计	4032	46757	98029	218665	308803	539119	317108	11690	1554203

　　体育赛事对举办地宏观经济指标的数据获取问题一直是国内外学者们研究体育赛事经济影响的热点。从第三章的文献分析可以看出，30% 左右的学术文献和几乎 100% 的赛事评估报告都包含此部分内容，与其他指标数据的获取途径相比，二级指标中，对举办地宏观经济指标的影响下属的 4 个三级指标数据获取途径相对较为成熟，一般都是在赛事给举办地带来的新的消费已知的基础上，利用乘数理论，最后获取相关指标数据，其方法如下。

　　1. 直接运用乘数系数计算

　　乘数这个概念最早是英国经济学家卡恩在 1931 年所发表的《国内投

资与失业的关系》中提出来的。后来，凯恩斯在卡恩论述的就业乘数这一基础上完善了乘数理论，把乘数和边际消费倾向联系起来，并把乘数作为国民收入决定理论的一个重要组成部分。在凯恩斯的乘数理论体系中，乘数是指在一定的边际消费倾向条件下，投资的增加（或减少）可导致国民收入和就业量若干倍的增加（或减少）。其原理的经济含义可以归结为，投资变动给国民收入带来的影响，要比投资变动更大，这种变动往往是投资变动的倍数。乘数理论形成后，其应用范围已不仅仅局限于投资领域，对外贸易、就业、政府税收等很多方面都开始运用乘数理论分析问题，并形成了就业乘数理论、对外贸易乘数理论等，极大地丰富了乘数理论的内涵。

本书中乘数概念是指体育赛事给举办地带来的大量新的消费刺激了当地的经济活动，为举办地带来了额外的销售额、个人收入、就业机会以及政府财政收入。乘数概念的基础是各种行业的相互依赖，也就是说，每个企业会在同一地区购买其他企业的产品或服务。因此，外来观众的消费不仅会影响为他们提供商品或服务的企业，还会影响到这个企业的供应商，以及供应商的供应商，等等。

在体育赛事相关经济影响的实际评估中经常会用到乘数来估算赛事给举办地经济方面带来的影响。目前常用的乘数有：销售乘数、收入乘数、产出乘数、就业乘数、税收乘数等。计算公式分别为：

销售乘数＝（赛事给举办地销售带来的直接影响＋间接影响＋引致影响）/赛事给举办地带来的新的消费额

收入乘数＝举办地总收入的增加额/赛事给举办地带来的新的消费额

产出乘数＝（赛事对举办地产出的直接影响＋间接影响＋引致影响）/赛事给举办地带来的新的消费额

就业乘数＝（赛事对举办地就业的直接影响＋间接影响＋引致影响）/赛事给举办地带来的新的消费额

税收乘数＝举办地税收的增加额/赛事给举办地带来的新的消费额

这里需要说明的是，在乘数计算程序中，乘数一般包括两种不同的指标：一种是标准乘数（也称乘数系数），其计算公式为：标准乘数＝（直接影响＋间接影响＋引致影响）/赛事给举办地带来的新的消费额；一种是比率乘数，其计算公式为：比率乘数＝（直接影响＋间接影响＋引致影响）/直接影响。目前经济影响研究文献中的一个共识就是使用标准乘数或乘数系数，而不使用比率乘数。比率乘数只能表明直接收入每增加 1 单位，在其他经济领域的个人收入会成比例增加，但该指标并不能表明对个人收入究竟有多大的影响，因为它不能表明外来观众最初的消费会有多大的漏出比例，因此，使用标准乘数对决策者制定决策更有指导意义。[①] 但尽管有这样的共识，在赛事影响的实际评估中往往还是使用比率乘数，其原因是比率乘数所反映的数字较大。[②]

目前美国的大多数城市，都可以从统计部门获取标准乘数值，90%—95% 的美国城市收入乘数在 1.4—1.8 之间；当然，并不是每个国家和城市都能够从统计部门获取标准乘数的数值。[③] 国内的城市是否能够直接获得标准乘数的数值目前还不得而知，但通过统计部门的核算和处理就可以得到这一数值。

此外，在国内外体育赛事经济影响的实际评估中，专家和学者们也运用了一些乘数，如美国印第安纳波利斯市的产出乘数为 1.793、收入乘数为 0.65、政府税收乘数为 0.06。[④] 这也可以为体育赛事经济影响的事前评估提供一定的参考。

表 5 - 9　近年来上海举办的体育赛事评估中所采用的乘数值一览

体育赛事名称	评估机构	乘数值	乘数类型	参照标准
世界一级方程式汽车大奖赛（中国站）	AC 尼尔森	2.4	销售乘数	根据 AC 尼尔森多年评估数据推测
2007 年上海网球大师杯赛	上海体育学院体育赛事研究中心	2.1	投资乘数	直接采用上海世博会评估乘数
2008 年上海网球大师杯赛	上海体育学院体育赛事研究中心	2.1	投资乘数	直接采用上海世博会评估乘数

① Archer, B. H. Economic impact：Misleading multiplier. Annals of Tourism Research，1984（11）.

② Dennis R. Howard，John L. Crompton 著，张兆国，戚拥军，谈多娇等译. 体育财务（第二版 [M]. 北京：清华大学出版社．2007：124 - 125.

③ Christopher Peter Macpherson. Measuring The Economic Impact of Participants Involved in Community Sporting Events [D]，The University of New Brunswick，1997，3.

④ Schaffer，W. A. & joffee，B. L. Beyond the games：The Economic Impact of Amateur Sport. Indianapolis，IN：Chamber of Commerce. 1993.

2. 投入产出法

投入产出法作为一种科学的方法，是研究经济体系（国民经济、地区经济、部门经济、公司或企业经济单位）中各个部分之间投入与产出相互依存关系的数量分析方法，又称投入产出分析或部门间平衡经济数学模型，是系统工程的一种重要建模方法。

投入产出法是美国经济学家 W. 列昂捷夫于 1936 年首先提出的，自那以后，该方法被广泛应用于经济领域。编制投入产出表和模型，能够清晰地揭示国民经济各部门、产业结构之间的内在联系；特别是能够反映国民经济中各部门、各产业之间在生产过程中的直接与间接联系，以及各部门、各产业生产与分配使用、生产与消耗之间的平衡关系。此外，投入产出法还可以被推广应用于各地区、国民经济各部门和各企业等类似问题的分析。当用于地区问题时，它反映的是地区内部之间的内在联系；当用于某一部门时，它反映的是该部门各类产品之间的内在联系；当用于企业或公司时，它反映的是其内部各工序之间的内在联系。正因为投入产出法的强大功能，目前，这一方法也被广泛应用于体育赛事经济影响的评估领域。

投入产出法具有以下四个特点。（1）它从国民经济是个有机整体的观点出发，综合研究各个具体部门间的数量关系，既有综合指标又有按产品部门的分解指标，二者有机结合。因此，利用它可以较好地了解国民经济的全局和局部的关系，做到在国民经济综合平衡的基础上，确定每个具体部门产品的生产和分配，从而成为计划和预测的一种重要工具。（2）投入产出表采取棋盘式，纵横互相交叉。从而使它能从生产消耗和分配使用两个方面来反映产品在部门之间的运动过程，也就是同时反映产品的价值形成过程和使用价值运动过程。（3）通过各种系数投入产出表一方面反映在一定技术水平和生产组织条件下国民经济各部门间的技术经济联系；另一方面用以测定和体现社会总产品与中间产品、社会总产品与最终产品之间的数量联系。既反映部门之间的直接联系，又反映部门之间的全部间接联系。（4）投入产出表的本身，就是一个经济矩阵，就是一个部门联系平衡模型，可运用现代数学方法和电子计算机进行运算，这不仅可以保证计划计算的及时性和准确性，而且可以进一步扩展，与数学规划和其他数量经济方法相结合，发展成经济预测和计划择优的经济数学模型。

投入产出法有两个基本假定：其一是同质性假定，即要求各个产业部门用单一的投入结构来生产单一的产品，并要求在不同部门的产品之间没有自动带用的现象；其二是比例性假定，它要求每一个产业部门的各个投入是该部门产出水平的唯一线形函数，即任何部门所消耗的各种投入的数量跟该部门的总产出成正比例变动。这两个假定对于投入产出法的运用是极为重要的，不满足这两个假定的要求，就会导致不正确的结果。投入产出模型是建立在投入产出表和其基本平衡关系式基础之上的，是由系数、变量、函数关系所组成的数学表达式。传统的投入产出模型应用在分析一个国家的国民经济部门、产业间的关系上，发展到现在，其应用领域得到了扩展，在对区域经济的分析中被经常应用，即把国家的某一区域作为研究对象而编制区域投入产出表，用于区域性的现状分析、预测和规划，特别是对于预测某一大型建设项目的区域性经济效果分析具有特殊的功用。

这一方法得以广泛应用主要取决于两个原因。

第一，这一模型应用起来相对简单、快捷、有效、灵活。

第二，这一模型的数据获取相对比较容易。模型的核心是一张投入产出表，该表的架构大致如同表 5 - 10 所示，大概可分为中间使用部门、中间投入部门、最终需求部门以及原始部门。其中最终需求部门包含家庭消费（C）、固定投资（I）、政府消费（G）以及净出口（NX_i）等项目；原始投入（亦称附加价值）则包括劳务报酬（L）以及折旧、盈余、间接税等其他投入报酬（N）。这一张表几乎在国内外的地区和城市都有。同时人们还可以根据要求，在一个地区投入产出表的基础上，编制各种各样的子表。

基于投入产出法评估体育赛事对举办地宏观经济指标的影响有两个关键环节。

第一，确定由于体育赛事而给举办城市带来的新的资金流入，包括这些流入资金的性质、类别和数量。

第二，追踪这些由于体育赛事而流入的新资金在举办地经济体系中的流转对该地区经济产生的影响，也就是说，这些流入的新资金对举办地生产和消费的影响。而"乘数"就是用于衡量这种影响大小的一个参数，它来自投入产出表。这一参数的大小取决于该经济体系的漏出效应的大小，通常情况下，一个地区经济越发达、区域越大那么它的漏出效应越小，乘数也就越大。

表 5 - 10　我国投入产出表结构（2002 年）

产出 投入	中间使用				最终使用（Y）										进口	其他	总产出
					最终消费				资本形成总额（K）								
					居民消费			政府消费	合计	固定资本形成总额	存货增加	合计	出口	最终使用合计			
	部门1	部门2	…	部门n	合计	农村居民	城镇居民	小计									
部门1																	
部门2																	
…																	
部门n																	
合计																	
劳动者报酬																	
生产税净额																	
固定资产折旧																	
营业盈余																	
增加值合计																	
总投入																	

　　一般而言，运用投入产出分析体育赛事对举办地的宏观经济指标的完整步骤包括五个方面（见图 5 - 7）：第一，确定与体育赛事相关的组织和团体；第二，估算这些组织和团体的总支出；第三，在这些组织和团体总支出中剔除不举办体育赛事仍会留在该经济体中的消费，从而得到这些组织和团体在体育赛事方面的净支出；第四，将这些净支出（也被称为直接冲击）与投入产出表的部门产生联系，这一步是十分必要的，因为投入产出表和乘数都是基于不同产业的分类，但体育赛事相关组织和团体的支出表现出的是不同商品或服务的消费，例如住宿、餐饮、纪念品消费等，因此，必须将体育赛事的这些支出对应到投入产出表中的不同产业中；第五，最终计算出体育赛事对举办地宏观经济相关指标影响的数值。

　　当然，投入产出模型本身具有一定的局限性，这在相关的文献中都有

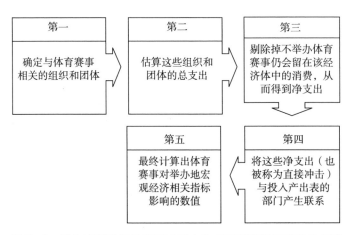

图5-7 投入产出法评估赛事对举办地宏观经济指标影响的步骤

涉及，具体包括以下四个方面。

（1）必须假设产品的价格是不变的，而且不存在短缺问题。

（2）不容许变化部门的投入和产出之间的关系。

（3）不能评估体育赛事对整个经济的影响。例如，如果某体育赛事从B地区引进了一批劳动力到举办地A，运用投入—产出分析只能分析其对举办地A的影响，但并不能分析这一活动对B地区影响。

（4）赛事举办地居民的消费偏好与旅游者的消费偏好一致。

最后需要说明的是，在评估体育赛事对举办地的宏观经济影响时，不同国家和地区的模型是不一样的，甚至有的国家会有几个不同模型，研究者要对评估模型进行选择，如果没有合适的模型，还需要为此单独建立相关模型。如加拿大在对体育赛事经济影响评估中通常使用的是"体育旅游经济影响评估模型（STEAM）"（见表5-11），美国使用的是TDSM、RIM-LOC、TEIM、IMPLAN或RIMS Ⅱ模型[1]，而近两年，我国也有部分学者为了评估2008年北京奥运会的经济影响利用投入产出法建立了专门针对奥运经济影响的评估模型。廖明球等人为了适应北京奥运投入产出分析的需要，专门设计了北京奥运投入产出模型，该模型的规模为30个部门（见表5-12）。这30个部门包括了国民经济所有行业，同时又突出了北京市

---

① Christopher Peter Macpherson. Measuring the Economic Impact of Participants Involved In Community Sporting Events［D］, The University of New Brunswick, 1997, 3.

要重点发展的行业，其行业划分完全采用新的国家标准。这 30 个部门中第一产业为 1 个部门，第二产业为 14 个部门，第三产业为 15 个部门。①

表 5 - 11 体育旅游经济影响评估模型——STEAM②

什么是 STEAM 模型

　　STEAM 模型是一个革命性的，依靠网络为基础的经济影响评估工具，是由加拿大体育旅游发展联盟（CSTA）在近两年内研究开发的。研发这一套评估体系的主要原因是，加拿大体育旅游发展联盟（CSTA）已经认识到了在评估体育赛事对城市影响的过程中会遇到诸如可信度、评估成本等一系列问题。因此，加拿大体育旅游发展联盟（CSTA）协同加拿大体育、加拿大旅游委员会以及加拿大议会和加拿大联盟公约 & 游客局下属的加拿大旅游研究所（CTRI）一起，共同研发这一套新的经济影响评估模型，这一套模型使用非常简单、灵活，它能够用来评估从社区内小的体育比赛到国际体育赛事的所有赛事。

STEAM 模型的运作机理

　　在这一模型中包含了两个重要的手段来对产出进行标准化，因此，这一模型就可以用来评估在加拿大不同地区举办的不同赛事所产生的经济影响。第一个手段是对观众或游客的花费进行标准化，这一过程主要是运用了加拿大统计局以及加拿大体育旅游发展联盟以前收集的数据。第二个手段就是对评估得出的最后结果进行标准化，这一过程运用了加拿大旅游研究所（CTRI）改编的旅游经济影响评估模型（TEAM），而这一模型主要是从游客花费的角度对经济影响进行评估。

　　观众或游客在观看体育赛事期间平均支出的数据主要运用的是加拿大统计局名为"加拿大旅游调查"的数据。这一数据库允许开发一些重要的指标，对观众或旅游者的消费进行区分。这些指标包括不同人群（观众、参加者、媒体等）、旅游的距离、年龄、在举办城市逗留的天数等。对观众或游客支出情况的调整是基于上述人口特征以及赛事举办的地理位置等方面，以上的调整之后会估算出在一个赛事中观众的平均消费支出，而这一观众的消费支出与赛事商业计划中的资本支出与赛事运作支出一起构成了赛事的总支出，而这一总支出就转化为了经济影响评估的模型。

　　通过 STEAM 模型处理后的输出结果包括：总支出、由于举办赛事而产生的城市 GDP、固定人员工资、临时人员薪水以及地方税收的增长额。这些数据是对整个赛事举办地所在省份的核算值，但是它同样可以分解来准确地反映对举办城市的经济影响，另外，它还可以用来评估对其他省份的经济影响。

表 5 - 12 北京奥运投入产出模型的 30 个部门

代码	部门名称	代码	部门名称
01	农业	02	采选业
03	轻纺工业	04	石油加工、炼焦及核燃料加工业
05	化学工业	06	非金属矿物制品业

---

① 廖明球等. 中国北京奥运经济投入产出与计量模型研究 [M]. 北京：首都经济贸易大学出版社，2007：67 - 69.

② The Canadian Sport Tourism Alliance. 2006 IIHF World Junior Championship Economic Impact Assessment, 2006，3.

续表

代码	部门名称	代码	部门名称
07	金属冶炼及压延加工业	08	机械工业
09	交通运输设备制造业	10	电气机械及器材制造业
11	通信设备、计算机及仪器仪表制造	12	其他制造业
13	电力、热力、燃气的生产和供应业	14	水的生产和供应业
15	建筑业	16	交通运输及仓储业
17	邮政业	18	信息传输、计算机服务和软件业
19	批发和零售贸易业	20	旅游、住宿和餐饮业
21	金融保险业	22	房地产业
23	租赁和商务服务业	24	科学研究和综合技术服务业
25	环境管理及其他社会服务业	26	教育事业
27	卫生、社会保障和社会福利业	28	体育事业
29	文化和娱乐业	30	公共管理和社会组织业

3. 可计算的一般均衡模型（CEG）

近年来，脱胎于瓦尔拉斯一般均衡理论的可计算一般均衡（CGE）模型在世界范围内得到了广泛而迅速的开发和应用。CGE 模型实际上就是描述经济系统供求平衡关系的一组方程，用以描述供给、需求和市场关系。图 5-8 显示出 CGE 模型的基本结构，由于不同 CGE 模型的结构具有广泛的不同，图 5-8 中显示的结构只是 CGE 模型的一般性描述，但该图已经可以显示出经济体中各个部分高度的内生依赖性。

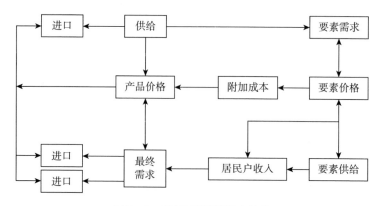

图 5-8 CGE 模型的基本结构

从供给开始，生产导致对要素投入和作为中间投入的产品和服务的需求。中间投入包括进口以及本地生产的产品和服务；对于要素的需求与可得到的要素供给相互作用确定要素的价格；另外，税收和运输费等附加成分也增加了企业要素投入的成本，并将对产品的价格产生影响；要素的回报率以及要素供给量的相互作用确定了居民户的收入，收入则会影响到对于进口产品和本地生产的产品的需求。当产品价格变化到使得对产品和服务的需求等于供给并且要素需求也等于供给的时候，经济体就被认为达到了均衡状态。

从 CGE 模型所要描述的经济结构和 CGE 模型所依据的一般均衡理论来看，CGE 模型的方程组可以分为三个部分：即供给部分、需求部分和供求关系部分。

在供给部分，模型主要对商品和要素的生产者行为以及优化条件进行描述，包括生产者的生产方程、约束方程、生产要素的供给方程以及优化条件方程等。CGE 模型的生产方程对在不同技术条件下生产者使用各种生产要素生产商品的过程进行了描述。由于其广为采用新古典理论框架下的生产函数，因而允许中间投入之间及生产要素之间存在着不完全弹性替代关系。为了描述各生产部门分散地追求利润最大化的企业行为，一般在 CGE 模型中均包括有一阶优化方程，使各要素的报酬等于要素的边际生产率。在开放经济条件下，CGE 模型还要给出商品供给在国内和国外市场之间的不完全弹性转换关系。

在需求部分，一般把总需求分为最终消费需求、中间产品需求和投资需求三部分，把消费者分为居民、企业和政府三类。模型主要对消费者行为及其优化条件进行描述，包括消费者需求方程、约束方程、生产要素的需求方程、中间需求方程及优化条件方程等。在开放经济条件下，CGE 模型的消费需求函数允许进口品与国内商品之间的不完全替代。

供求关系部分由一系列市场出清条件和宏观平衡条件组成，主要包括：（1）商品市场出清。商品市场出清条件要求在国内市场上任一商品的总供给等于对其的总需求，这不仅要求在数量上达到均衡，同时也要求在价值上达到均衡。如果对某一商品出现了不均衡，则供求之差可以处理为库存。包括库存变量在内的 CGE 模型所描述的是广义的均衡。（2）劳动力市场出清。劳动力市场出清条件要求劳动力的总供给等于总需求。劳动力可以在各部门之间流动以达到生产者和消费者的优化目标，其流动的原因是各部门之间边际利润率不同。如果在某一时期，劳动力供给大于需求，那么在劳动力市场上出现失业。CGE 模型中劳动力市场均衡经常是指包含失业在内的广义的均衡。（3）资本市场出清。由于资本在短期内具有部门专有性，因此资本市场出清条件在短期内要求建立各部门在各时期的资本出清公式；但长期而言，资本可以在部门间流动，因此资本市场出清条件在长期内要求所有行业的资本需求必须等于外生给定的固定资本总量。（4）储蓄投资平衡。储蓄投资平衡条件要求总投资等于总储蓄，如果投资规模与储蓄水平不相符，则通过出售债券、引入外资或增减政府财政储备来弥补以达到平衡。（5）政府预算平衡。如果政府支出不等于政府收入，那么把财政赤字当作一个变量加入政府收入一边，就可以用一组均衡方程来表示政府预算的不均衡状态。（6）国际收支平衡。外贸出超在 CGE 模型中表现为外国资本流入，外贸入超表现为本国资本流出，如果把国外净资本流入当作变量处理，那么国际收支也可以达到平衡。①

由于投入产出模型存在一个固有的局限性，即它们难以对价格机制在资源配置中占有重要地位并且在生产和需求过程中存在重要的替代可能性的混合经济进行模拟分析。而在 CGE 模型中，价格和数量都是内生确定的，相对于投入产出而言这是一个重要的进步。正是由于 CGE 模型引入了经济主体的优化行为，刻画了生产之间的替代关系和需求之间的转换关系，用非线性函数取代了传统的投入产出模型中的许多线性函数，并引入了通过价格激励发挥作用的市场机制和政策工具，从而将生产、需求、国际贸易和价格有机地结合在一起，能够模拟在混合经济条件下，不同产业、不同消费者对由于政策变化或外部冲击所引致的相对价格变动的反应。

正因为可计算一般均衡模型较投入产出法有如上的优点，近几年在对体育赛事经济影响评估的研究中，研究者们开始利用可计算一般均衡模型对赛事经济影响进行评估。澳大利亚很多学者在分析赛事经济影响时就使用了基于可计算一般均衡模型的 MMRF 模型。当然，也有为研究某一赛事经济影响而专门建立的模型，如英国在对 2012 年伦敦奥运会经济影响进行研究时，就针对奥运会专门建立了一个 CGE 评估模型。

---

① 庞军. 奥运投资对北京市的环境与经济影响——基于动态区域 CGE 模型的模拟分析 [D]. 中国人民大学，2005：14 - 16.

　　与投入产出法一样，运用可计算一般均衡模型分析体育赛事的经济影响有两个方面要引起足够重视：第一，确定由于体育赛事而给举办城市带来的新的资金流入，包括这些流入资金的性质、类别和数量；第二，构造体育赛事对举办地宏观经济影响的冲击模型。

　　可计算的一般均衡模型，它不仅结合了投入产出模型的基本结构，还增加了系列相关函数，允许对变量进行动态调整。该模型在分析政策变量对复杂性社会经济系统内部各主要部门主要指标的影响及各部门之间相互影响方面，具有较强的分析功能，是国际学术界近十多年来普遍应用的一个政策分析工具。而动态 CEG 模型更加复杂，不过该模型并没能够完全归纳体育赛事的效应。例如，根据此项研究，在 1999 年一些学者就预测说，澳大利亚经济将极大受惠于悉尼奥运会所带来的旅游收入，但结果表明，研究结论明显夸大了事实，因为研究过程并没有考虑到一些游客因为奥运会而改变了赴澳洲的旅游计划安排。①

　　运用可计算一般均衡模型分析体育赛事对举办地的宏观经济指标影响的具体步骤见图 5 - 9。

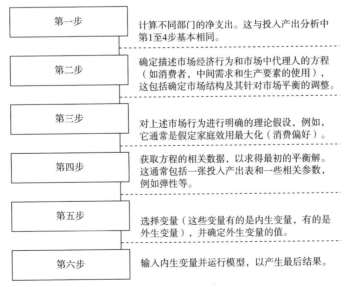

第一步	计算不同部门的净支出。这与投入产出分析中第1至4步基本相同。
第二步	确定描述市场经济行为和市场中代理人的方程（如消费者，中间需求和生产要素的使用），这包括确定市场结构及其针对市场平衡的调整。
第三步	对上述市场行为进行明确的理论假设，例如，它通常是假定家庭效用最大化（消费偏好）。
第四步	获取方程的相关数据，以求得最初的平衡解。这通常包括一张投入产出表和一些相关参数，例如弹性等。
第五步	选择变量（这些变量有的是内生变量，有的是外生变量），并确定外生变量的值。
第六步	输入内生变量并运行模型，以产生最后结果。

图 5 - 9　CGE 评估体育赛事对举办地宏观经济指标影响的一般步骤

---

① 戚永翱. 北京奥运会经济遗产及后奥运经济策略研究［M］. 北京：对外经济贸易大学出版社，2007：79.

表5-13　基于可计算一般均衡模型的 MMRF 模型介绍

澳大利亚新南威尔士州政府在悉尼奥运会申办成功之后，委托新南威尔士州财政部及塔斯美尼亚大学区域经济研究中心共同研究和评估 2000 年悉尼奥运会将会给新南威尔士州及全澳大利亚带来的经济影响。

这项研究的成果《悉尼奥运会经济影响》使用的分析模型是"澳大利亚 MONNASH 多区域模型"（MMRF），这是一种基于 CEG 的研究模型。

课题组确定从经济活动和经济福利两个方面来研究悉尼奥运会的经济影响。在奥运会的影响方面主要选定三个指标，即奥运会活动、建设活动、国外游客影响。

MMRF 模型涵盖了 12 个产业、1 个代表性家庭户、州地政府、联邦政府和澳大利亚 8 个州地的投资者行为。MMRF 模型认为澳大利亚 8 个州地的经济通过商品和生产要素（尤其是劳动力）的流动相互联系。它总共包含 50000 多个数据变量和 27500 多个方程式。

模型包括 5 个模块：

核心模块——测定地区不同产业产出及这些产业对物品及要素投入、国际和各州间测定 8 个州的进出口、地区家庭需求、政府需求及要素和物品价格。

政府财政模块——计算联邦政府和各州政府收入与费用增长情况。模块还利用核心模块的指标从收入和支出角度测定 8 个州的 GDP 及家庭收入情况。

资本及投资模块——测定资本股票和年度投资变化之间的关系。

外债积累模块——测定外债变化情况。

劳动力市场及地区移民模块——计算人口自然增长情况及外国和地区间移民情况，并与劳动力供应相联系。

MMRF 模型是一个"比较静态分析"，结果显示的是各个变量数值的高于或低于倘若奥运会不发生的状况下的数值的百分率。MMRF 模型不是预测，它不显示经济变量的未来数值或增长率，也不显示实现新平衡的调整路径。

资料来源：New South Wales Treasury. The Economic Impact of the Sydney Olympic Games. 1997, 11.

三　对赛事相关产业的拉动

（一）体育赛事对相关产业的影响机理

1. 产业关联与产业间的波及效应

产业关联的实质就是经济活动过程中各产业之间的技术经济联系，这种技术经济联系和联系方式可以是实物形态的联系和方式，也可以是价值形态的联系和方式。产业关联的思想和方法应用范围十分广阔，在分析产业之间的相关性和数量、比例关系方面尤有意义。这里要特别强调的是，尽管产业之间的关联都是通过需求和供给的关系来实现的，但这种关联的方式却因各产业在整个产业链中的角色和位置不同而有很大的差异。产业关联方式就是指产业部门间的依托或基础，以及产业间相互依托的不同类型。依据各产业间不同的维系关系，可将产业间的关联方式大体分为前向关联关系、后向关联关系和环向关联关系等几类。

在各个产业之间，某产业在运作过程中的任一变化，都将通过产业间的关联关系而对其他产业发生波及作用。产业波及是指国民（区域）经济产业体中，产业部门的变化按照不同的产业关联方式，引起与其直接相关部门的变化，然后导致与后者直接和间接相关的其他产业部门的变化，并依次传递。这种由某产业变化而引起产业间的连锁反应，在理论上会无限扩展和持续下去，但其波及强度会越来越弱，最终趋于零。一般把产业波及对国民（区域）经济体的影响称为产业的波及效应。

2. 体育赛事的联动和波及效应

体育赛事具有综合性和复杂性的特点，一次体育赛事的举办能够吸引大量的媒体和观众，从而刺激了商品和劳务的消费需求，推动了旅游、餐饮、酒店、房地产、新闻、广告等产业的发展。有关资料表明，2004年一级方程式大奖赛（中国站）对上海的赛事相关产业拉动达到了20亿人民币左右，锦江国际集团在沪的30家星级酒店在一级方程式大奖赛（中国站）期间（9月19—26日）较2003年同期增加收入3800万元，增幅为65.7%。香格里拉饭店在9月22—28日这一周的客房收入比平时增加780万元。金茂大厦的凯悦酒店平时每周收入在900万元左右，9月22—28日这周的收入为1560万元人民币，比上海举办APEC会议时期还高。另外，2004年前11个月，到上海旅游的游客就超过了400万名，而2002年、2003年分别只有270万，这和2004年F1中国大奖赛在上海首次举办当然密不可分。此外，上海体育学院体育赛事评估中心关于2005年上海网球大师杯赛综合效益测评报告显示，该赛事对上海其他相关产业的经济带动为2.49亿人民币。从以上的案例及调查数据可以很明显看出，体育赛事举办对其他相关产业的经济有巨大的拉动作用。[1] 唐晓彤等人认为，体育赛事的联动及波及效应包括前向直接波及部门和后向直接波及部门[2]（见图5-10）。

体育赛事与这些产业的关联性决定了体育赛事的举办会对其他相关产业产生影响面广、辐射力强的波及效应。这种经济波及不但会影响赛事举

① 黄海燕，张林，李南筑. 上海大型单项体育赛事运营中政府作用之研究 [J]. 体育科学，2007（2）：17 - 25.
② 唐晓彤，丛湖平. 大型体育赛事的产业关联和波及效应的理论研究 [J]. 成都体育学院学报，2006（4）：11 - 15.

办地的各相关产业，还会辐射到周围地区的各产业。例如，上海举办的世界一级方程式汽车大奖赛不仅推动了上海经济的发展，还对整个长三角地区的众多相关产业产生经济辐射的作用。

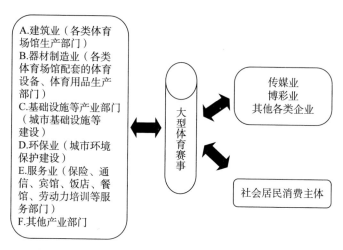

图 5 - 10　体育赛事前、后向直接波及产业部门图示

3. 体育赛事发挥产业联动和波及效应的条件

（1）具备较为现代和完备的体育场馆和基础设施体系。对于大规模、国际化和强影响的体育赛事活动来说，其功能作用的发挥自然需要配套的较为现代和完备的体育场馆和基础设施体系，没有这些硬件的强力保证，对其他产业的任何经济波及效果都会大打折扣。

（2）经济条件成熟，市场机制完善，商业文化浓厚。硬件是保证，软件是灵魂，只有经济条件成熟，市场机制完善，商业文化浓厚，体育赛事的联动波及效应才具有比较足的动力和辐射力。

（3）举办地具有良好的城市形象、外部声望和对外吸引力。这些因素对一个城市来讲本身就是一张王牌，打好这张牌，对于增强体育赛事活动的吸引力不言而喻，一般越是重要的体育赛事活动，其经济的波及效应就越大。

（二）体育赛事对其他产业的影响方式

1. 体育赛事对其他产业发展的直接推动

体育赛事具有强大的产业关联和联动效应，例如，体育赛事与旅游业发展就有着密不可分的关系，体育赛事活动本身就是一种旅游吸引物。

Faulkner 等人认为，体育赛事不但自身是旅游吸引物，而且能为旅游活动创造很多机会。它可以创造或提升目的地在国际市场上的地位，提高观众在赛事期间的消费水平，延长观众的停留时间，激励观众到周边地区旅游，等等，并能使赛事举办地与世界更多地区建立新的合作关系。① 当然，赛事活动不仅可以推动旅游、交通、餐饮、住宿、通讯等许多相关产业的发展，还可以培育某些新兴的产业，例如体育中介服务业、体育广告业等。在体育赛事筹备和举办期间，举办地及周边地区的旅游、交通、商业、通讯等相关产业都将从赛事举办中获益，进而将迎来新一轮发展机遇。

2. 体育赛事对相关产业的全盘链动

在体育赛事促进相关产业发展的同时，相关产业的发展和质量水平的提高又反过来促进体育赛事的发展，而这些相关产业之间在发展中也存在影响关系，从而就形成了彼此联系并且互动的赛事经济产业链，而产业链的每个环节都能在其他环节的推动下得到提升。体育赛事通过强大、全面的人流、物流、信息流、资金流的相互扩展，全盘链动了赛事举办地的许多产业，如体育赛事推动了旅游业发展，而旅游业又能推动交通业发展，发达的交通业又促进体育赛事的发展，从而形成赛事经济产业链彼此促动的良性循环。

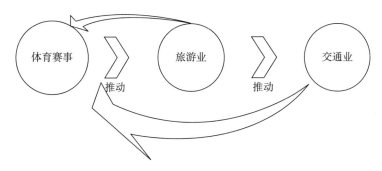

图 5 – 11　体育赛事产业链彼此促动（部分）图示

体育赛事对举办地相关产业的影响是多方面的且深刻的。这种影响不仅表现为由体育赛事所直接带来的相关产业活动的强烈波动，同时也表现

---

① 程大兴. 大型活动旅游效益最大化战略初探：2008 北京奥运会旅游效益最大化战略浅析 [J]. 大华光旅游网，2003 – 04 – 24.

为对这些关联产业发展所产生的间接的、长远的影响，如促进赛事举办地产业结构升级、提升相关产业竞争力，等等。但认识和掌握赛事给相关产业带来的所有影响需要一个很长的阶段和过程，要在体育赛事举办之前就进行预测难度非常大，经综合考虑，笔者运用"对赛事相关产业 GDP 的贡献率"这一个三级指标从一个侧面在事前反映赛事对相关产业的拉动，这一指标主要是指体育赛事给举办地赛事相关产业所带来的最直接的拉动效应。

关于这一指标数据的获取途径，与体育赛事对宏观经济指标积极影响这一指标数据的获取途径相同。通常情况下，只要评估者能够将赛事给举办者带来的新的消费合理分配到具体行业，再通过投入产出法和"可计算的一般均衡模型"就可以较为便捷地得到相关数据。如 Adam Blake 就通过建立投入产出模型对 2012 年伦敦奥运会对相关产业 GDP 的拉动作用进行了评估[①]（见表 5 - 14）。

表 5 - 14 2012 年伦敦奥运会对相关产业 GDP 的影响一览

产业	2005—2011 年		2012 年		2012—2016 年	
	GDP	变化（%）	GDP	变化（%）	GDP	变化（%）
农业	0	0.08	0	0.00	0	- 0.07
渔业	0	0.11	0	0.08	0	- 0.02
矿业	3	0.11	0	0.03	0	- 0.03
制造业	- 148	- 0.10	- 51	- 0.22	- 246	- 0.24
能源业	25	0.16	1	0.06	10	0.09
建筑业	450	0.70	- 160	1.59	16	0.03
物流业	278	0.16	- 58	- 0.21	88	0.07
宾馆餐饮业	18	0.25	19	1.65	25	0.51
交通业	121	0.16	17	0.15	61	0.12
金融业	170	0.10	- 2	- 0.01	55	0.05
商业服务业	434	0.08	305	0.37	456	0.13
公共行政和保安	- 11	- 0.02	36	0.45	- 24	- 0.07

① Adam Blake. The Economic Impact of the London 2012 Olympics, Nottingham University Business School, 2005 (5).

续表

产业	2005—2011 年		2012 年		2012—2016 年	
	GDP	变化（%）	GDP	变化（%）	GDP	变化（%）
教育	110	0.14	− 13	− 0.11	47	0.09
健康产业	18	0.02	− 12	− 0.09	− 27	− 0.05
其他服务业	53	0.06	− 25	− 0.17	43	0.07
家庭服务业	3	0.02	− 6	− 0.37	− 13	− 0.17
宾馆	70	0.49	56	2.51	83	0.86
其他住宿	13	0.49	10	2.31	15	0.83
饭店	83	0.44	5	0.18	80	0.62
酒吧	49	0.26	28	0.96	48	0.38
铁路运输	13	0.24	23	2.42	23	0.51
陆上旅客运输	29	0.22	90	4.50	− 8	− 0.09
空中运输	24	0.21	4	0.23	13	0.17
旅游	22	0.18	7	0.34	13	0.16
体育设施	− 26	− 0.15	55	2.66	309	3.00
旅游吸引	9	0.22	16	2.63	0	− 0.02

四　提升城市知名度和城市形象

美国品牌专家 Kevin Lane Keller 教授在《战略品牌管理》一书中指出，地理位置或某一空间区域像产品和服务一样，也可以成为品牌。与商品品牌一样，城市品牌也有其丰富内涵。要想使城市焕发独特的魅力和萌生鲜活的生命，在未来的城市商业化竞争中取胜，一个城市首先必须提炼出与众不同的核心价值，必须给予人们一种独特的体验，否则城市之间将缺乏本质上的差异性，失去吸引力，流于平凡。城市的魅力可以在不经意中形成，而城市品牌则需要刻意去塑造。①

体育赛事因其具有的聚集性特征，在提升城市知名度、打造城市形象、塑造城市品牌方面具有十分重要的作用。芝加哥经济发展部门的研究报告指出，芝加哥熊队赢得超级杯赛为芝加哥带来的知名度相当于花 3000

① 余守文．体育赛事产业与城市竞争力：产业关联·影响机制·实证模型 [M]，上海：复旦大学出版社，2008.

万—4000 万美元进行宣传活动所产生的知名度；澳大利亚阿德莱德市的一级方程式汽车锦标赛在很短的时间内改变了该地区的形象，并将南澳大利亚与一级方程式汽车锦标赛联系在一起。一项在梅博斯进行的市场调查也得出了这一结论，梅博斯的当地居民认为，在未来 12 个月内，他们极有可能访问阿德莱德市，其中 22% 的人表示，他们访问的目的主要是因为一级方程式汽车锦标赛。在阿德莱德市可以明显感觉到，"阿德莱德有活动"的口号改变了该市长期以来的"寂静""乏味""教堂城市"的形象。阿德莱德市的原有形象无法让一些潜在的客人认为该地是一个旅游目的地。一级方程式锦标赛将该市的形象改变为旅游目的地，并为该市赢得了更广阔的市场。① 此外，体育赛事在提升城市知名度和城市形象上的有效性可以用卡拉里市举办的冬奥会来加以说明。调查的样本为欧洲和美国的某些选定地点。调查者用了 3 年的时间跟踪人们对卡拉里市关注程度的变化，其结果让人大吃一惊。将周边的埃德蒙顿市作为对比卡拉里市知名度变化的参照系，在欧洲被调查者中，比赛前两年，不用作任何提示就可想起卡拉里市的比例为 10.1% 和 12%，埃德蒙顿市的这一比率为 5.3% 和 5%；在卡拉里市主办冬奥会的当年，上述比率升至 40%，而埃德蒙顿仍然停留在 6% 的水平。在美国的调查中也观察到了类似的影响，但是其知名度只增加了 23%，略逊于欧洲 28% 的纪录。调查结果还显示，该地区的城市形象发生了很大改变：在此次冬奥会之前，26% 的被调查者提到每年一度的卡格利奔牛运动，而提到奥运会的只占 17%。冬奥会当年，被调查者中有77% 提及奥运会，而提到卡格利奔牛运动的只占 11%。在如此短的时间内，卡格利树立了其奥运会城市的形象，而且从这一形象中获得了利益，它不再只是一个主办奔牛赛的养牛小镇。②

　　体育赛事主要通过以下途径传播城市知名度和城市形象：（1）大量媒体报道；（2）直接赛事旅游者的口碑效应；（3）城市直接的广告和促销；

---

① Van der Lee, P., & Williams, J. The Grand Prix and tourism. In J. P. A. Burns, J. H. Hatch, & T. J. Mules, (Eds.), The Adelaide Grand Prix. Adelaide: The Centre for South Australian Economic Studies.

② Richie, B. J. R. Mega sporting events and their role in the development and promotion of international tourism destinations. Keynote address to the 4th annual conference of the North American Society of Sports Management, 1989 (3).

（4）间接知情者的形象传播。①

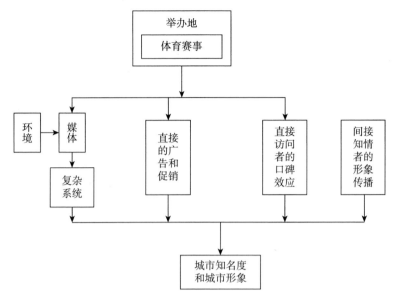

图 5 - 12　体育赛事举办地城市知名度和城市形象传播模型

当然，体育赛事对城市知名度和城市形象的提升一般都可以转换成经济影响。比如，德国的阿尔巴特维尔、瑞典的里勒汉默等城市都因主办冬奥会而长期受益。由于主办冬奥会，这两个城市的名声超过了奥地利和瑞士的阿尔卑斯滑雪胜地。奥运会也让全世界知道了巴塞罗那，加泰隆尼亚旅游委员会称：“奥运会后，我们的城市写入了地图，从此以后变成了一个著名的旅游城市。”这项声明在该市举办奥运会的 7 年之后发表，可见其受益期不短。美洲杯赛在澳大利亚的弗里门特举办后，有人观察到，根据夜以继日赶赴弗里门特的人群可以看出，自从它被美洲杯“发现”后，就成了本地人和外地人旅游的目的地。② 这也是本书将该指标放在经济影响一级指标下的一个重要原因。

至于怎样评估体育赛事给举办地城市知名度和城市形象带来的影响一直是学者们关心的热点问题。从国内外的研究看，目前主要从两个方

---

① 余守文. 体育赛事产业与城市竞争力：产业关联·影响机制·实证模型 [M]，上海：复旦大学出版社，2008.

② Dennis R. Howard, John L. Crompton 著，张兆国，戚拥军，谈多娇等译. 体育财务（第二版）. 北京：清华大学出版社，2007.

面进行评估。第一，体育赛事的媒体曝光度。包括国内曝光度和国外曝光度两个部分，对于一些国内较为知名的城市，如北京、上海、广州等主要关注其国外曝光度。关于这一部分，目前国内外已经有很多科研机构在做体育赛事媒体曝光度的研究，如上海体育学院体育赛事研究中心等，但他们都是对体育赛事媒体曝光度的事后评估，当前要准确进行事前评估非常之难，甚至可以说是基本不能实现。基于这一点要解决这个问题，有两个途径，一是通过事后评估的数据及结果进行推算，但由于决定媒体曝光度的参数和变量较为复杂，在数据不充分的情况下，很难进行科学推算；二是事前获取可能参与的国家数、报道的媒体数量及直播和转播的媒体级别，用以近似地反映某一赛事的媒体曝光程度。第二，体育赛事媒体曝光对城市形象的影响。体育赛事的媒体曝光既可能对城市形象产生积极的影响，同时也有可能产生消极的影响。Laurence Chilpe 认为，体育赛事对城市形象产生正面或负面影响取决于三个因素，一是举办地的城市形象，二是体育赛事的形象，三是举办地希望通过赛事所表达的城市形象。[①]

从理论上讲，对体育赛事给举办地知名度和城市形象进行评估既要对媒体曝光度这一"量"的指标进行评估，同时，还要对媒体曝光效果这一"质"的指标进行评估，但由于体育赛事对城市形象的影响取决于赛事组织运作过程中的很多方面，要在事前给予一个体育赛事媒体影响到底能够产生多大效果的评估基本不太可行。故笔者假设赛事和举办地的城市形象吻合，而且赛事组织运作成功，有了这两个假设，我们就近似认为，体育赛事的媒体曝光将不会对城市形象产生负面影响。最终，指标体系中"提升城市知名度和城市形象"这一二级指标共包含 3 个三级指标：参与赛事的国家数、参与报道的媒体数量、参与报道的媒体级别。通常情况下，当赛事确定后，这三个指标的具体情况就能够基本确定，因此，可以从赛事主办方或赛事组委会获取相关数据。

五　赛事运作获得的会计收益

长期以来，对收益的解释，传统经济学与会计学存在明显的差异。从

---

① Laurence Chalip & B. Christine Green. 'Effects of Sport Event Media on Destination Image and Intention to Visit', Journal of Sport Management, 2003（3）：214－234.

历史上看，收益概念最早出现在经济学中。亚当·斯密在《国富论》中将收益定义为"那部分不侵蚀资本的可予消费的数额"，把收益看作是财富的增加。后来，大多数经济学家都继承并发展了这一观点。1946 年，英国著名经济学家 J. R. 希克斯在《价值与资本》中，把收益概念发展成为一般性的经济收益概念，他认为，计算收益的实际目的是为了让人们知道不使他们自己变得贫穷的情况下可以消费的金额。据此，他下了一个普遍认同的定义，"在期末、期初保持同等富裕程度的前提下，一个人可以在该时期消费的最大金额"。希克斯的定义虽然主要是针对个人收益而言的，但对企业也同样适用。就企业来说，按照这一定义，可以把企业收益理解为：在期末和期初拥有同样多的资本前提下，企业成本核算期内可以分配的最大金额。

会计学上的收益概念称为会计收益。根据传统观点，会计收益是指来自企业期间交易的已实现收入和相应费用之间的差额，它是根据企业实际发生的经济业务，以销售产品或提供劳务所获得的销售收入，减去为实际销售收入所支出的成本得出的。由于它通常是直接的货币收支，因而其量度一般也是确切的。

笔者在赛事组织者的收益中采用会计学上关于收益的定义，书中所指的赛事组织者的收益是赛事组织者运作某一项体育赛事所获得的收入与其运作成本的差额。如果用"R"表示赛事组织者的收益，"E"赛事收入，"S"表示赛事支出的话，则用公式可以表示为：$R = E - S$。

就体育赛事的收入而言，根据国外体育赛事运作经验，通常情况下由 5 大部分组成，即门票收入、电视转播权收入、广告权收入、标志特许使用权和纪念品销售收入。用公式表示：$E = E_门 + E_电 + E_广 + E_特 + E_纪$。

目前在我国运作体育赛事，其收入结构与国外相比有两大特征。

第一，国内体育赛事的电视转播权市场十分不景气，能为主办方带来的收入屈指可数。这主要有以下两方面的原因：一是部门垄断，原国家广播电影电视总局有关条文规定电视机构必须购买转播权才能转播竞赛表演，但是中央电视台对某些赛事具有独家购买权，于是形成买方垄断的市场结构，限制了电视转播权市场的竞争。二是行业垄断，我国的电视台都是国有国营，其他行业无权经营。加之电视接收网络遍及全国，为数不多的国家级和地方性电视台就能覆盖全国各地，不需要大量的电视台，因此电视台的垄断程度很高，这也是电视转播权销售困难的主要原因。此外，我国的电视媒体具有政府喉舌的职能，在社会上享有很高的声誉。在计划经济体制时期，转播竞赛表演时生产公共产品，相当于一种公益活动，转播国内赛事不需要支付转播费。因此在意识上还一定程度上保留着过去的观点。

第二，政府财政补助是体育赛事主办方的重要资金来源之一。如 2002 年上海网球大师杯赛，赛事组委会的政府财政补助收入达到了 1180 万元。当然政府对体育赛事进行财政补助也是有其合理性的，其原因主要有三：一是就体育赛事本质特征而言，它是介于私人产品和公共产品之间的混合产品，具有非排他性和非竞争性；二是体育赛事具有很强的正外部性，对举办地知名度和城市形象的提升，对举办城市相关产业的发展都有积极的促进作用；三是目前而言，我国体育赛事市场发育还很不完善，主办者盈利空间狭小。因此，国内体育赛事运作收入通常情况下由 4 大部分组成，即门票收入、广告权收入、纪念品销售收入和财政补贴收入。用公式表示为：$E = E_门 + E_广 + E_纪 + E_财$。

所谓体育赛事的支出是指赛事组织者为了赛事正常运作的实际支付，即为了获得运作体育赛事必备要素的支付。由于缺一个要素赛事便无法进行，故而这部分支付是一旦确定要举办体育赛事就一定要支付的费用。此外，还有一部分是为了获得更多的商业利益而支付的费用。由于不同的体育赛事有不同的性质，因而其支出结构差异也较大。例如有些体育赛事需要申办费，而有些体育赛事则不需要这笔费用。

表 5 - 15　2002 年上海网球大师杯赛支出构成及比重一览

支出项目	申办费	场地租赁及制作	赛场费用	餐费	赞助商服务费	境外公司服务费	佣金	推广及制作费	管理费
比重	62%	9%	3.5%	3%	9.4%	2.6%	2.3%	1.6%	3.7%

在实际的评估过程中，一般都可以通过赛事的预算获取收入和支出的数据，当前国外的体育赛事事前评估报告基本都是通过这一途径获取的，如 2012 年伦敦奥运会的经济影响评估等。如果在具体赛事的评估时还没有形成赛事预算，则需要由专业人员编制赛事预算。

六　赛事运作的经济风险

对一个城市来说，运作赛事同样也存在着经济风险，1976 年蒙特尔奥运会的负债高达 69200 万英镑①。谢菲尔德在举办 1991 年世界大学生运动会时也背负了一笔数额不是非常巨大的债务，市政府以每年 2500 万英镑分期还债的速度计算，需要 25 年时间到 2025 年时才能最终还清债务。② 对于国内举办的体育赛事来说，通常情况下，赛事运作主体是难以盈利的，甚至会出现较大亏损，而这一亏损的部分往往由政府买单，因此，对于举办地来说，赛事运作的经济风险就表现为政府为举办体育赛事而从财政中支出的数额大小，从政府财政中支出的数额越大，那么赛事运作的经济风险就越大。通常情况下，"政府财政支出额" 这一指标的数据要通过赛事的预算获取。

第二节　体育赛事社会影响事前评估指标

在体育赛事综合影响事前评估指标体系中，体育赛事社会影响类事前评估指标共包括 4 个二级指标和 10 个三级指标（见表 5 – 16）。其中，"增强居民的自豪感" 和 "提高居民生活质量" 这两个二级指标属于正向指标；而 "扰乱居民的正常生活" 和 "安全隐患及恐怖主义" 这两个二级指标属于逆向指标。

表 5 – 16　体育赛事社会影响事前评估指标一览

一级指标	二级指标	三级指标
社会影响	2.1 增强居民的自豪感（＋）	2.1.1 居民自豪感的价值量
	2.2 提高居民生活质量（＋）	2.2.1 居民获得休闲机会的概率 2.2.2 居民增强体育健身意识的概率 2.2.3 居民学习新事物、新技能机会的概率 2.2.4 居民直接参与赛事及相关活动的概率
	2.3 扰乱居民的正常生活（－）	2.3.1 交通堵塞及拥挤成本 2.3.2 噪音污染的损害价值量 2.3.3 犯罪及破坏公物行为的危害程度 2.3.4 消费指数的上升程度
	2.4 安全隐患及恐怖主义（－）	2.4.1 安全隐患及恐怖主义事件发生的概率

所谓体育赛事的社会影响是指体育赛事的举办给社会带来的社会心

---

① Gratton, C. & Taylor, P. Economics of Sport and Recreation. London, Spon Press, 2000.

② Wallace, S. Behind the headlines. The Telegraph. London, Telegraph, 2001 – 06 – 05.

理、社会价值观、社会政治等方面的影响。Getz 认为，体育赛事社会影响包括当地居民的态度、文化遗产的增加、传统的保护、舒适性的丧失或增加、公众行为及美感的改变等。从影响的效果看，则包括积极影响和消极影响，积极影响包括：形成社区自豪感、城市改造和更新及增强社会凝聚力；消极影响包括：失去舒适性、造成环境破坏、噪音干扰和交通堵塞。[①]约翰·艾伦等认为，体育赛事活动社会影响包括对社会生活和对团队福利的影响、活动所激发的自豪感，以及对一个地方或旅游目的地形象所造成的长期影响等。[②] 总而言之，有关赛事社会影响的论述较多，且各有侧重点。一般而言，赛事社会影响评估的主要内容是关于赛事对"居民的影响"的评价，即分析举办体育赛事可能的后果对举办地居民有什么影响（包括个人、组织和社区）。其目的是预测、分析、评价各种可能的影响，包括对人口、健康、安全、教育、文化娱乐、风俗习惯和社区凝聚力等方面的影响，以便为决策提供科学依据。在本书中，体育赛事的社会影响是除了赛事对举办地经济影响、环境影响之外的其他影响，该评估指标体系中共包括了 4 个方面的内容，其中"增强居民自豪感""提高居民生活质量""扰乱居民正常生活"都属于赛事对居民的直接影响，而"安全隐患及恐怖主义"则是对举办地城市的影响。

一　居民的自豪感

所谓自豪感是人的一种高级情感，是指因为自己或与自己有关的集体或个人具有优秀品质或取得重大成就而产生的一种豪迈的情感。笔者所说的居民自豪感是指举办地居民因为赛事在本地举办而产生的一种对本地区和民族油然而生的感情。

体育赛事的举办可能会给那些希望本地区的名字能在全国乃至全球广泛传播的居民带来自豪感，让这些人及其他外地人相信他们居住的是一个重要的地方。在法国，环法自行车赛不仅是一项体育赛事，更是一种国家性格和民族自豪感的表征。Gary Armstrong 和 Hans Hognestad 通过对挪威白

---

① Donald Getz, Event Management & Event Tourism ［M］, Cognizant Communication Corporation, 1997.

② Johnny Allen 等著，王增东，杨磊译. 大型活动项目管理 ［M］. 北京：机械工业出版社，2002.

兰恩足球俱乐部的实证研究发现，该俱乐部的出色战绩极大地提升了卑尔根市居民的自豪感。[①] 亚特兰大奥运会申办成功之后，居民异常兴奋，他们认为，申奥成功说明了他们居住的亚特兰大是一个真正的城市。有了奥运会，曾经被称为"失败之城"的亚特兰大一跃成为"光辉之城"。类似的例子还有很多，如 1998 年足球世界杯举办地法国的居民、2008 年奥运会举办地北京的居民、2010 年足球世界杯举办地南非居民，等等。

从表面上看，体育赛事给举办地居民所带来的自豪感只是定性的描述，并没有市场价格，属于非市场价值的范畴，这种价值没有一个明显的价格尺度，很难被量化。但近年来，经济学家们开始意识到很多社会关注的物品或服务都没有市场，其价值在市场经济中难以反映，大大影响了市场机制的运行以及社会或政府的行为决策，因此，他们对如何评估没有市场的物品或服务的价值这一问题展开了深入研究，也取得了实质性进展，当前在经济学领域中已经存在着一些评估诸如愉悦感、自豪感等没有市场价格，且不能通过消费者的直接支付反映出来的物品或服务价值的方法，其中具有代表性的方法有条件价值评估法（Contingent Value Method，CVM）、旅游成本法（Travel Cost Method，TCM）和资产价值法（Hedonic Pricing Method，HPM）。但 HPM 及 TCM 与 CVM 方法相比较，属事后评估方法，即只有在消费者已经消费了被评估物品的情况下运用，因此仅能推估体育赛事利用价值中的非市场价值部分，赛事的其他非市场价值难以包括其中。为此，衡量体育赛事较为完整的非市场价值，CVM 是唯一可行的评估方法，也是目前应用最广泛、最成熟的方法。国外一些学者在近几年开始利用 CVM 对体育赛事、体育场馆以及职业球队给居民带来的自豪感等非市场价值进行评估。最先利用这种评估方法的是 Johnson & Whitehead，他们对肯塔基州的两个篮球馆给居民带来的公共产品价值进行了评估，结果发现，其价值远小于政府给场馆建造的出资；2001 年，他们又对美国职业冰球联盟中 Penguins 队给匹兹堡市居民带来的自豪感进行了评估，研究结果表明，其价值在 1720 万—4830 万美元之间。此外，Fenn & Crooker、Rappaport & Wilkerson、Siegfried & Zimbalist 等也进行了相关方面的研究，

[①]　Gary Armstrong & Hans Hognestad. "We're Not From Norway": Football and Civic Pride in Bergen, Norway. Global Studies in Culture and Power, 2003 (10): 451–475.

这里就不再赘述。利用 CVM 评估体育赛事的非市场价值包括四个步骤：第一，明确价值和评估目标，即确定被评估的体育赛事非市场价值的类型以及影响人群；第二，调查设计，即对这些非市场价值进行操作性定义，并找出测量它们的最佳途径；第三，对相关群体实施具体调查以获取能够测算非市场价值的指标；第四，处理调查结果，对结果进行解释。[①]

居民自豪感的价值量 P_n 的计算通常采用条件价值评估法，即通过询问人们的意愿来评估体育赛事所带来的居民自豪感的真实价值。可采用的方法是，用人们为获得体育赛事所带来的自豪感的意愿支付 WTP_n 来表示。其中 WTP_n 可以通过人均支付意愿的平均值 βX_{wtp} 乘以居民总人口数 N 来表示。

$$P_n = \frac{WTP_n}{2} = \frac{\beta X_{wtp} N}{2}$$

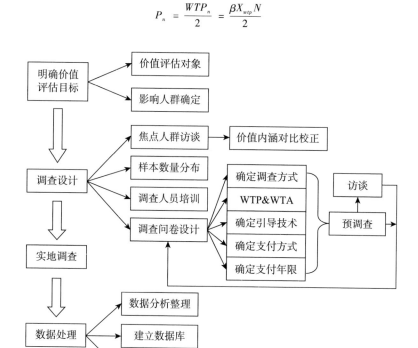

图 5 – 13　CVM 体育赛事非市场价值评估流程

① W. Douglass Shaw. Review of Non-market Value Estimation for Festivals and Events—A Discussion Paper [J]. 2005（9）：11 – 18.

二　提高居民生活质量

"生活质量"这个概念是美国制度经济学派的主要代表人物加尔布雷斯 1958 年在所著的《丰裕社会》一书中最早提出来的。美国经济学家萨缪尔森所著《经济学》也曾经专列一章论述生活质量问题。从形成生活质量概念的历史渊源看，理论家们曾经一度把生活的效益和享受理解为生活质量。实际上生活质量是一个多层次的概念，不同的学科对生活质量有不同的定义。随着人类发展研究的深入，生活质量这个概念不仅被各国的政治家所关注，而且成了经济学、社会学等多学科研究的热点。① 经济学家关注的生活质量，往往是从某一经济学流派的理论概念出发，从消费与福利的关系、经济增长与物质财富的聚集、资源环境与经济的可持续发展的关系以及产业结构的调整对生活质量的影响等角度展开研究的，是通过"生活质量"这个指标，综合地表征社会经济发展的程度和水平；社会学家研究生活质量则着眼于社会结构、社会分层、社会公正、治安状况、教育以及人的健康状况，并从某种文化、宗教和意识形态出发作出价值判断，试图通过"生活质量"这个指标描述一个区域、一个人群的人们是在一种什么样的状态下生活。由于不同学科、同一学科不同专家对"生活质量"的定义和内涵的不同理解，造成了观察视角和研究目的的差异。半个多世纪以来，许多国际机构和国家相继推出了一些描述和评价"生活质量"的指标体系和综合指数，但也都有些局限，无法像 GDP 核算那样被普遍应用与推广。② 目前大多数学者认为它不仅包含生活的物质层面，如生活水平、自然和社会的基础设备的充分程度，还包含一些无形的生活层面，如良好的健康状况、娱乐和休闲机会等。有些研究覆盖面更为广泛，甚至包括基本的生活结构，如权利、特权以及社会生活中的决策角色。

笔者是从社会学视角研究体育赛事对提升居民生活质量的作用。在第二章的分析中，我们已经提出，体育赛事的主办社区是体育赛事的利益相关者之一，赛事的举办必然会在一定程度上对主办社区产生一定的

---

① 周长城. 社会发展与生活质量 [M]. 北京：社会科学文献出版社，2001：1 - 10.
② 刘延年. 关于生活质量评价的若干问题 [J]. 统计与信息论坛，2008 (1)：11 - 15.

影响，尤其是主办社区的居民。Soutar & Mcleod 有关弗莱门托市居民如何看待美洲杯帆船赛的研究显示，人们感到这一活动改善了弗莱门托市的生活质量。[①] Jeffrey Gerald Owen 认为，举办体育赛事可以让居民获得休闲和交往的机会、会对举办地居民的体育消费意识产生积极影响、还能够提供居民接受新事物的机会。[②] 在本书中，二级指标"提高居民生活质量"共包含了 4 个三级指标：居民获得休闲机会的概率，居民增强体育健身意识的概率，居民学习新事物、新技能机会的概率，居民直接参与赛事及相关活动的概率。由于"生活质量"本身就是一个可以从多维度、多视角、多层面观察的丰富多彩的概念，再加之，目前关于体育赛事对居民生活质量的影响还没有一个统一的框架，因此，这 4 个指标很可能还难以全面反映体育赛事对举办地居民生活质量的积极影响，但这也是笔者在充分考虑到指标的科学性和可行性之后，做出的较为合理的选择。

与社会影响的其他指标一样，要在体育赛事举办之前就获取这几个指标的数据难度非常大，这也是国外学者所遇到的一大难题。笔者认为，可以通过市民调查或德尔菲等方法获取相关数据，当然，这两种获取数据途径的科学性和有效性还有待进一步探讨。此外，需要强调的是，数据的质量与方法运用的科学性和合理性关系密切，应在方法实施过程中加强监控。

三 扰乱举办地居民的正常生活

体育赛事举办期间将会有数以万计的外地观众来到举办地，这在给举办地带来好处的同时，也对当地居民的正常生活产生了一定负面影响，人员的大量涌入，使居住在赛场附近居民的正常生活受到打扰，如交通拥挤[③]、噪

---

① Soutar, Geoffrey N. & Mcleod, Paul. 'The Impact of The America's Cup on Fremantle Residents: Some Empirical Evidence' in The Planning and Evaluation of Hallmark Events, eds G. J. Syme, B. J. Shaw, D. M. Fenton & W. S. Mueller, Avesbury, Aldershot.

② Jeffrey Gerald Owen. Why Cities Subsidize Sports: The Value of Teams, Stadiums and Events [C]. The University of Iowa, 2000 (6): 121–139.

③ 如 1994 年在坦伯利召开的高尔夫球英国公开赛给举办地的交通带来了严重的危害，使坦伯利在 1994—2009 年从来都没有再举办过体育赛事。

音污染①、犯罪行为增加②等，这在国外有关赛事影响的文献中涉及很多，这里就不再一一枚举。体育赛事对居民正常生活的影响是多方面的，而且不同性质的赛事对居民正常生活的影响也不尽相同。如 F1 大奖赛、摩托 GP 等汽车赛事以及一些马拉松等户外比赛对居民的噪音污染影响更大；奥运会、足球世界杯等大规模赛事对消费指数的拉动更为明显。本书共包括 4 个扰乱举办地居民正常生活的因素，即交通拥挤、噪音污染、犯罪行为增多和消费指数上升。从总体而言，这几个因素都是由于赛事期间举办地人数激增而引发的。下面对这些指标的数据获取途径一一阐述。

（一）交通堵塞及拥挤成本

由体育赛事造成的交通堵塞及拥挤表现在由行车速度减慢、交通密度增大引起的行车时间、交通事故、环境污染以及燃油消耗的增加上。由此可知，拥挤的成本包括四部分：额外的行程时间成本、环境污染成本、交通事故成本和燃油消耗成本。计算公式为：交通堵塞及拥挤成本＝额外时间成本＋环境污染成本＋交通事故成本＋燃油消耗成本，即 $C = C_{time} + C_{envi} + C_{acci} + C_{fuel}$。

1. 额外时间成本

交通拥挤给人们带来的最直接影响就是出行时间的增加。额外时间成本 c_{time} 就等于增加的出行时间 c_{extra} 与平均时间价值 u 以及拥挤出行人次 P_c 的乘积。其中，u 可以通过城市平均收入 I_a 除以平均工作时间 T_a 得到的平均单位时间收入来表示。T_{extra} 则是通过拥挤带来的平均车速下降计算。用 l 表示平均出行距离，v_c 表示拥挤时的平均车速，v_o 表示不拥挤时的平均车速。

$$T_{extra} = l \times \left(\frac{1}{v_c} - \frac{l}{v_o} \right)$$

---

① 一般体育赛事涉及的噪音污染主要是赛事交通工具的噪音、赛事期间的活动噪音。在赛事期间，噪音已经成为赛事影响居民正常生活的重要因素。噪音污染干扰睡眠，损伤听力，影响人体的生理和心理，干扰语言交流和损害建筑物。

② 有研究表明，美国的凶杀率在电视转播高度公众化的拳击比赛后迅速上升；国家队的失败带来的挫折感也会在观众身上积聚攻击性；1985 年澳大利亚阿德莱德一级方程式大奖赛前后 5 周时间里，道路交通事故伤亡人数与前 5 年同期相比增加了 34%，尽管将那些年里道路交通伤亡人数呈上升趋势这一因素考虑其中，但仍计算出有 15% 的增长率无法解释。这表明，伤亡人数增加可能是由于人们对大奖赛式驾驶速度的越轨性模仿。

$$c_{time} = T_{extra} \times u \times P_c = l \times \left(\frac{1}{v_c} - \frac{l}{v_o} \right) \times \frac{I_a}{T_a} \times P_c \text{]}$$

2. 环境污染成本

交通拥挤造成的环境污染包括空气污染、噪声污染和水污染等。但是拥挤造成的那部分污染是很难从整个交通活动造成的污染当中分离出来的。可采取的方法是，在总的交通环境污染成本中以一定比例算出，即拥挤相关环境成本 c_{envi} 与总交通环境成本 c_{te} 的比例用拥挤产生的额外时间占总出行时间的比例 p_t 来表示。不过，由于拥挤和不拥挤时排污强度不同，拥挤时的车辆低速和怠速会造成更大的空气污染，因此增加参数 ξ_e 来反映这一问题。

$$p_t = \frac{t_{extra}}{t_{total}} = \frac{\frac{l}{v_c} - \frac{l}{v_o}}{\frac{l}{v_c}} = 1 - \frac{v_c}{v_o}$$

$$c_{envi} = c_{te} \times p_t \times \xi_e = c_{te} \times \xi_e \times \left(1 - \frac{v_c}{v_o} \right)$$

3. 交通事故成本

拥挤交通事故成本 c_{acci} 的计算通常采用事故损失估计方法，即用拥挤引起的交通事故概率 P_a 乘以交通事故总成本 c_{ta} 来计算。由于交通事故与行车速度和密度有关，拥挤带来的速度减小和密度增大从不同方向上影响了交通事故的发生（速度减少使事故发生率下降；密度增大使事故发生率上升），因此，P_a 在 P_t （拥挤产生的额外时间占总出行时间的比例）的基础上增加了参数 ξ_a 的影响。

$$P_a = \xi_a \times P_t$$

$$c_{acci} = c_{ta} \times P_t = c_{ta} \times \xi_a \times \left(1 - \frac{v_c}{v_o} \right)$$

4. 燃油消耗成本

虽然出行者在拥挤当中的燃油消耗总支出是可知的，但是很难意识到且测出由于拥挤带来的过度燃油消耗；即使已知自己的燃油成本，但并没有为给其他车辆带来的燃耗增加支付补偿。因此由拥挤带来的燃油过度消耗也是一项外部成本。拥挤相对于不拥挤增加的燃料消耗主要是因为起步、停车、低速、怠速行驶增加燃料消耗，可以通过两种不同交通状态对应的速度来计算，拥挤过度消耗的燃油成本 c_{fuel}。与拥挤行驶时总的燃油

消耗 c_{tf} 关系如下。

$$\frac{c_{fuel}}{c_{tf} - c_{fuel}} = \frac{v_0}{v_c}$$

$$c_{fuel} = c_{tf} * \frac{v_0}{v_0 + v_c}$$

（二）噪声污染的损害价值量

噪音污染的损害价值量 P_n 的计算通常采用条件价值评估法，即通过询问人们的意愿来评估体育赛事对举办地噪音污染的真实价值损失。可采用的方法是，用人们为减少体育赛事所带来的噪音污染的意愿支付 WTP_n 加上忍受体育赛事所带来的噪音污染的意愿补偿 WTA_n 之后再除以 2 获得。其中 WTP_n 可以通过人均支付意愿的平均值 βX_{wtp} 乘以居民总人口数 N 来表示，WTA_n 则可以通过人均受偿意愿的平均 βX_{wta} 乘以居民总人口数 N 来表示。

$$P_n = \frac{WTP_n + WTA_n}{2} = \frac{\beta X_{wtp} N + \beta X_{wta} N}{2}$$

（三）犯罪及破坏公物行为的危害程度

以举办地或其他地区以往举办大型活动犯罪行为的相关资料和数据为基础，由犯罪预测方面的专家打分获得最终结果。

（四）消费指数的上升程度

以举办地或其他地区以往举办大型活动消费指标变化的相关资料和数据为基础，由统计部门负责测算赛事对举办地消费指数的影响程度。如北京市统计局于 2001 年对北京奥运会对北京消费指数的上升程度进行了预测。[①]

四　安全隐患及恐怖主义

自 1972 年恐怖主义分子把慕尼黑奥运会作为袭击目标之后，安全和恐怖主义问题成为一直困扰体育赛事的一个难题，2001 年的"9·11"事件

---

① 刘淇．北京奥运经济研究［M］．北京：北京出版社，2003.

之后，恐怖主义已经成为重大体育赛事中最受关注的风险因素。2008 年因为受到基地组织恐怖分子的威胁，达喀尔组委会被迫宣布取消在马里境内的两个赛段拉力比赛，而在相对安全的毛里塔尼亚举办了 9 个赛段比赛；2009 年达喀尔拉力赛又继续因为恐怖主义的威胁而被迫取消。为了保证赛事的安全，赛事组委会不惜重金投入安保领域，2004 年雅典奥运会，希腊政府建立了奥运史上规模最大的防范体系，创纪录地投入 5 万人的安全力量，其中包括军人、警察、海岸警卫队的精锐部队。随着邻国土耳其的自杀爆炸事件，伊拉克的恐怖活动，马德里的火车袭击等不断发生，雅典组委会的安全预算已经达到了 10 亿欧元。此外，赛事安全和恐怖主义问题已经不单单是一件影响赛事本身的事件，它还对举办地产生了直接的影响，对居民正常生活的干扰是其中的重要部分，因此，在指标体系中，笔者将"安全隐患及恐怖主义"作为"扰乱举办地居民正常生活"下的一个三级指标。

当然，要在赛事举办之前获取这一指标相关数据很难，必须要对国际、国内政治形势及恐怖主义活动动态有足够的了解，因此，需要由安全方面专家对这一指标进行评判。

第三节　体育赛事环境影响事前评估指标

在体育赛事综合影响事前评估指标体系中，体育赛事环境影响类事前评估指标共包括 3 个二级指标和 7 个三级指标（见表 5 – 17）。在二级指标中只有"改善环境"这一指标属于正向指标，其余两个指标均属于逆向指标。

表 5 – 17　体育赛事环境影响类事前评估指标一览

一级指标	二级指标	三级指标
环境影响	3.1 改善环境 （＋）	3.1.1 对居民进行环保宣传的概率 3.1.2 进行城市环境治理的概率
	3.2 环境污染与破坏 （－）	3.2.1 破坏自然环境的面积 3.2.2 产生的垃圾量 3.2.3 二氧化碳的排放量
	3.3 资源消耗 （－）	3.3.1 水资源消耗量 3.3.2 能源消耗量

　　与其他活动一样，体育赛事的举办与举办地的自然环境要素和自然环境系统之间相互影响、相互作用、相互联系、相互制约。运作体育赛事所运用和利用的资源和能源都来自自然界；同样，举办地也会利用赛事举办的机会对城市环境进行综合治理。

　　体育赛事对自然环境影响的重要性已经反映在奥林匹克运动会的操作中，国际奥委会（IOC）以及其单项体育组织和国家奥委会在 1992 年召开的联合国环境和发展大会之后共同签署了《地球宣言》，使环境主题包含在了奥运会申办手册当中。1994 年，在奥林匹克运动的百年纪念大会上，环境保护被正式列入《奥林匹克宪章》，成为体育与文化之后的第三大纲领。国际奥委会对主办地在环境方面提出了明确的要求：对奥运会会场和附近居民的负面影响要降到最低限度；保护自然环境和受到影响的生态系统；供应商和承包商必须遵守环保指导原则；将比赛地点设在紧密地区；所有的比赛场地和训练场地必须设置在距离奥运村 30 分钟以内车程的地区；使用节能设计和材料；最大限度地使用可再生能源；保护和重复利用水资源；尽量减少和避免浪费；尽量使用无毒物质；使用可重复利用的包装材料，在就餐场所尽可能使用非一次性餐具和餐盘；在所有的比赛场地使用可回收的垃圾箱；尽量采用电子方式传输信息，辅之以纸张重复利用措施，以便节约纸张；观众只能乘公交车到奥林匹克运动会场地。国际奥委会的上述要求影响着各级体育赛事、各级地方政府，确保了环境和体育赛事的协调发展。[①]

　　但笔者认为，除了一些以自然环境为依托的体育赛事，如帆船、滑雪、山地自行车、攀岩、马拉松等项目比赛，以及奥运会等一些大型综合性赛事外，自然环境与体育赛事的关联度一般都不大，但笔者从可持续发展的视角，还是将赛事的环境影响纳入指标体系中，并将其作为体育赛事综合影响事前评估的一个重要内容。下面将对环境影响中包括的 3 个二级指标分别进行阐述。

一　改善环境

　　体育赛事对举办地环境的改善是赛事给举办地的一个主要遗产，很多

---

　　①　王守恒，叶庆晖. 体育赛事管理［M］. 北京：高等教育出版社，2007：20 - 21.

城市都将改善环境纳入赛事规划的范畴。如在北京奥运会的规划中，绿色奥运是 2008 年北京奥运会的三大主题之一，是贯穿申办、筹备和举办奥运会全过程的话题。在绿色奥运的宏伟蓝图中，北京奥运会的活动中心和主体育场所在地的奥林匹克公园将建成北京市内规模最大的绿色生态园区，奥运村将通过地热等清洁能源取暖，大规模使用太阳能照明系统，垃圾实现无害化处理等，使其成为一座绿树成荫、鸟语花香的绿色家园，绿地覆盖率达到 48%，达到纽约、东京等国际大都市的水平。

体育赛事主要通过两个途径来改善举办地的自然环境。第一，提高居民的环保意识。如法国就让体育赛事与环保"联姻"，通过体育赛事宣传环保意识，2007 年世界杯橄榄球赛中，法国卫生、青年与体育部长罗斯利娜·巴舍洛－纳尔坎、环境与可持续发展部长让—路易·博洛等官员以及法国世界杯橄榄球赛组委会主席拉帕塞联合宣布将本次比赛办成"环保型比赛"，并采取在赛场及举办城市张贴环保行为宣传画等方式宣传环保意识。①在国内，体育赛事也成为了宣传环保意识的一个有力工具，青海在环青海湖公路自行车赛中就树立了绿色环保的办赛理念，为把这种理念落实到赛事中，赛事组委会还和一些环保机构建立了良好的联系。中国绿化基金会、中国环保学会、中国野生动物保护协会都是环青海湖公路自行车赛的协办单位。在赛事筹备组织工作中，青海省也很注重环境保护的宣传工作，组委会成员单位中包括林业、环保等部门。自赛事活动举办以来，青海省环保部门已组织环保志愿者 200 多人，通过印发环保科普宣传材料、制作宣传展板和横幅等方式，向当地居民和国内外游客普及环保知识，起到了良好的效果。②此外，一些赞助商也通过赞助体育赛事宣传环保意识，如东风本田汽车就通过赞助 2008 年北京国际马拉松赛，达到宣传环保精神、回报社会的目的。③第二，进行城市环境治理。通常而言，赛事举办之前，举办地都要对城市环境进行一定程度的综合治理，尤其是一些大型的、综合性赛事。2008 年北京奥运会从降低颗粒物污染、控制工业扬尘和

---

① 让环保与体育赛事"联姻"［EB/OL］http：//www. view. sdu. edu. cn/news/news/gjxw/2007－08－30/1188469462. html.

② 以赛事普及环保理念：环湖赛细心呵护青海湖生态［EB/OL］http：//tieba. baidu. com/f？kz＝230308361.

③ 东风本田成为 2008 北京马拉松赛黄金赞助商［EB/OL］http：//auto. china. com/zh_cn/mill/dfhonda/dongtai/11063686/20081015/15136703. html.

机动车污染，大力种草植树入手，对北京市环境进行综合治理。

针对上述两个途径，在"改善环境"二级指标中，笔者设置了两个三级指标，即"对居民进行环保宣传的概率"和"进行城市环境治理的概率"。至于这两个指标数据的获取，通常要以赛事申办报告或赛事规划为基础，由专家进行评判。

二 环境污染与破坏

体育赛事的举办同样会对环境造成污染和破坏：一方面，体育场馆等基础设施的建设会对自然环境的面积产生一定的破坏，如 2010 年温哥华冬奥会计划修建的北欧滑雪赛场就对当地灰熊的生存环境产生了较大影响；另一方面，大量人流的涌入会对城市的环境产生严重污染，如城市垃圾、二氧化碳排放，等等。Rickard 认为，对于在城市中举办的体育赛事而言，二氧化碳的排放是对主办城市自然环境影响较大的一个因素，比赛期间聚集的大量观众以及他们的交通等都会给主办城市带来大量二氧化碳的排放。[①] 据法国环境及能源管理署评估，2007 年世界杯橄榄球赛举办过程中，250 万观众留在赛场的垃圾将达 780 吨，整个比赛活动将产生 57 万吨二氧化碳温室气体排放，其中 84% 由运动员及观众的交通运输造成。

在本节的"环境污染与破坏"二级指标中，共包括 3 个三级指标，即"破坏自然环境的面积"、"产生的垃圾量"和"二氧化碳的排放量"。在具体评估过程中"破坏自然环境的面积"这一指标通常根据赛事申办报告及场馆建设规划可以测算；"产生的垃圾量"（R）这一指标可以用观众总人数（Q）乘以人均产生的垃圾量（p）获得相关数据，用公式表示为：$R = Q * p$；二氧化碳的排放量（C）等于观众正常的排放量（S）加交通运输造成的排放量（T），其中观众正常的排放量（S）等于外来观众总人数（q）乘以人均正常的二氧化碳排放量（c），交通运输造成的排放量（T）等于车辆每公里的二氧化碳排放量（t）乘以总里程数（m），用公式表示为：$C = S + T = q * c + t * m$。其中，人均正常的二氧化碳排放量（$c$）、车

---

① Rickard, A. Furthering the application of the ecological footprint: assessing the environmental flows of professional events, 2004, University of Melbourne, Melbourne.

辆每公里的二氧化碳排放量（t）可以通过环保部门获取。

三 资源消耗

当前资源消耗已经成为经济社会可持续发展的主要瓶颈，全球对此都非常关注。近年来，随着我国社会经济的发展，经济增长方式也开始从粗放型向集约型转变，节约资源已经成为各级政府关注的核心问题。体育赛事作为一项大型的活动势必会消耗大量的资源，如据法国环境及能源管理署评估，2007 年世界杯橄榄球赛，12 个赛场的照明用电将超过 470 万千瓦时。

在本书的体育赛事综合影响事前评估指标体系中为了能够反映赛事对举办地资源的消耗量，特选择了"水资源消耗量"和"能源消耗量"这两个与赛事关系最直接的指标来表示。其中水资源消耗量（W）包括外来观众的水消耗量（w_s）加上运作赛事的水资源消耗量（w_p），其中外来观众的水消耗量（w_s）等于外来观众人数（q）乘以人均水消耗量（$\bar{w}$）。用公式表示为：$W = w_s + w_p = q * \bar{w} + w_p$。人均水消耗量（$\bar{w}$）可以通过相关部门获取，运作赛事的水资源消耗量（$w_p$）由专业人员测算。能源消耗量（$E$）由专业人士根据体育赛事规模及赛事组织形式进行测算。

第六章　体育赛事综合影响事前评估模型与方法

第一节　体育赛事综合影响事前评估的多指标评价方法

评价是人类社会中一项经常性的、极为重要的认识活动，随着我国社会经济发展与科学技术的进步，现实社会生活中，人们对一个事物的评价常常要涉及多个因素或多个指标，这时，评价是在多因素相互作用下的一种综合判断，例如考察国家的综合国力、居民生活的小康水平、不同地区社会经济发展的综合评价，等等。在这一背景下，多指标综合评价已经成为人们十分关心而且迫切希望解决的热门课题。多指标综合评估方法是对多指标进行一系列综合的有效评估方法的总称。它具备以下特点：它的评价包含了若干个指标，这多个指标分别说明被评价事物的不同方面；评价方法最终要对被评价事物做出一个整体性的评判，用一个总指标来说明被评价事物的一般水平。由于体育赛事综合影响的多样性和复杂性，对其进行评估所涉及的因素多且各因素的描述方式不尽相同，例如，本书所构建的体育赛事综合影响事前评估指标体系中，有的指标可定量描述，有的则只能以定性方式描述，因此，选择合适的多指标评价方法是体育赛事综合影响事前评估的一个重要环节。

通常而言，多指标的综合评价主要包括评价目的、被评价对象、评价者、评价指标、权重系数、综合评价模型以及评价结果七个重要方面。从操作程序角度讲，多指标综合评价通常要经历确定评价对象和评价目标、构建综合影响评价指标体系，选择定性或定量评价方法，选择或构建综合评价模型，分析综合评价结果等过程，[①] 具体如图6-1所示。

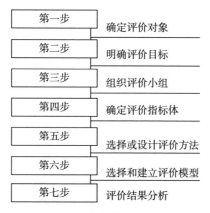

图6-1 多指标综合评价流程

就多指标综合评价的方法而言，目前国内外常用的有：价值分析法、DEA（数据包络分析法）、层次分析法以及模糊综合评价法等[②]。

（1）价值分析法：价值分析法的实质是根据各单项评价指标的权重，以及在单项指标作用下系统的价值，然后通过加权得到综合指标，其数学模式为：

$$V = \sum W_i V_i = \sum W_i f_i(x_i)$$

式中：V表示系统综合评价指标

$V_i = f_i(x_i)$ 表示以第i项指标为标准时，系统的价值（效果）

W_i表示第i项指标在综合评价中的权重

其特点是简单明了，计算方便，但系统的价值（效果），尤其是各指标权重的确定是比较困难的。

（2）数据包络分析法（Data Envelopment Analysis，DEA）：数据包络分析法在1978年由美国A. Charnes和W. W. Cooper等人首先提出，这一模型是用来研究具有多个输入，特别是具有多个输出的"生产部门"的一种较理想且有效的方法，优点是不需要给出输入输出的函数关系。但也存

① 杜栋，庞庆华，吴炎. 现代综合评价方法与案例精选（第二版）[M]. 北京：清华大学出版社，2008：2-6.

② 张丽. 高速公路经济网社会影响评价研究 [D]，中北大学，2007.

在一些局限，不允许输入输出数据是随机变量，且没有反映决策者的偏好。其应用范围局限于一类具有多输入、多输出的对象系统的相对有效性的评价。

（3）层次分析法（Analytic Hierarchy Process，AHP）：层次分析法在20世纪70年代由美国著名运筹学专家 T. L. Saaty 提出，它首先将整个系统划分为目标、准则和方案三个层次，然后对方案用两两比较的方法确定判断矩阵，把判断矩阵的最大特征根相对应的特征向量的分量作为相应的系数，最后综合出各方案的权重。由于让评价者对照一相对重要性函数表给出因素集合中两两比较的重要性等级，因而可靠性高、误差小，AHP 凭借着概念简明，使用方便，具有一定的实用性，经常与其他评价方法组合使用，用于评价指标权重的确定。

（4）模糊综合评价法（Fuzzy Comprehensive Evaluation，FCE）：模糊综合评价法是一种用于涉及模糊因素的对象系统的综合评价方法。其原理是由评价对象集、评价指标集和各评价对象的隶属函数，得到模糊综合评价矩阵，然后利用矩阵的模糊复合运算得到 FCE 的结果集。FCE 法较好地解决了大型建设项目的综合评价中模糊性（如指标类属性不清晰）问题，克服了传统数学方法中"惟一解"的弊端，根据不同可能性得出多层次问题答案。

以上这些多指标评价方法各有特色，根据具体项目的定量与定性分析指标的复杂程度，可以任选一种或几种进行评价。针对体育赛事综合影响事前评估而言，由于人们在对体育赛事给举办地经济、社会、环境等方面产生的各种影响的判断时往往具有一定的模糊性，因此，选择模糊综合评价法对体育赛事的综合影响进行事前评估更有利于得出比较客观的结论。而且体育赛事综合影响事前评估的指标较多，层次也较复杂，通常需要进行多层次模糊综合评价，建立数学模型，得出客观合理的评价结论。故笔者选择模糊综合评价法对体育赛事综合影响进行事前评估。

第二节　体育赛事综合影响事前评估的
模糊综合评判模型和步骤

模糊综合判断是借助模糊数学的一些概念，对实际的综合评价问题提供一些评价的方法。具体地说，模糊综合评价就是以模糊数学为基础，应用模糊关系合成的原理将一些边界不清、不易定量的因素定量化，从多个因素对被评估事物隶属等级状况进行综合性评价的一种方法。模糊综合评判就是对评判对象的全体，根据其特性，求出一个评判矩阵，通过评判函数，每个对象确定一个评判指标，再据此排序择优。

模糊综合评判作为模糊数学的一种具体应用方法，最早是由我国学者汪培庄提出的。它主要分为两步：第一步先按每个因素单独评判；第二步再按所有因素综合评判。其优点是：数学模型简单，容易掌握，对多因素、多层次的复杂问题评判效果比较好，是别的数学分支和模型难以代替的方法。模糊综合评判方法的特点在于：评判逐对进行、对被评对象有唯一的评价值、不受被评价对象所处对象集合的影响。这种模型应用广泛，在许多方面，采用模糊综合评判的实用模型取得了很好的经济效益和社会效益。①

一　确定模糊综合评判因素集

因素集是指为刻画体育赛事综合影响的各种因素，即评估指标。用公式表示为：

$$U = (u_1, u_2, \cdots, u_m)$$

其中 u_i（$i = 1, 2, 3, \cdots, m$）表示反映体育赛事综合影响的各种因素。

在第四章中，我们已经得到了体育赛事综合影响事前评估指标体系，它较为全面、系统地概括了体育赛事综合影响的各种因素。从理论上讲，这一评估指标体系就是一个全面反映体育赛事综合影响的因素集。在实际操作中，既可以直接运用这一较为全面、系统的因素集，当然为了节约评估工作量与成本，评估主体也可以根据被评估的具体赛事的实际情况，先对体育赛事综合影响事前评估指标体系进行合理筛选，遴选出与被评估的具体赛事可能直接相关的综合影响，并形成因素集。

①　杜栋，庞庆华，吴炎. 现代综合评价方法与案例精选（第二版）[M]. 北京：清华大学出版社. 2008：38－52.

二　建立综合评判的评价集

评价集就是评判者在赛事举办前，对体育赛事综合影响可能做出的各种总的评价结果组成的集合。评价集为：

$$V = (v_1, v_2, \cdots, v_n)$$

其中 v_j（$j = 1，2，3，\cdots，n$）表示体育赛事综合影响指标由好到差的各级评语，通常情况下，$n = 5$。如评价集 =（很好，较好，一般，较差，很差）。

三　构造隶属矩阵

首先对体育赛事综合影响的单个指标 u_i（$i = 1，2，3，\cdots，m$）作单因素评判，从因素 u_i 着眼赛事综合影响对评价集 v_j（$j = 1，2，3，\cdots，n$）的隶属度为 r_{ij}，这样就得出第 i 个因素 u_i 的单因素评判集：

$$r_i = (r_{i1}, r_{i2}, \cdots, r_{in})$$

这样 m 个因素或指标的评判集就构造出一个总的评价矩阵 R。即每一个被评估的体育赛事综合影响确定了从 U 到 V 的模糊关系 R，它是一个矩阵：

$$R = (r_{ij})_{m*n} = \begin{bmatrix} r_{11}, r_{12}, \cdots r_{1n} \\ r_{21}, r_{22}, \cdots r_{2n} \\ \vdots \ \ \vdots \ \ \cdots \ \ \vdots \\ r_{m1}, r_{m2}, \cdots r_{mn} \end{bmatrix}, \ (i = 1,2,\cdots m; j = 1,2,\cdots n)$$

其中 r_{ij} 表示从因素 u_i 着眼，该评判对象能被评为 v_i 的隶属度。具体地说，r_{ij} 表示第 i 个因素 u_i 在第 j 个评语 v_j 上的频率分布。

确定隶属矩阵的方法很多，有等级比重法、专家评分法、集值统计法等。一般来说，用等级比重确定隶属矩阵的方法，可以满足对体育赛事综合影响进行模糊综合判断的要求。这一方法的最大优点是简单、方便、实用。当然，在用等级比重法确定隶属度时，为了保证可靠性，一般要注意两个问题：第一，评价者人数不能太少，因为只有这样，等级比重才趋于隶属度；第二，评价者必须对被评估的体育赛事的综合影响有相当的了解，由于体育赛事综合影响涉及的领域很多，因此，赛事综合影响的不同领域最好组织不同的专家团队对其进行评判。

四 确定指标权重

得到上述模糊关系矩阵，尚不足以对体育赛事综合影响作出评价。赛事综合影响事前评估指标体系中的各个指标在"评价目标"中有不同的地位和作用，即各个指标在综合评价中占有不同的比重。拟引入 U 上的一个模糊子集 A，称权重或权数分配集，$A = (a_1, a_2, \cdots, a_m)$，其中 $a_i \geq 0$，且 $\sum a_i = 1$。它反映对诸因素的一种权衡。至于指标权重的确定方法，在第五章中已经作了详细分析，这里不再赘述。

五 建立评判模型

R 中不同的行反映了体育赛事综合影响从不同的单个指标来看对各等级模糊子集的隶属程度。用模糊权向量 A 将不同的行进行综合，就可得到体育赛事综合影响从总体上来看对各等级模糊子集的隶属程度，即模糊综合评价结果向量。

引入 V 上的一个模糊子集 B，称为模糊评价，又称决策集，$B = (b_1, b_2, \cdots b_n)$。它是对体育赛事综合影响总体状况分等级的程度描述。

令 $B = A * R$（$*$ 为算子符号），称之为模糊变换。

$$B = A * R = (a_1, a_2, \cdots, a_m) * \begin{bmatrix} r_{11}, r_{12}, \cdots r_{1n} \\ r_{12}, r_{22}, \cdots r_{2n} \\ \vdots \quad \vdots \quad \cdots \quad \vdots \\ r_{1m}, r_{2m}, \cdots r_{mn} \end{bmatrix} = (b_1, \quad b_2, \quad \cdots, \quad b_n)$$

b_j 表示体育赛事综合影响具有评语 v_j 的程度。各个评判指标，具体反映了体育赛事综合影响在所评判的特征方面的分布状态，使评判者对赛事综合影响有更深入的了解，并能作各种灵活的处理。如果要选择一个决策，则可选择最大的 b_j 所对应的等级 v_j 作为综合评判的结果。

六 进行模糊综合评判

模糊综合评判 $B = A * R$ 是通过模糊评判矩阵 R（也称模糊关系矩阵）将运算模糊向量转变为等级模糊向量 B。$A * R$ 采取不同的计算模式，可得到不同的综合评判数学模型。一般采用的数学模型（模糊算子）有取大取小模型、相乘取大模型、加权平均模型。其中加权平均型综合评判模型较适用于要求整体性指标的情形，因此笔者在实证分析中选择了加权平均模型作为广义模糊算子。

七　对评判结果的处理

如果最后结果 $\sum_{j=1}^{n} b_j \neq 1$，还要再做归一化处理。

令

$$b = b_1 + b_2 + \cdots + b_n = \sum_{j=1}^{n} b_j$$

归一化：

$$B' = \left(\frac{b_1}{b}, \frac{b_2}{b}, \cdots, \frac{b_n}{b} \right) = (b_1', b_2', \cdots, b_n')$$

B' 即为目标层指标 U 对于评语集 V 的隶属向量。

八　评估结果的综合判定和解析

对于经过模糊综合评判得到的隶属向量 $(b_1', b_2', \cdots, b_n')$，必须对其进行处理，以得到最终的评判结果，具体处理的方法有最大隶属度法、加权平均法、模糊分布法、评定等级法等，其中最大隶属度法是目前最常用的方法之一。

在对体育赛事综合影响的事前评估中，可以按最大隶属度原则确定其等级 V_j，而所得的等级 V_j 即为体育赛事综合影响事前评估的最终结果。当然，我们也可以运用加权平均法，即对于每一级评语 V_j 赋予一个权重 f_j 来反映该级评语的重要程度，据此可求出 B' 中各分量的加权平均值，最终得出体育赛事综合影响事前评估的最后结果。

第三节　实证分析
——2009 年上海 ATP1000 大师赛

为了验证模糊综合评判法在体育赛事综合影响事前评估中的可行性，

笔者以 2009 年上海 ATP1000 大师赛为实证分析的案例，对该赛事可能给上海所产生的综合影响进行模拟评估。

一 赛事及承办单位概况

ATP 大师系列赛是一项拥有 9 项网球巡回赛的系列赛，是 ATP（Association of Tennis Professionals）巡回赛的一部分，每年一度在欧洲和北美举行，贯穿全年。该项系列赛在 1996 年被提出，1996 年到 1999 年，最初的赛事被命名为梅赛德斯－奔驰超 9（Mercedes-Benz Super 9 series）系列赛，从 2000 年开始被称为网球大师系列赛（Tennis Masters Series，TMS）。赛事是高排位男子职业网球选手的强制赛事，该系列赛包括了一些除了四大满贯公开赛之外的最负盛名的赛事。

虽然奖金还没有四大满贯公开赛或年终的网球大师杯赛（Tennis Masters Cup）那么丰厚，但是 ATP 大师系列赛还是可以为选手们带来比常规巡回赛更多的世界排名积分。按照赛制规则，ATP 排名前 45 名的球员将自动进入正选，且排名世界前 20 位的选手必须参加，否则这名球员不但将损失 ATP 为所有 TOP20 球员所设立的总数高达 750 万美元的额外奖金中的部分奖金，而且 ATP 将禁止其参加他上一年成绩最好的一项"1000 赛事"。这意味着大师系列赛拥有更多的网坛职业顶尖球员参赛。

2007 年 8 月 31 日，ATP 宣布自 2009 年起赛制将作出重大改变，大师系列赛将更名为千分大师赛（Masters 1000），每个夺冠的选手将可额外获得 1000 分的排名积分，是仅低于四大满贯赛事的网坛顶级赛事。此外汉堡大师赛被降级，蒙特卡洛大师赛虽获得保留，但未来 ATP 将不强制选手参赛。作为亚洲第一个 ATP1000 大师系列赛的举办城市，上海将永久拥有该赛事的举办权。

2009 年上海 ATP1000 大师赛于 10 月 11 日至 18 日在上海举办，它是仅次于四大满贯赛事的网球职业巡回赛，是全球八站中的一站，也是在亚洲唯一的一站，赛事总奖金 400 万美元。这一赛事将有超过 100 名球员来沪参赛，比赛要经过 8 天的正选赛和 2 天的预选赛，总共包括 55 场正选赛（单打）、21 场预选赛（单打）和 23 场双打赛事。比赛期间，将有 8 个球场投入使用，其中包括 1 个容纳 15000 人的主赛场，1 个容纳 5000 人的 2 号球场，1 个容纳 2000 人的 3 号球场以及多个容量在 200—300 人的小球场，每天最多能够接待 2.4 万名球迷。

2009 年上海 ATP1000 大师赛的承办单位——上海久事国际赛事管理有限公司是由巴士集团上海新新体育文化有限公司和上海国际赛车场经营有限公司整合形成，隶属于上海久事集团。经过多年的赛事运作积累，目前，上海久事国际赛事管理有限公司拥有资深的运作团队，多元化的国际背景，良好的沟通渠道和丰富的资源保障，其旗下拥有和经营的主要赛事有 F1 中国大奖赛、MotoGP 中国大奖赛和上海 ATP1000 大师赛等世界顶级赛事，这些赛事为提升上海城市知名度、打造国际大都市形象做出了积极贡献。

二　实证研究的数据建立与评价

（一）确定评估指标

为了能够较为全面、客观地反映 2009 年上海 ATP1000 大师赛对举办地上海的影响，笔者在第四章构建的体育赛事综合影响事前评估指标体系的基础上，由该赛事承办单位——上海久事国际赛事管理有限公司的有关人员，从举办该赛事的目的出发，针对每一个评估指标按照重要、较重要、一般、较不重要、不重要五个等级进行选择，笔者按照 5、4、3、2、1 分别赋值，并分别从经济影响、社会影响、环境影响三个方面对指标进行了选择，结果如表 6 - 1 所示。

表 6 - 1　2009 年上海 ATP1000 大师赛综合影响事前评估指标体系

	指标名称
经济影响	1.1 外来游客的消费额
	1.2 对 GDP 的贡献率
	1.3 新增就业岗位数
	1.4 参与报道的媒体数量
社会影响	2.1 居民自豪感的价值量
	2.2 居民获得休闲机会的概率
	2.3 居民增强体育健身意识的概率

续表

	指标名称
	3.1 对居民进行环保宣传的概率
环境影响	3.2 产生的垃圾量
	3.3 水资源消耗量

（二）单项指标数值的确定

确定单项指标的数值是体育赛事综合影响事前评估过程中一个非常重要的环节，但由于体育赛事综合影响所涉及的领域众多，对上述指标评估需要由一个多学科和专业的专家组成团队共同完成，且需要大量的资金和时间。考虑到在本书的实证部分，仅为了论证指标体系运用的可行性，故在此，所有单项指标的数值均采用模拟数字。

（三）确定综合评判的评价集

在本次评估中对 2009 年上海 ATP1000 大师赛综合影响事前评估的评价集设 5 个等级，即评价集 =（很好，较好，一般，较差，很差）。

（四）构造隶属矩阵

笔者选取了 5 位体育赛事领域的专家组成评判组，分别对 2009 年上海网球大师杯赛的经济影响、社会影响和环境影响进行评判，最终得到的评判矩阵如下。

$$R_1 = \begin{bmatrix} 0.6, 0.2, 0.2, 0, 0 \\ 0.2, 0.4, 0.4, 0, 0 \\ 0, 0.4, 0.4, 0.2, 0 \\ 0.8, 0.2, 0, 0, 0 \end{bmatrix}$$

$$R_2 = \begin{bmatrix} 0.6, 0.4, 0, 0, 0 \\ 0.4, 0.4, 0.2, 0, 0 \\ 0.8, 0, 0.2, 0, 0 \end{bmatrix}$$

$$R_3 = \begin{bmatrix} 0.4, 0.4, 0.2, 0, 0 \\ 0, 0, 0.4, 0.4, 0.2 \\ 0, 0, 0.2, 0.2, 0.6 \end{bmatrix}$$

表 6 - 2　2009 年上海 ATP1000 大师赛综合影响单项指标评估结果

指标名称	评估结果
经济影响	
1.1 外来游客的消费额	假设外来游客 1.5 万人，其中境外游客 0.5 万人，平均停留 6 天，每天消费 3000 元人民币；国内游客 1 万人，平均停留 3 天，每天消费 800 元。则外来游客的消费额 = 0.5 × 6 × 3000 + 1 × 3 × 800 = 11400 万元
1.2 对 GDP 的贡献率	赛事对 GDP 的拉动为 0.03%
1.3 新增就业岗位数	新增短期和长期的就业岗位数 300 余个
1.4 参与报道的媒体数量	共有来自世界各国的 150 余家媒体报道
社会影响	
2.1 居民自豪感的价值量	居民从赛事举办中获得的自豪感的价值量为 3000 万人民币
2.2 居民获得休闲机会的概率	有 2% 的居民认为赛事举办将使他们获得休闲的机会
2.3 居民增强体育健身意识的概率	有 3% 的居民认为赛事举办将增强他们体育健身的意识
环境影响	
3.1 对居民进行环保宣传的概率	从以往赛事组织者的经历可以预测，赛事组织者对环保工作的重视程度一般，在赛事筹备、赛事推广和赛事运作过程中对居民进行环保宣传工作的可能性不大
3.2 产生的垃圾量	假设赛事期间每人每天产生垃圾量为 1Kg，外来游客同上，则在上海产生的垃圾量 = 5000 × 6 × 1 + 10000 × 3 × 1 = 60 吨
3.3 水资源消耗量	假设赛事期间每人每天消耗水资源为 150 加仑，外来游客同上，则在上海消耗的水资源 = 5000 × 6 × 150 + 10000 × 3 × 150 = 9000000 加仑

（五）确定指标权重

在本次评估中，指标的权重分两个过程获取，首先是由专家对一级指标，即经济影响、社会影响和环境影响进行打分，最终确定三个一级指标的权重分别为 0.6、0.3、0.1；其次，利用模糊评判法获取的各个二级指标的 Y_i 的值，分别求的所有二级指标的权重，具体权重数值如表 6 - 3 所示。

表 6 - 3　2009 年上海 ATP1000 大师赛综合影响事前评估指标权重

指标名称	Y_i	P_i
1 经济影响		0.6
1.1 外来游客的消费额	7.2708	0.1526
1.2 对 GDP 的贡献率	6.4917	0.1363
1.3 新增就业岗位数	6.7708	0.1421
1.4 参与报道的媒体数量	8.0458	0.1689
2 社会影响		0.3
2.1 居民自豪感的价值量	6.5729	0.1107
2.2 居民获得休闲机会的概率	5.3750	0.0905
2.3 居民增强体育健身意识的概率	5.8667	0.0988
3 环境影响		0.1
3.1 对居民进行环保宣传的概率	6.1271	0.0330
3.2 产生的垃圾量	6.4875	0.0349
3.3 水资源消耗量	5.9563	0.0321

（六）建立评价模型

根据模糊综合评价的方法要求，2009 年上海 ATP1000 大师赛综合影响事前评估的评价模型为：

$$B = W * R = (w_1, w_2, \cdots, w_m) * \begin{bmatrix} r_{11}, r_{12}, \cdots r_{1n} \\ r_{12}, r_{22}, \cdots r_{2n} \\ \vdots \quad \vdots \quad \cdots \quad \vdots \\ r_{1m}, r_{2m}, \cdots r_{mn} \end{bmatrix} = (b_1, \quad b_2, \quad \cdots, \quad b_n)$$

（七）二级指标评价结果

在前面构造的三个隶属矩阵与各个指标权重结果的基础上，运用 MATLAB 软件计算，得出二级指标评价结果如下：

$$B_1 = (0.1526, 0.1363, 0.1421, 0.1689) * \begin{bmatrix} 0.6, 0.2, 0.2, 0, 0 \\ 0.2, 0.4, 0.4, 0, 0 \\ 0, 0.4, 0.4, 0.2, 0 \\ 0.8, 0.2, 0, 0, 0 \end{bmatrix}$$

$$= (0.2539, 0.1757, 0.1419, 0.0284, 0)$$

$$B_2 = (0.1107, 0.0905, 0.0988) * \begin{bmatrix} 0.6, 0.4, 0, 0, 0 \\ 0.4, 0.4, 0.2, 0, 0 \\ 0.8, 0, 0.2, 0, 0 \end{bmatrix}$$

$$= (0.1817, 0.0805, 0.0379, 0, 0)$$

$$B_3 = (0.0330, 0.0349, 0.0321) * \begin{bmatrix} 0.4, 0.4, 0.2, 0, 0 \\ 0, 0, 0.4, 0.4, 0.2 \\ 0, 0, 0.2, 0.2, 0.6 \end{bmatrix}$$

$$= (0.0132, 0.0132, 0.0270, 0.0204, 0.0262)$$

对上述结果进行归一化处理结果为:

(1) 经济影响

$B'_1 = (0.4232, 0.2929, 0.2365, 0.0474, 0)$,根据最大隶属度方法评判,可见"2009 年上海 ATP1000 大师赛经济影响"的结果隶属"很好"级评语,隶属度为 0.4232(见图 6 – 2)。

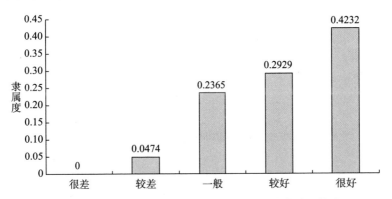

图 6 – 2 2009 年上海 ATP1000 大师赛经济影响事前评估结果

(2) 社会影响

$B'_2 = (0.6055, 0.2682, 0.1263, 0, 0)$

根据最大隶属度方法评判,可见"2009 年上海 ATP1000 大师赛社会影响"的结果隶属"很好"级评语,隶属度为 0.6055(见图 6 – 3)。

(3) 环境影响

$B'_3 = (0.132, 0.132, 0.27, 0.204, 0.262)$

根据最大隶属度方法评判,可见"2009 年上海 ATP1000 大师赛环境影响"的结果隶属"一般"级评语,隶属度为 0.27,而且结果为"很差"级评语的隶属度也达到了 0.262(见图 6 – 4)。

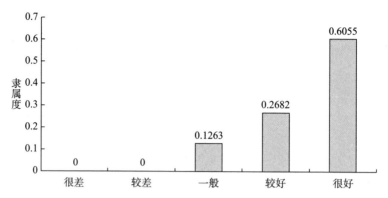

图 6 - 3　2009 年上海 ATP1000 大师赛社会影响事前评估结果

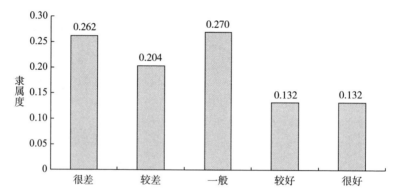

图 6 - 4　2009 年上海 ATP1000 大师赛环境影响事前评估结果

（八）最终评估结果

将二级评价结果作为一级评价矩阵的源数据，记为 R，结合一级指标权重进行计算，得最终评价结果 B，MATLAB 软件计算结果如下：

$$R = \begin{bmatrix} 0.4232, & 0.2929, & 0.2365, & 0.0474, & 0 \\ 0.6055, & 0.2682, & 0.1263, & 0, & 0 \\ 0.132, & 0.132, & 0.27, & 0.204, & 0.262 \end{bmatrix}$$

$$W = (0.6, 0.3, 01)$$

$$B = W * R = (0.4488, 0.2694, 0.2068, 0.0488, 0.0262)$$

根据最大隶属度方法评判，可见"2009 年上海 ATP1000 大师赛综合影响"的结果隶属"很好"级评语，隶属度为 0.4488（见图 6 - 5）。

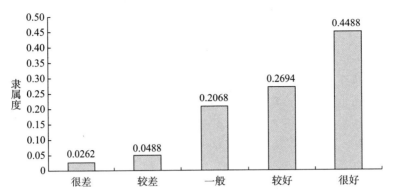

图 6 - 5　2009 年上海 ATP1000 大师赛综合影响事前评估结果

三　评估结果分析

（1）2009 年上海 ATP1000 大师赛对举办地的综合影响属于"很好"评判级，其隶属于"很好"的程度为 0.4488。说明 2009 年上海 ATP1000 大师赛的举办将对上海产生较为积极的影响。但另一方面，0.4488 这一数值还没超过 0.5，并不是一个非常理想的数值，说明对于举办地上海这样一个国际大都市来说，2009 年上海 ATP1000 大师赛带来的综合影响程度是较为有限的。

（2）2009 年上海 ATP1000 大师赛对举办地的经济影响属于"很好"评判级，其隶属于"很好"的程度为 0.4232。说明 2009 年上海 ATP1000 大师赛的举办对上海的经济产生较为积极的影响，这可能与 2009 年上海 ATP1000 大师赛的举办将会给上海带来大量新的消费流入和媒体关注有关；但另一方面，由于上海的经济总量很大，2009 年上海 ATP1000 大师赛所产生的经济影响在总经济中所占比例较低，因此，其敏感度不高。所以，人们对该赛事给举办地经济所带来的积极影响的预期也有限。

（3）2009 年上海 ATP1000 大师赛对举办地的社会影响属于"很好"评判级，其隶属于"很好"的程度为 0.6055，是所有 3 个二级指标中隶属值最高的一个。说明 2009 年上海 ATP1000 大师赛将会给举办地带来较大的社会影响，与经济影响比较，2009 年上海 ATP1000 大师赛的社会影响的效果要略好于其经济影响的效果。

（4）由 2009 年上海 ATP1000 大师赛环境影响的评估结果可以看出，

2009 年上海 ATP1000 大师赛属于"一般"评判级，其隶属于"一般"的程度为 0.27，当然，其隶属于"很差"的程度也达到了 0.262。这说明，2009 年上海 ATP1000 大师赛对上海的环境具有一定的负面影响。这可能是由于该赛事举办期间大量的外地观众涌入，消耗大量的水资源并产生了大量的生活垃圾，而且，赛事组织者对居民环保宣传的重视程度还不够。因此，在赛事举办期间，赛事组织者一定要充分意识到该赛事对上海环境方面所带来的负面影响，并采取有效措施积极应对。

参考文献

［1］阿尔诺·勃兰特等著，任树银等译．汉诺威世博会对区域经济的影响．上海：上海科学技术文献出版社，2003．

［2］卞显红．对2002年我国国际会展业经济影响的分析［J］．商业研究，2006（2）．

［3］卞显红．2008年北京奥运会旅游经济影响评价［J］．华东经济管理，2005（3）．

［4］蔡春光，陈功，乔晓春．条件价值评估方法应用于环境健康影响经济评估［J］．环境与健康杂志，2007（4）．

［5］陈锡尧．对当今国际性重大体育赛事的价值认识及其发展趋势的研究［J］．体育科研，2003（4）．

［6］陈琳，欧阳志云，王效科．条件价值评估法在非市场价值评估中的应用［J］．生态学报，2006（2）．

［7］陈松．体育赛事旅游研究［D］．华东师范大学，2006．

［8］陈云开．赛事经营管理概论［M］．上海：复旦大学出版社，2003．

［9］陈信康．世博会作为社会经济发展助推器的思考［J］．上海财经大学学报，2003（4）．

［10］陈浩，陆林．北京奥运会和上海世博会旅游业效应及对比分析［J］．经济地理，2003（6）．

［11］程绍同．运动赛会管理：理论与实务［M］．台北：扬智文化，2004．

［12］程乃胜．论类型学研究范式在法制现代化研究中的应用［J］．法学评论，2006（1）．

［13］程大兴．大型活动旅游效益最大化战略初探：2008北京奥运会旅游效益最大化战略浅析［J］．大华光旅游网，2003 - 04 - 24．

［14］戴光全等．节庆、节事及事件旅游：理论·案例·策划［M］．北京：

科学出版社，2005.

[15] 戴光全. 重大事件对城市发展及城市旅游的影响研究［M］. 北京：中国旅游出版社，2005.

[16] 戴光全，保继刚. 西方事件及事件旅游研究的概念、内容、方法与启发（上）［J］. 旅游学刊，2003（5）.

[17] 戴光全，保继刚. 西方事件及事件旅游研究的概念、内容、方法与启发（下）［J］. 旅游学刊，2003（6）.

[18] 戴光全. 重大事件对城市发展及城市旅游的影响研究：以99昆明世界园艺博览会为例［M］. 北京：中国旅游出版社，2005.

[19] 董杰. 奥运会对北京可持续发展的影响［J］. 体育与科学，2001（5）.

[20] 杜栋，庞庆华，吴炎. 现代综合评价方法与案例精选（第二版）［M］. 北京：清华大学出版社，2008.

[21] 杜江. 奥运与旅游的互动与共赢关系［J］. 旅游科学，2007（3）.

[22] 达文波特，贝克. 注意力经济（第二版）［M］. 北京：中信出版社，2004.

[23] E. 迪尔凯姆著，胡伟译. 社会学方法的规则（第2版）［M］. 上海：华夏出版社，1998.

[24] 菲利普·科特勒，凯文·莱恩·凯勒. 营销管理（第12版）［M］. 上海：上海人民出版社，2006.

[25] 樊震. 点燃奥运产业［OB/EL］. http://business. sohu. com/20080727/n258401531. shtml. 2008 - 07 - 27.

[26] 付磊. 奥运会影响研究：经济和旅游［D］. 北京：中国社会科学院研究生院，2002.

[27] 傅鸿鹏，刘民，梁万年等. 2008年奥运会对主办城市健康环境影响评估指标体系［J］. 首都公共卫生，2007（4）.

[28] F1效应：拉动城市经济，带动相关产业，突破品牌传播，市场观察，2006（6）.

[29] 方福前. 论研究奥运经济影响的思路与方法［J］. 北京社会科学，2004（2）.

[30] 国家体委训练竞赛综合司. 运动竞赛学［M］. 北京：北京体育大学，1994.

[31] 古志超 . 德尔菲法的特点及应用 [J]. 中外企业文化,2005(8).

[32] 高光贵 . 多指标综合评价中指标权重确定及分值转换方法研究 [J]. 经济师,2003(3).

[33] 郭英之,姜静娴,李雷 . 旅游发展对中国旅游成熟目的地居民生活质量影响的感知研究 [J]. 旅游科学,2007(2).

[34] 顾颖 . 节庆与城市 [J]. 城市问题,2004(3).

[35] 何振梁 . 北京奥运会对我国发展的影响 [J]. 体育文化导刊,2004(3).

[36] 何雪勤 . 形式逻辑学 [M]. 沈阳:辽宁人民出版社,1985.

[37] 何建民 . 奥运与旅游相互促进的功能及方式:基于常规旅游价值链与全面营销导向的研究 [J]. 旅游科学,2007(3).

[38] 黄恒学 . 公共经济学 [M]. 北京:北京大学出版社,2002.

[38] 黄海燕,张林 . 大型体育赛事的正外部性及其内在化途径 [J]. 上海体育学院学报,2007(1).

[40] 黄海燕,张林,李南筑 . 上海大型单项体育赛事运营中政府作用之研究 [J]. 体育科学,2007(2).

[41] 黄海燕,陆前安,方春妮等 . 体育赛事的价值评估研究 [J]. 上海体育学院学报,2008(1).

[42] 金星政,罗乐宣 . 软科学研究方法 [M]. 武汉:湖北科学技术出版社,2002.

[43] 金辉 . 会展概论 [M]. 上海:上海人民出版社,2006.

[44] 纪宁,巫宁 . 体育赛事的经营与管理 [M]. 北京:电子工业出版社,2004.

[45] 兰岚 . 旅游经济影响评估体系研究 [D]. 吉林大学,2007(4).

[46] 刘淇 . 北京奥运经济研究 [M]. 北京:北京出版社,2003.

[47] 刘建和 . 运动竞赛学 [M]. 成都:四川教育出版社,1990.

[48] 刘延年 . 关于生活质量评价的若干问题 [J]. 统计与信息论坛,2008(1).

[49] 刘亚禄,石玉凤 . 地方经济文化节庆活动综合价值评价模型 [J]. 技术经济,2004(7).

[50] 刘亚禄,徐铁夫 . 节庆活动的综合评价 [J]. 中国统计,2004(8).

[51] 刘民,梁万年,傅鸿鹏等 .2008 年奥运会对北京城市健康环境影响

评估指标体系的建立 [J]. 首都公共卫生，2007 (4).

[52] 刘佳燕. 社会影响评价在我国的发展现状及展望 [J]. 国外城市规划，2006 (4).

[53] 刘盎，贾书峰. 单项体育赛事对城市旅游的影响分析 [J]. 科技信息，2007 (26).

[54] 刘江南，方达儿，黄德敏. 政府选择国际大型体育赛事的制约因素及对策研究：以广州市为例 [J]. 广州体育学院学报，2006 (3).

[55] 李南筑，袁刚. 体育赛事经济学 [M]. 上海：复旦大学出版社，2006.

[56] 李南筑，黄海燕，曲怡等. 论体育赛事的公共产品性质 [J]. 上海体育学院学报，2006 (4).

[57] 李建设，童莹娟. 体育产业的关联效应与产业特性研究 [J]. 天津体育学院学报，2006 (5).

[58] 李莉. 旅游目的地经济影响评价体系的构建和实证研究 [D]. 浙江工商大学，2006 (1).

[59] 李益群，丁玲娣，詹建国，张忠秋. 成功申办与举办第 29 届奥运会对中国社会环境的影响 [J]. 中国体育科技，2001 (7).

[60] 李本乾. 描述传播内容特征 检验传播研究假设：内容分析法简介（下）[J]. 当代传播，2000 (1).

[61] 李宝仁. 经济预测：理论、方法及应用 [M]. 北京：经济管理出版社，2005.

[62] 李开孟，张小利. 投资项目环境影响经济分析 [M]. 北京：机械工业出版社，2008.

[63] 李红艳. 标志性事件对城市旅游的影响研究 [D]. 东北财经大学，2005.

[64] 李正欢，郑向敏. 国外旅游研究领域利益相关者的研究综述 [J]. 旅游学刊，2006 (10).

[65] 李玉新. 节庆旅游对目的地经济影响的测算与管理 [J]. 桂林旅游高等专科学校学报，2003 (1).

[66] 李因果，李新春. 综合评价模型权重确定方法研究 [J]. 辽东学院学报（社会科学版），2007 (4).

［67］李金平，王志石. 澳门噪音污染损害价值的条件估值研究［J］. 地球科学进展，2006（6）.

［68］李银兰. 关于旅游产出乘数效应测算方法的探讨［J］. 统计与决策，2004（3）.

［69］罗秋菊. 世界大型事件活动对旅游业的影响及对中国的启示：以历届奥运会和韩国世界杯为例［J］. 商业研究，2003（11）.

［70］罗秋菊，陶伟. 会展与城市经济社会发展关系研究：以中国出口商品交易会（广交会）为例［J］. 北京第二外国语学院学报，2004（3）.

［71］罗秋菊. 事件旅游研究初探［J］. 江西社会科学，2002（9）.

［72］廖明球等. 中国北京奥运经济投入产出与计量模型研究［M］. 北京：首都经济贸易大学出版社，2007.

［73］马斯特曼·G著，张小柯，吴立新，金鑫译. 体育赛事的组织管理与营销［M］. 沈阳：辽宁科学技术出版社，2006.

［74］马立平等. 新编实用统计方法［M］. 北京：北京经济学院出版社，1996.

［75］马志忠，杨凤林. 中国北京举办奥运会的经济效应［J］. 云南师范大学学报，2003（2）.

［76］迈克尔·利兹，彼得·冯·阿尔门著，杨玉明，蒋建平，王琳予译. 体育经济学［M］. 北京：清华大学出版社，2003.

［77］庞军. 奥运投资对北京市的环境与经济影响：基于动态区域CGE模型的模拟分析［D］，中国人民大学，2005.

［78］戚拥军，张兆国. 体育项目补贴国际经验借鉴与启示［J］. 地方财政研究，2006（7）.

［79］戚永翎. 北京奥运会经济遗产及后奥运经济策略研究［M］. 北京：对外经济贸易大学出版社，2007.

［80］乔·戈德布拉特著，陈加丰，王新译. 国际性大型活动管理［M］. 北京：机械工业出版社，2003.

［81］邱小慧，骆玉峰. 主办奥运会对旅游的影响分析［J］. 体育文化导刊，2003（7）.

［82］任海. 论奥运会对举办城市和国家的影响［J］，体育与科学，2006（1）.

［83］任海. 论2008年奥运会对中国政治的影响［J］. 体育与科学，2005（3）.

［84］任海. 中国古代体育. 北京：商务出版社，1996.

［85］芮明杰. 产业经济学 ［M］. 上海：上海财经大学出版社，2005.

［86］孙明贵. 会展经济学 ［M］. 北京：机械工业出版社，2006.

［87］孙允午. 统计学：数据的搜集、整理和分析 ［M］. 上海：上海财经大学出版社，2006.

［88］孙振球，徐勇勇. 医学统计学 ［M］. 北京：人民卫生出版社，2002.

［89］孙靖帮. 基于经济全球化下的城市营销理论与战略模式研究 ［D］. 新疆大学：2007.

［90］世界环境与发展委员会. 我们共同的未来 ［M］，北京：世界知识出版社，1989.

［91］宋荆，顾平等. 企业可持续发展"三重盈余"绩效评价研究 ［J］. 华东经济管理，2006（9）.

［92］宋增文. 基于投入产出模型的中国旅游业产业关联度研究 ［J］. 旅游科学，2007（2）.

［93］申丽萍，王跃. 大型体育赛事经济效益评估体系的构建 ［J］. 企业经济，2007（3）.

［94］苏燕. 可持续发展背景下旅游对旅游目的地环境影响评价研究 ［D］. 湖南大学，2006.

［95］陶理. "头脑风暴法"在决策中的应用 ［J］. 中国出版，1985（5）.

［96］《投资项目可行性研究指南》编写组. 投资项目可行性研究指南（试用版）［M］. 北京：中国电力出版社，2002.

［97］田麦久. 运动训练学词解 ［M］. 北京体育大学运动训练学教研室，1999.

［98］唐晓彤，丛湖平. 大型体育赛事的产业关联和波及效应的理论研究 ［J］. 成都体育学院学报，2006（4）.

［99］唐勇，徐玉红. 国外社会影响评价研究综述 ［J］. 城市规划学刊，2007（5）.

［100］王志宇，王富德. F1赛事对上海区域旅游经济的影响浅析 ［J］. 北京第二外国语学院学报，2005（1）.

［101］王春雷. 国外重大事件影响研究述评 ［J］. 旅游科学，2007（4）.

［102］王嵘海，刘爱华. 球类竞赛理论与方法 ［M］. 北京：中国农业科学

技术出版社，2005．

［103］王守恒，叶庆晖．体育赛事管理［M］．北京：高等教育出版社，
2007．

［104］王守恒，叶庆晖．体育赛事的界定及分类［J］．首都体育学院学报，
2005（2）．

［105］王瑞娜，唐德善．黑河治水项目社会影响的多层次模糊综合评价
［J］．人民长江，2006（7）．

［106］王永嘉．事件管理［M］．北京：清华大学出版社，2005．

［107］温素彬．基于可持续发展的企业绩效评价理论与方法研究［D］．南
京理工大学，2005（10）．

［108］吴章文，刘民坤．旅游活动的社会影响［J］．中南林学院学报，
2004（3）．

［109］吴华清．基于DEA的奥运会相关效率评价研究［D］．中国科学技术
大学，2007（4）．

［110］魏玖长，赵定涛．危机事件社会影响的评估与分析［J］．中国软科
学，2006（6）．

［111］许树渊．运动赛会管理［M］．台北：师大书苑有限公司，2003．

［112］熊元斌，龚箭．旅游产业利益相关者分析［J］．中南财经政法大学
学报，2007（1）．

［113］肖林鹏，叶庆辉．体育赛事项目管理［M］．北京：北京体育大学出
版社，2005（9）．

［114］肖锋，姚颂平，沈建华．举办国际大赛对大城市的经济、文化综合
效应之研究［J］．上海体育学院学报，2004（5）．

［115］姚颂平等．国际体育大赛与大城市发展的关系之研究［C］．国家社
科基金项目．2003．

［116］姚颂平，吴贻刚，沈佳．欧洲发达城市举办国际体育赛事的实践对
上海的启示［J］．上海体育学院学报，2007（6）．

［117］姚颂平．关于上海举办国际体育大赛的战略研究［J］．上海体育学
院学报，2004（5）．

［118］姚颂平，谢晨，沈建华．上海举办国际体育大赛的外部及内部因素
分析［J］．上海体育学院学报，2004（5）．

[119] 亚运会与广东体育产业发展研讨会论文集 [D]. 广东省体育局, 2005 (12).

[120] 杨桦等. 2008 年奥运会提升中国国际地位和声望的研究 [M]. 北京: 中国法制出版社, 2007.

[121] 杨越, 邓汉. 2008 年奥运会的税收经济影响分析 [J]. 体育科学, 2007 (1).

[122] 杨越. 2008 年奥运会对北京经济的影响——基于投入产出的分析 [J]. 体育科学, 2005 (8).

[123] 杨铁黎. 关于开发我国职业篮球市场的研究 [D]. 北京体育大学, 2001.

[124] 杨军. 北京奥运会对中国经济发展的影响 [J]. 经济界, 2002 (1).

[125] 易剑东. 大型赛事对中国经济和社会发展的影响论纲 [J], 山东体育学院学报, 2005 (12).

[126] 叶庆晖. 体育赛事运作研究 [D]. 北京体育大学, 2003.

[127] 俞坚. 2008 年北京奥运会对当代中国政治、经济、文化的综合效应 [J]. 山东体育学院学报, 2002 (3).

[128] 余守文. 体育赛事产业与城市竞争力: 产业关联·影响机制·实证模型 [M], 上海: 复旦大学出版社, 2008.

[129] 约瑟夫·派恩, 詹姆斯·吉尔摩. 体验经济 [M]. 北京: 机械工业出版社, 2002.

[130] 约翰·艾伦等著, 王增东, 杨磊译. 大型活动项目管理 [M]. 北京: 机械工业出版社, 2002.

[131] 余道明. 体育现代化理论及其指标体系研究——以首都体育现代化研究为例 [D]. 福建师范大学, 2002.

[132] 游松辉, 孔庆涛. 从悉尼奥运会看奥运会对举办城市的影响 [J]. 上海体育学院学报, 2003 (11).

[133] 周学云, 陈林祥. 我国综合性体育赛事资源开发 [M]. 北京: 人民体育出版社, 2008.

[134] 周进强, 吴寿章. 中国体育赛事活动市场化发展道路的回顾与展望 [J]. 改革与发展论坛, 2000.

[135] 周长城. 社会发展与生活质量 [M]. 北京: 社会科学文献出版社,

2001.

[136] 周建林. 球类运动体育教程 [M]. 南京：南京师范大学出版社，
2005.

[137] 曾光. 现代流行病学方法与应用 [M]. 北京：北京医科大学中国协
和医科大学联合出版社，1994.

[138] 张江南，唐宏贵. 对我国未来竞技体育管理体制与赛制的研究 [J].
武汉体育学院学报，1999（2）.

[139] 赵炬民. 竞技体育社会评价理论研究初探 [D]. 北京体育大学，
2007.

[140] 张丽. 高速公路经济网社会影响评价研究 [D]，中北大学，2007.

[141] 张国庆. 赛场上的经济阳光 [J]，经济导报，2002 - 12 - 02.

[142] 张保华. 现代体育经济学 [M]. 广州：中山大学出版社，2004.

[143] 张保华. 2010 年亚运会对广州经济的影响 [J]. 中山大学学报论丛，
2005（2）.

[144] 张赛飞. 2010 年亚运会对广州经济影响的定量分析 [J]. 集团经济
研究，2007（8）.

[145] 张春萍. 中国都市体育竞争力研究 [D]. 北京体育大学，2006.

[146] 张艳. 2008 年北京奥运会与我国非主办城市的互动和影响——以上
海、秦皇岛、大连、青岛、桂林为例 [D]. 广西师范大学，2007.

[147] 张滢. 旅游经济效应的理论与实证研究：以乌鲁木齐市为例 [D].
新疆大学，2006.

[148] 张文建，阚延磊. 上海市旅游产业关联和产业波及分析 [J]. 社会
科学，2003（8）.

[149] 张鹏，孟凡强. 国际大型体育赛事的时代特征论析 [J]. 西安体育
学院，2007（5）.

[150] 赵泽群. 论举办大型体育赛事对城市现代化的作用 [J]. 西南师范
大学学报（自然科学版），2007（4）.

[151] 赵均，王朝军. 体育赛事运营与经济效益评价探究 [J]. 山东体育
科技，2007（3）.

[152] 赵国杰. 投资项目可行性研究（第 2 版）[M]. 天津：天津大学出
版社，2005.

[153] 邹统钎. 奥运旅游效应: 2008 年北京奥运会对中国旅游业的拉动 [M]. 北京: 社会科学文献出版社, 2007.

[154] 朱启贵. 可持续发展评估 [M]. 上海: 上海财经大学出版社, 1999.

[155] 郑杭生. 社会学概论新修 (第三版) [M]. 北京: 中国人民大学出版社, 2004.

[156] ADAM B. The Economic Impact of the London 2012 Olympics. Christel DeHaan Tourism and Travel Research Institute, Nottingham University Business School. 2005.

[157] ANDREA C, ANDREW F, MAX M & ANNETTE R. Assessing the Environmental Consequences of Major Sporting Events: The 2003/04 FA Cup Final, Urban Studies, 2007 (3).

[158] An Evaluation of The Economic Impact, Place Marketing Effects and Peoples. Perceptions of Bristol [EB/OB]. www. uksport. gov. uk/assets/ File/Generic_ Template_ Documents/Events_ Funding/Research/World_ Half_ Marathon_ Ec_ Imp_ Study_ Nov2002. pdf. 2005 – 6 – 14.

[159] ANDREWS O. Getting started on sustainability reporting, Environmental Quality Management, 2002 (1).

[160] ALAN C. Evaluating Mega-events: A Critical Review. The 3rd DeHaan Tourism Management Conference, 2005 (4).

[161] ARTHUR D & ANDREW J. Incorporating community involvement in the management of sporting mega-events: an Australian Case study, Festival Management and Event Tourism. 1996 (4).

[162] ARCHER B. H. Economic impact: Misleading multiplier. Annals of Tourism Research, 1984 (11).

[163] ATKINSON G. Measuring corporate sustainability, Journal of Environmental Planning and Management, 2000 (43).

[164] BERNTHAL & REGAN. The Economic Impact of a NASCAR Racetrack on a Rural Community and Region, Sport Marketing Quarterly, 2004 (1).

[165] BRYSON J. M. & CROSBY B. C. Leadership for the Common Good: Tackling Public Problems in a shared—power World [M]. San Francis-

co: Jossey-Bass, 1992.

[166] BURGAN B. & MULES T. Event analysis: Understanding the divide between cost benefit and economic impact assessment, J. Allen, R. Harris, L. Jago & A. Veal (eds), paper presented to Events beyond 2000: Setting the agenda, Sydney, 2000.

[167] BURBANK M., ANDRANOVICH G. & HEYING C. Mega-events, urban development and public policy, The Review of Policy Research. 2002 (19).

[168] BAIM D. V. Westport, The Sports Stadium as a Municipal Investment [M], CT: Greenwood Press, 1994.

[169] BROWN B. Dephi Process: A Methodology used for the elicitation of opinions of experts. The Rand Corporation, 1969.

[170] BRAMWELL B. A sport mega-event as a sustainable tourism development strategy. Tourism Recreation Research, 1997 (22).

[171] CARLESN J, GETZ D & SOUTAR G. Event Evaluation Research. Event Management: An International Journal, 2000 (3).

[172] CROSSMAN, HYSLOP & GUTHRIE. A content analysis of the sports section of Canada's national newspaper with respect to gender and professional/amateur status. International Review for the Sociloogy of Sport, 1994 (2).

[173] CHTISTIANSEN I. Strategic Approaches for Evaluation in Agricultural and Natural Resource Management Research Programs: A Literature Review, Australian Cotton Cooperative Research Centre, Narrabri. 2004.

[174] CHRISTOPHER, PETER, MACPHERSON. Measuring The Economic Impact of Participants Involved in Community Sporting Events [D], The University of New Brunswick, 1997 (3).

[175] CHRIS, GRATTON, IAN & HENRY. Sport in the city: The role of sport in economic and social regeneration. London and New York, 2001.

[176] DAVIDSON EJ. Evaluation methodology basics: the nuts and bolts of sound evaluation, Sage Publications, Thousand Oaks, Calif. 2005.

[177] DENNIS R., HOWARD, JOHN L., CROMPTON 著. 张兆国, 戚拥军,

谈多娇等译. 体育财务（第二版）. 北京：清华大学出版社. 2007.

[178] DAMD C., WATT. Event Management ln Leisure and Tourism, Addison Wesley Longman Limited, 1998.

[179] DONALD G. Event Management & Event Tourism [M], Cognizant Communication Corporation, 1997.

[180] DWYER L., FORSYTH P. & SPURR R. Economic Impacts and Benefits of Sport Events: A CGE perspective, J Allen (ed.), paper presented to Third International Event Management Research Conference, Sydney. 2005.

[181] DWYER L, FORSYTH P & SPURR R. Assessing the Economic Impacts of Events: A Computable General Equilibrium Approach [J], Journal of Travel Research, 2006 (1).

[182] ELKINGTON J. Partner ships from cannibals with forks: The Triple Bottom Line of 21st2century business. Environmental Quality Management, 1998 (1).

[183] ESSEX & CHALKLEY. Urban Development Through Hosting International Events: A History of The Olympic Games [J]. Planning Perspectives, 1999 (14).

[184] Economics Research Group Greater Cincinnati Center for Economic Education. The Economic and Fiscal Impacts of the 2012 Olympic Games in Ohio and Kentucky. 2000.

[185] ERIC B & JEAN-JACQUES G. The Total Economic Value of Sporting Events Theory and Practice, Journal of Sports Economics, 2007 (8).

[186] EVANGELIA K. Economic Aspects and the Summer Olympics: a Review of Related Research, International Journal of Tourism Research, 2003 (5).

[187] FERENCE W & COMPANY. Assessing the Economic Impact of the 2012 Olympic Games on the Economy of New York City and the Metropolitan Area: Preliminary Report, 2001.

[188] FREDLINE E. & FAULKNER B. Residents' Reactions to the Staging of Major Motorsport Events Within Their Communities: A Cluster Analy-

sis. Event Management, 2002 (2).

[189] GETZ D. Event Management and Event Tourism. Cognizant Commnunication Corporation, Newyork. 1997.

[190] GETZ D. Special Events: Defining the Product, Tourism Management, 1989 (2).

[191] GETZ D. Assessing the Economic Impacts of Festivals and Events: Research Issues, Journal of Applied Recreation Research, 1991 (1).

[192] GETZ D. Festivals, Special Events, and Tourism, Van Nostrand Reinhold, New York, 1991.

[193] GETZ D. Event Management & Event Tourism [M]. Cognizant Communication Corporation, New York. 1997.

[194] GURSOY D & KENDALL KW. Hosting mega events: Modeling Locals Support, Annals of Tourism Research, 2006 (33).

[195] GRAFE-BUCKRNS A & BELOE S. Auditing and communicating business sustainability, Eco-Management and Auditing, 1998 (5).

[196] GOU S. F. Value analysis for communication contents: A case study for Readers' Digest in Chinese edition. Unpublished master thesis of National Zheng Zhi University. Taipei, Taiwan: National Zheng Zhi University.

[197] GREELEY C. The Assessment of Economic Impact Studies on Sport-related Events in North America: A Content Analysis [D]. University of Northern Colorado. 1997.

[198] GRATTON C. & TAYLOR P. Economics of Sport and Recreation. London, Spon Press, 2000.

[199] GARY A. & HANS H. "We're Not From Norway": Football and Civic Pride in Bergen, Norway. Global Studies in Culture and Power, 2003 (10).

[200] HALL C. Hallmark Tourist Events: Analysis, Definition, Methodology and Review, In Syme, G. , B. Shaw, D. Fenton, and W. Mueller (eds) The Planning and Evaluation of Hallmark Events, Gower Publishing Company, London, 1991.

[201] HOME J. The Global Game of Football: the 2002 World Cup and Region-

al Development in Japan [J]. Third World Quarterly, 2004 (7).

[202] HALL C. Hallmark Tourist Events—Impacts Management and Planning, Belhaven Press, London, 1992.

[203] HALL C. The Effects of Hallmark Events on Cities, Journal of Travel Research, 1987 (2).

[204] HALL C. Hallmark Tourist Events: Analysis, Definition, Methodology and Review, In Syme, G. , B. Shaw, D. Fenton, & W. Mueller . The Planning and Evaluation of Hallmark Events, Gower Publishing Company, London, 1991.

[205] HOTCHKISS J. L. , MOORE R. E. and ZOBAY S. M. "Impact of the 1996 Summer Olympic Games on Employment and Wages in Georgia. " Southern Economic Journal, 2003 (3).

[206] HUMPHREYS J. M. and PLUMMER M. K. The Economic Impact on the State of Georgia of Hosting the 1996 Olympic Games: 1995 Update. Published by the Atlanta Committee for the Olympic Games, Inc, 1995.

[207] HEDE A-M, JAGO L & DEERY M. 'Special events research during 1990 – 2001: key trends and issues', L. Jago, M. Deery, R. Harris, A-M. Hede & J. Allen (eds), paper presented to Events and Placemaking Conference. Event Research Conference, Sydney. 2002.

[208] Inter VISTAS Consulting Inc. The Economic Impact of the 2010 Winter Olympic and Paralympic Games: An update. 2002.

[209] IOCC. Recommendations Made by the Impact of the Olympics on Community Coalition to the Vancouver 2010 Bid Corporation and its Member Partners. August 2002, http://www. olympicsforall. ca/download.

[210] Inter VISTAS Consulting Inc. The Economic Impact of the 2010 Winter Olympic and Paralympie Games: An update [R]. 2002.

[211] JORDAN R. & CHAAD W. What Are the Benefits of Hosting a Major League Sports Franchise? . Federal Reserve Bank of Kansas City-Economic Review. 2001 (1).

[212] JOHN D. H. & WOLFRAM M. Forecast and Actual Impacts of the 2002

Football World Cup Finals on the Host Countries Japan/Korea. International Review for the Sociology of Sport, 2004 (2).

[213] JACK C. , DONALD G. & GEOFF S. Event Evaluation Research. Event Management, 2001 (6).

[214] JAGO L. & SHAW R. Categorisation of Special Events: A Market Perspective, Tourism Down Under: Perceptions, Problems and Proposals, Conference Proceedings, Massey University, Palmerston North, 1994.

[215] JAGO L. & SHAW R. Special Event Calendars: Conceptual and Research Issues, Proceedings of the National Tourism and Hospitality Conference, CAUTHE, Melbourne, 1995.

[216] JACK C. , DONALD G. & GEOFF S. Event Evaluation Research. Event Management, 2001 (6).

[217] JUNEYONG P. Factors Contributing To Mega-event City Selection [D]. University of Illinois, 2003.

[218] JOHNNY A. 等著, 王增东, 杨磊译. 大型活动项目管理 [M]. 北京: 机械工业出版社, 2002.

[219] JAMES H. Commentary — Sport as an Avenue of Tourism Development: An Analysis of the Positive and Negative Impacts of Sport Tourism. Current Issues in Tourism, Vol. 2, No. 1.

[220] JOHN L. , CROMPTON & SEOKHO L. The Economic Impact of 30 Sports Tournaments, Festivals and Spectator Events in Seven U. S. Cities, Journal of Park and Recreation Administration, 2000 (2).

[221] JOHN L. , CROMPTON. Economic impact analysis of sports facilities and events: Eleven sources of misapplication, Journal of Sport Management, 1995 (9).

[222] JEFFREY G. O. Why Cities Subsidize Sports: The Value of Teams. Stadiums and Events [C]. The University of Iowa, 2000 (6).

[223] KIM H. J. , GURSORY D. & LEE S. The Impact of the 2002 world Cup on South Korea: Comparisons of Pre and Post—games. Journal of Tourism Management, 2006 (27).

[224] KRIPPENDORFF K. Content analysis. 2nd ed. Newbury Park, CA:

SAGE Publications, Inc. 1980.

[225] KANG Y. and PERDUE R. Long-term Impact of a Mega-Event on International Tourism to the Host Country: A Conceptual Model and the Case of the 1988 Seoul Olympics, In Uysal, M. (ed), Global Tourist Behaviour, International Business Press, New York, 1994.

[226] KONG-TING Y. The Assessment of Economic Impact Studies on Sport-related Events in North America: A Content Analysis [D]. University of Northern Colorado, 1997 (3).

[227] LARRY D. & PETER F. Economic Evaluation of Special Events: A Reassessment [J]. Centre for Tourism Policy Studies Univemity NSW, 2004, www. business. vu. edu. att/ICTE.

[228] LARRY D., PETER F. & RAY S. Estimating the Impacts of Special Events on an Economy [J]. Journal of Travel Research, 2005 (43).

[229] LARRY D., ROBERT M., NINA M. & TEEVOR M. Forecasting the Economic Impacts of Events and Conventions. Event Management, 2001 (6).

[230] LARRY D., ROBERT M., NINA M. & TEEVOR M. Forecasting the economic impacts of events and conventions. Event Management: An International Journal, 2000 (6).

[231] LAURENCE C & CHRISTINE GREEN B. 'Effects of Sport Event Media on Destination Image and Intention to Visit', Journal of Sport Management, 2003 (3).

[232] LEO V, DEN B & ERIK B. Sports and City Marketing in European Cities [M]. MPG Books Ltd, Bodlin, Comwall. 2002.

[233] MOUNT J & LEROUX C. Assessing the Effects of a Mega-event: A Retrospective Study of the Impact of the Olympic Games on the Calgary Business Sector, Festival Management & Event Tourism, 1994 (1).

[234] Major Events Hosting/Support Policy [EB/OB]. www. gov. ns. ca/tpb/manuals/PDF/300/30705 – 02. pdf.

[235] MATHESON, VICTOR A., BADE & ROBERT A. Mega-Sporting Events in Developing Nations: Playing the Way to Prosperity?. SouthAfrican

Journal of Economics, 2004 (5).

[236] MARKUS K. The World Cup. The Copenhagen Conference on the Economic and Social Impact of Hosting Mega Sparks Events [N]. 2006, www. cbs. dk/megaspartsevent.

[237] MADDEN J., CROWE M. The Economic Impact of the Sydney Olympic Games. NSW Treasury and The Centre for Regional Economic Analysis University of Tasmania, 1997.

[238] MAY, V. Environmental implications of the 1992 Winter Olympic Games, Tourism Management, 1995 (4).

[239] MULES T. & Faulkner B. An Economic Perspective on Special Events. Tourism Economics, 1996 (2).

[240] MARRIS T. The Role and Impact of Mega-events and Attractions on Regional and National Tourism Development, Resolutions of the 37th Congress of the AIEST, Calgary, 1987.

[241] MOLLOY J. Regional festivals: a look at community support, the isolation factor and funding sources. Journal of Tourism Studies. 2002 (13).

[242] MICHAEL S. Comentary on' Urban Mega-Events, Evictions and Housing Rights: The Canadian Case' by Kris Olds [J]. Source: http://divcom. otago. ae. nz: 800/tourism/current—issues/.

[243] MLINE J., BALL A. & GRAY R. 2005, From soothing palliatives and towards ecological literacy: A critique of the Triple Bottom Line, viewed 8. 8. 2004 ⟨http://www. business. otago. ac. nz/acty/research/pdf/Milne % 20et% 20al% 20-palliatives% 20paper. pdf⟩.

[244] MIKE R. Issues in Evaluation: EventsCorp's Perspective. Events Beyond 2000: Setting The Agenda, 2000.

[245] New South Wales Treasury. The Economic Impact of the Sydney Olympic Games. 1997 (11).

[246] NEWMAN P. W. G (1989). The impact of the America's Cup on Freemantle-an insider's view. In G. S. Syme, B. J. Shaw, D. M. Fenton, & W. S. Mueller (Eds.), The planning and evaluation of hallmark events (pp. 46 – 58). Aldershot, England: Avebury.

[247] PEDRO M. Hosting Mega Sports Events: A Brief Assessment of Their Multidimensional Impacts. Paper presented at "The Copenhagen Conference on the Economic and Social Impacts of Hosting Mega Sport Events", 2006 (9).

[248] PATRICK R. An Economic Impact and Market Research Analysis of the 2005 Men's Final Four upon the St. Louis MSA. 2006.

[249] RITCHIE J. R. & LYONS M. Olympulse: A post-Event Assessment of Resident Reaction to the Olympic Winter Games [J]. Journal of Travel Research, 1990.

[250] RITEHIE J. & RAND S. B. H. The Impact of a Mega-Event on Host Region Awareness: Alongitudinal Study. Journal of Travel Research, 1991 (1).

[251] ROONEY J. Mega-sports Events as Tourist Attractions: A Geographical Analysis, In Tourism Research: Expanding Boundaries, The Travel and Tourism Research Association Nineteenth Annual Conference, Montreal, 1988.

[252] RITHIE B. How Special are Special Events? An Impact Study of the NationalMutual New Zealand Masters Games on Dunedin's Economy, in Kearsley, G. (ed) Tourism Down Under II; Towards a More Sustainable Tourism, Centre for Tourism, University of Otago, Dunedin, 1996.

[253] RITCHIE B. J. R. Mega sporting events and their role in the development and promotion of international tourism destinations. Keynote address to the 4th annual conference of the North American Society of Sports Management, 1989 (3).

[254] RICKARD A. Furthering the application of the ecological footprint: assessing the environmental flows of professional events, 2004, University of Melbourne, Melbourne.

[255] RITCHIE J. & SMITH B. The Impact of a Mega-Event on Host Region Awareness: A Longitudinal Study, Journal of Travel Research, 1991 (1).

[256] RITCHIE J. & YANGZHOU J. The Role and Impact of Mega-Events and

Attractions on National and Regional Tourism: A Conceptual and Methodological Overview, Proceedings of the 37th Congress of AIEST, Calgary, 28, 1987.

[257] RITCHIE J. Promoting Calgary Through the Olympics; The Mega-Event as a Strategy for Community Development, In Fine, S. (ed), Social Marketing, Allyn & Bacon, Boston, 1990.

[258] RITCHIE J. R. & LYONS M. Olympulse VI: A Post-Event Assessment of Resident Reaction to the XV Olympic Winter Games [J]. Journal of Travel Research, 1990 (3).

[259] ROLAND S. & SIMONE S. How to measure the economic impacts of mega-events [EB/OB]. www. ideas. repec. org/p/wiw/wiwrsa/ersa03p154. html. 2006 – 7 – 8.

[260] ROBSON C. Small-scale evaluation: principles and practice, Sage, London. 2000.

[261] RUNYAN D. & WU C-T. Assessing tourism's more complex consequences, Annals of Tourism Research, 1979 (6).

[262] STEPHEN E. & BRIAN C. Olympic Games: catalyst of urban change, Leisure Studies, 1998 (17).

[263] SPILLING O. Mega-Event as a Strategy for Regional Development: The Case of the 1994 Lillehammer Olympic Games, Proceedings of Institute of Tourism and Service Economics, International Centre for Research and Education in Tourism, International Conference, Innsbruck, 1996.

[264] SCRIVEN M. Evaluation Thesaurus, 4th, Sage, Newbury Park, CA. 1991.

[265] STEPHEN S. Fuller. The Economic and Fiscal Impacts of Hosting the 2012 Olympic Games On the Washington-Baltimore Metropolitan Area. 2000.

[266] SOUTAR, GEOFFERY N & MCLEOD P. 'The Impact of The America's Cup on Fremantle Residents: Some Empirical Evidence' in The Planning and Evaluation of Hallmark Events, eds G. J. Syme, B. J. Shaw, D. M. Fenton & W. S. Mueller, Avesbury, Aldershot.

[267] SVOBODA B. Educational problems of coaches in their sport groups. Acta. 1992 (1).

[268] SCHAFFER W. A. & JOFFEE B. L. Beyond the games: The Economic Impact of Amateur Sport. Indianapolis, IN: Chamber of Commerce. 1993.

[269] SHULTIS J. M. , JOHNSTON & TWYNAM D. Social Impacts of a Hallmark Event; Development and Description of a Case Study in Thunder Bay Ontario, In Murphy, P. (ed), Quality Management in Urban Tourism: Balancing Business and Environment, Proceedings, University of Victoria, Victoria, 1994.

[270] Tourism Victoria 2002, Strategic Plan 2002 – 2006, Tourism Victoria, Melbourne. 2005, Victoria's Tourism and Events Industry-Building a 10-year Government Strategy discussion paper, viewed 17. 5. 2006. www. cecc. com. au/programs/resource_ manager/accounts//ssv/TS_ discussion_ paper_final. pdf.

[271] TRAVIS A. & CROIZE J. The Role and Impact of Mega-Events and Attractions on Tourism Development in Europe: A Micro Perspective, Proceedings of the 37th Congress of AIEST, Calgary, 1987.

[272] The Canadian Sport Tourism Alliance. Economic Impact Assessment: 2005 Bell Capital Cup Ottawa, ON. 2005.

[273] The Canadian Sport Tourism Alliance. Economic Impact Analysis of the 2002 North American Indigenous Games, 2002.

[274] The Canadian Sport Tourism Alliance. 2006 IIHF World Junior Championship Economic Impact Assessment, 2006 (3).

[275] The Canadian Sport Tourism Alliance. 2002 MasterCard Skate Canada International Economic Impact Assessment, 2002, 11.

[276] The Canadian Sport Tourism Alliance. 2003 Canada Winter Games Economic Impact Assessment, 2003, 7.

[277] Tourism New South Wales. Valuing Tourism: Methods and Techniques. 1999.

[278] TAPLIN J. , BENT D. & AERON-THOMAS D. Developing a sustain-

ability accounting framework to inform strategic business decisions: a case study from the chemicals industry, Business Strategy and the Environment, 2006 (15).

[279] 2002 Olympic Winter Games: Economic, Demographic and Fiscal Impacts. State of Utah, 2000 (12).

[280] UK Sport. The Economic Impact of Six Major Sports Events Supported By the World Class Events Programme in 2005 & 2006, 2007.

[281] UK Sport. Measuring Success2: The Economic Impact of Major Sports Events. 2004.

[282] VALERIUS & MACKAY. A decade of doctoral dissertations in recreation, parks, and leisure studies departments: 1980 – 1990. Schole. 1993.

[283] VAN DER LEE P. & WILLIAMS J. The Grand Prix and tourism. In J. P. A. Burns, J. H. Hatch, & T. J. Mules, (Eds.), The Adelaide Grand Prix. Adelaide: The Centre for South Australian Economic Studies.

[284] WALLACE S. Behind the headlines. The Telegraph. London, Telegraph, 2001 – 06 – 05.

[285] DOUGLASS SHAW W. Review of Non-market Value Estimation for Festivals and Events—A Discussion Paper. 2005 (9).

[286] YUNG S J. Content analysis. In Social and behavior research methods (Volume 2), Taipei, Taiwan: Tung Hua Publishers, 1988.

附 件

附件一 被分析的期刊文献

[1] AlEX M. , DEFFNER & LOIS L. 2005, 'Planning Culture and Time in a Mega-event: Thessaloniki as the European City of Culture in 1997', International Planning Studies, Vol. 10, No. 3 - 4, pp. 241 - 264.

[2] ALLAN C. , JAMIE P. & ADAM T. 1996, 'Manchester Plays Games: Exploring the Local Politics of Globalisation', Urban Studies, Vol. 3, pp. 1319 - 1336.

[3] ALLEN L, SACK & AUTHUR T, JOHNATON. 1996, 'Politics, economic development, and the Volvo International Tennis Tournament', Journal of Sport Management, Vol. 10, pp. 1 - 14.

[3] ALIZA F. & DANIEL F. 2002, 'Cost-Benefit Analysis Using Economic Surpluses: A Case Study of a Televised Event', Journal of Cultural Economics, Vol. 26, pp. 139 - 156.

[4] ANDREA C. , ANDREW F. , MAX M. & ANNETTE R. 2007, 'Assessing the Environmental Consequences of Major Sporting Events: The 2003/04 FA Cup Final', Urban Studies, Vol. 44, No. 3, pp. 457 - 476.

[5] ANDREW S. & TIM F. 2007, 'From 'Event-led' to 'Event-themed' Regeneration: The 2002 Commonwealth Games Legacy Programme', Urban Studies, Vol. 44, Nos. 5/6, pp. 1125 - 1143.

[6] ANNE-MARIE H. 2005, 'Sports-events, tourism and destination marketing strategies: an Australian case study of Athens 2004 and its media telecast', Journal of Sport Tourism, Vol. 10, No. 3, pp. 187 - 200.

[7] ANNE-MARIE H. , LEO JAGO T. 2005, 'Perceptions of the Host Destina-
tion as a Result of Attendance at a Special Event: a Post-consumption Anal-
ysis', International Journal of Event Management Research Vol 1, No. 1,
1 - 12.

[8] BARRY B. & TREVOR M. 2001, 'Reconciling cost-benefit and economic
impact assessment for event tourism', Tourism Economics, Vol. 7, No. 4,
pp. 321 - 330.

[9] BEATRIZ G. 2004, 'Urban Regeneration, Arts Programming and Major E-
vents Glasgow 1990, Sydney 2000 and Barcelona 2004', International Jour-
nal of Cultural Policy, Vol. 10, No. 1, pp. 103 - 118.

[10] BEN T. 2005, 'West Indies World Cup Cricket: hallmark events as cata-
lysts for community tourism development', Journal of Sport Tourism 10
(4), 323 - 334.

[11] BILL F. , LAURENCE C. & GRAHAM B. 2001, 'Monitoring the
Tourism Impacts of the Sydney 2000 Olympics', Event Management,
Vol. 6, pp. 231 - 246.

[12] BRIAN C. & STEPHEN E. 1999, 'Urban development through hosting
international events: a history of the Olympic Games', Planning Perspec-
tive, Vol. 14, pp. 369 - 394.

[13] BRENT W. , RITCHIE, DALE S. , TREVOR M. 2007, 'Televised E-
vents: Shaping Destination Images and Perceptions of Capital Cities From
the Couch', International Journal of Event Management Research Vol 3,
No. 2, 12 - 23.

[14] BRENT R. , LISA M. and JILL K. 2002, 'Profiling Sport Tourists: The
Case of Super 12 Rugby Union in the Australian Capital Territory, Austral-
ia', Current Issues in Tourism Vol. 5, No. 1, 33 - 44.

[15] BRUCE K. , JOHNSON & MICHAEL J. , MONDELLO. 2007, 'The Val-
ue of Public Goods Generatedby a National Football League Team', Jour-
nal of Sport Management, vol. 21, pp. 123 - 136.

[16] CARY D. & SEYHMUS B. 2002, 'Non-host Community Resident Reac-
tions to the 2002 Winter Olympics: The Spillover Impacts', Journal of

Travel Research, Vol. 41, No. 4, pp. 46 – 56.

[17] CHARLES S. 2005, 'The Economic Impact of Sports Stadiums: Recasting the Analysis in Context', Journal of Urban Affairs, Vol. 27, No. 2, pp. 177 – 191.

[18] CHRIS G., SIMON S. & RICHARD C. 2005, 'Sport and Economic Regeneration in Cities', Urban Studies, Vol. 42, Nos. 5/6, pp. 985 – 999.

[19] CHRIS R. & TIM L. 2001, 'An economic impact case study: the South Pacific Masters Games', Tourism Economics, Vol. 7, No. 3, pp. 267 – 275.

[20] CHRISTER P. 2000, 'The International Olympic Committee and Site Decisions: The Case of The 2002 Winter Olympics', Event Management, Vol. 6, pp. 135 – 153.

[21] CRISTINA J., DWAYNE D. 2007, 'Preparing for the Icc Cricket World Cup 2007: Resident Attitudes to the Bed & Breakfast Initiative in Barbados', International Journal of Event Management Research Vol 3, No. 1, 1 – 14.

[22] CHRISTOPHER M., LAW. 1992, 'Urban Tourism and its Contribution to Economic Regeneration', Urban Studies, vol. 29, pp. 599 – 618.

[23] CRAIG P. & EMMA H., WOOD. 2004, 'The Strategic Use of Events Within Local Government: A Study of London Borough Councils', Event Management, Vol. 9, pp. 61 – 71.

[24] DENNIS C. & BRAD R., HUMPHREYS. 2002, 'The Economic Impact of Postseason Play in Professional Sports', Journal of Sports Economics, Vol. 3, No. 3, pp. 291 – 299.

[25] DONALD G. & SHERANNE F. 2004, 'Media Management at Sport Events for Destination Promotion: Case Studies and Concepts', Event Management, Vol. 8, pp. 127 – 139.

[26] ELIZABETH F. & BILL F. 2002, 'Variations in Residents' Reactions to Major Motorsport Events: Why Residents Perceive the Impacts of Events Differently', Event Management, Vol. 7, pp. 115 – 125.

[27] ERIC B. and JEAN-JACQUES G. 2007 'The Total Economic Value of Sporting Events Theory and Practice' Journal of Sports Economics, Vol.

8 No. 2, 165 – 182.

[28] EVANGELIIA K. 2003, Economic Aspects and the Summer Olympics: a Review of Related Research, International Journal of Tourism Research, Vol. 5, pp. 433 – 444.

[29] DAVID TWYNAM G. & MARGARET J. 2004, 'Changes in Host Community Reactions to a Special Sporting Event', Current Issues in Tourism, Vol. 7, No. 3, pp. 242 – 261.

[30] GILES A. , SUSANA M. & STEFAN S. 2008, 'Are We Willing to Pay Enough to 'Back the Bid'?: Valuing the Intangible Impacts of London's Bid to Host the 2012 Summer Olympic Games', Urban Studies, Vol. 45, No. 2, pp. 419 – 444.

[31] GLENN JAMES M. C. 2005, 'Hosting a recurring mega-event: visitor raison d'e^tre', Journal of Sport Tourism, Vol. 10, No. 2, pp. 113 – 128.

[32] GLENN JAMES M. C. 2005, 'The Impact of the 50th Macao Grand Prix on Macao's Destination Image', International Journal of Event Management Research Vol 1, No. 1, 46 – 65

[33] GORDON W. 1999, Playing Games with Sydney: Marketing Sydney for the 2000 Olympics, Urban Studies, vol. 36, pp. 1055 – 1077.

[34] GREG A. , MATTHEW J. , BURBANK & CHARLES H. , HEYING. 2001, 'Olympic Cities: Lessons Learned from Mega-Event Politics', Journal of Urban Affairs, vol. 23, no. 2, pp. 113 – 131.

[35] GREG R. & JULIE W. 2004, The Impact of Cultural Events on City Image: Rotterdam, Cultural Capital of Europe 2001, Urban Studies, Vol. 41, No. 10, pp. 1931 – 1951.

[36] HARRY ARNE S. , TOMMY D. , ANDERSSON & SIMON S. 2002, An Exploration of The Direct Economic Impacts From Business Travelers at World Championships, Event Management, Vol. 7, pp. 151 – 163.

[37] HARRY ARNE S. & HOLGER P. 2007, Major Sport Events and Long-Term Tourism Impacts, Journal of Sport Management, Vol. 21, pp. 213 – 234.

[38] HARRY H. , HILLER. 1998, Assessing the Impact of Mega-Events: A Linkage Model, Current Issues in Tourism, Vol. 1, No. 1, pp. 47 – 57.

［39］ HARRY H. , HILLER. 2000, Mega-Events, Urban Boosterism and Growth Strategies: An Analysis of the Objectives and Legitimations of the Cape Town 2004 Olympic Bid, International Journal of Urban and Regional Research, Vol. 24, No. 2, pp. 439 – 458.

［40］ HERVEY G. , SARA M. , SUSAN M. & GEOFFRIDDINGTON. 2005, The Economic Impact of Sports, Sporting Events, and Sports Tourism in the U. K. The DREAMTM Model, European Sport Management Quarterly, Vol. 5, No. 3, 321_/332.

［41］ HUGH D. & GEOFF H. 2000, World Cup France' 98: Metaphors, Meanings and Values, International Review for the Sociology of Sport, vol. 35, no. 3, pp. 331 – 347.

［42］ IAN H. 1999, ' Bright Lights, Big City: Do Professional Sports Teams Increase Employment?', Journal of Urban Affairs, Vol. 21, No. 4, pp. 397 – 407.

［43］ IAN H. 2001, The Use and Misuse of Economic Impact Analysis, Journal of Sport & Social Issues, Vol. 25, No. 1, pp. 20 – 39.

［44］ JACK C. & ANNE T. 2003, Mega-Events and Urban Renewal: The Case of the Manchester 2002 Commonwealth Games, Event Management, Vol. 8, pp. 15 – 22.

［45］ JACK C. , DONALD G. & GEOFF S. 2001, Event Evaluation Research, Event Management, Vol. 6, pp. 247 – 257.

［46］ JAMES H. 1999, Commentary — Sport as an Avenue of Tourism Development: An Analysis of the Positive and Negative Impacts of Sport Tourism, Current Issues in Tourism, Vol. 2, No. 1, pp. 82 – 90.

［47］ JASON W . 2005, Olympic opportunity: realizing the value of sports heritage for tourism in the UK, Journal of Sport Tourism 10 (4), 307 – 321

［48］ JEFFREY G. O. 2005, ' Estimating the Cost and Benefit of Hosting Olympic Games: What Can Beijing Expect from Its 2008 Games?', The Industrial Geographer, Vol. 3, No. 1, pp. 1 – 18.

［49］ JOHN D. , HORNE & WOLFRAM M. 2004, Accounting For Mega-events: Forecast and Actual Impacts of the 2002 Football World Cup Finals on the Host Countries Japan/Korea, International Review for the Sociology of Sport, vol. 39, no. 2, pp. 187 – 203.

[50] JOHN H. 2004, The global game of football: the 2002 World Cup and regional development in Japan, Third World Quarterly, Vol. 25, No. 7, pp. 1233 – 1244.

[51] JOHN L., CROMPTON, SEOKHGO L. & THOMAS J. S. 2001, ' A Guide for Undertaking Economic Impact Studies: The Springfest Example', Journal of Travel Research, Vol. 40, pp. 79 – 87.

[52] JOHN L., COMPTON. 2004, Beyond Economic Impact: An Alternative Rationale for the Public Subsidy of Major League Sports Facilities, Journal of Sport Management, Vol. 18, pp. 45 – 58.

[53] JOHN L., CROMPTON. 2006, 'Economic Impact Studies: Instruments for Political Shenanigans?', Journal of Travel Research, Vol. 45, pp. 67 – 82.

[54] JOHN L., CROMPTON & STACEY L., MCKAY. 1994, Measuring the economic impacts of festivals and events: some myths, applications and ethical dilemmas, Festival Management and Event Tourism, Vol. 2, No. 1, pp. 33 – 43.

[55] JOHN L., CROMPTON. 1995, 'Economic impact analysis of sports facilities and events: Eleven sources of misapplication', Journal of Sport Management, Vol. 9, pp. 14 – 35.

[56] JOHN L., CROMPTON & SEOKHO L. 2000, The Economic Impact of 30 Sports Tournaments, Festivals and Spectator Events in Seven U. S. Cities, Journal of Park and Recreation Administration, Vol. 18, No. 2, pp. 107 – 126.

[57] JOHN R. M. 2002, The Economic Consequences of the Sydney Olympics: The CREA/Arthur Andersen Study, Current Issues in Tourism, Vol. 5, No. 1, pp. 7 – 21.

[58] JON H. 2000, Lillehammer 1994: Planning, Figurations and the 'Green' Winter Games, International Review for the Sociology of Sport, vol. 35, no. 3, pp. 282 – 293.

[59] JON T. 1999, Mega-events and impacts on tourism; the predictions and

realities of the Lillehammer Olympics, Impact Assessment and Project Appraisal, Vol. 17, No. 4, pp. 305 – 317.

[60] JOSEPH K. 2005, Economic impact: sport tourism and the city, Journal of Sport Tourism 10 (1), 47 – 71.

[61] BRENT RITCHIE J. R. 2001, Turning 16 Days into 16 Years Through Olympic Legacies, Event Management, Vol. 6, pp. 155 – 165.

[62] OWEN K. A. 2002, The Sydney 2000 Olympics and Urban Entrepreneurialism: Local Variations in Urban Governance, Australian Geographical Studies, Vol. 40, No. 3, pp. 323 – 336.

[63] KATHY B. & RICHARD W. 2006, More Than Just a Game? Corporate Social Responsibility and Super Bowl XL, Sport Martfettng Quarterty, Vol. 15, pp. 214 – 222.

[64] KATIE S., DEBORAH E., LYNNARIE S. 2005, A FlexibleL Framework for Evaluating the Socio-cultural Impacts of a (small) Festival, International Journal of Event Management Research Vol 1, No. 1, 66 – 77.

[65] KRIS O. 1998, Urban Mega-Events, Evictions and Housing Rights: The Canadian Case, Current Issues in Tourism, Vol. 1, No. 1, pp. 1 – 46.

[66] LARRY D., PETER F. & RAY S. 2006, Assessing the Economic Impacts of Events: A Computable General Equilibrium Approach, Journal of Travel Research, Vol. 45, No. 4, pp. 59 – 66.

[67] LARRY D., ROBERT M., NINA M. & TREVOR M. 2001, Forecasting the Economic Impacts of Events and Conventions, Event Management, Vol. 6, pp. 191 – 204.

[68] LAURENCE C. & CHRISTINE GREEN B. 2003, Effects of Sport Event Media on Destination Image and Intention to Visit', Journal of Sport Management, Vol. 17, No. 3, pp. 214 – 234.

[69] LAURENCE C. & CARLA A., COSTA. 2005, 'Sport Event Tourism and the Destination Brand: Towards a General Theory', Sport in Society Vol. 8, No. 2, pp. 218 – 237.

[70] LAURENCE C. & ANNA L. 2002, Local Business Leveraging of a Sport Event: Managing an Event for Economic Benefit, Journal of Sport Man-

agement, vol. 16, no. 2, pp. 132 – 158.

[71] LINDA S., RALSON, GARY D., ELLIS, DAVID M., COMPTON. 2007, Staging Memorable Events and Festivals: an Integrated Model of Service and Experience Factors, International Journal of Event Management Research Vol 3, No. 2, 24 – 38.

[72] LORIA P. G. & ANDREW H. 2002, Out of The Stands and Into The Community: Using Sports Events To Promote A Destinations, Event Management, Vol. 7, pp. 177 – 186.

[73] LUIS C. H., JOSE áNGEL S., MARIA D., ANA B. & MARIA JOSE DEL B. 2006, The Economic Impact of Cultural Events: A Case-Study of Salamanca 2002, European Capital of Culture, European Urban and Regional Studies, Vol. 13, No. 1, pp. 41 – 57.

[74] MARC L. & GABRIEL R. 2005, The Economic Impact of Professional Teams on Monthly Hotel Occupancy Rates of Canadian Cities: A Box-Jenkins Approach, Journal of Sports Economics, Vol. 6, No. 3, pp. 314 – 324.

[75] MARGARET J., DANIELS & WILLIAM C., NORMAN. 2003, Estimating the Economic Impacts of Seven Regular Sport Tourism Events, Journal of Sport Tourism, Vol. 8, No. 4, pp. 214 – 222.

[76] MICHELE C. and TREVOR M. 2002, 'Aspects of Residents' Perceptions of the GMC 400-Canberra's V8 Supercar Race', Current Issues in Tourism Vol. 5, No. 1, 54 – 70.

[77] MICHELE D. B., TURGUT V & SEOKHO L. 2002, Messina Hof Wine and Jazz Festival: an economic impact analysis, Tourism Economics, Vol. 8, No. 3, pp. 273 – 279.

[78] MICHAEL J., MONDELLO & PATRICK R. 2004, Comparative Economic Impact Analyses: Differences Across Cities, Events, and Demographics, Economic Development Quarterly, Vol. 18, No. 4, pp. 331 – 342.

[79] MICHAEL J., MONDELLO & PATRICK R. 2006, Comparative Economic Impact Analyses: Differences Across Cities, Events, and Demographics: A Reply, Economic Development Quarterly, Vol. 20, No. 2, pp. 196 – 197.

[80] MICHAEL T., FRIEDMAN & DANIEL S., MASON. 2004, A Stake-

holder Approach to Understanding Economic Development Decision Making: Public Subsidies for Professional Sport Facilities, Economic Development Quarterly, Vol. 18, No. 3, pp. 236 – 254.

[81] MIKE-FRANK G., EPITROPOULOS, GEORGE K. 2003, Sport Tourism and Karpathos: the Pan-Aegean Games of 2002, Journal of Sport Tourism, Vol. 8, No. 4, pp. 313 – 319.

[82] MINHO C. 2004, Assessing Accommodation Readiness For The 2002 World Cup: The Role of Korean-Style Inns, Event Management, Vol. 8, pp. 177 – 184.

[83] NOAM S. 2002, A New Phase in The Competition For The Olympic Gold: The London and New York Bids For The 2012 Games, Journal of Urban Affairs, Vol. 24, No. 5, pp. 583 – 599.

[84] PHILLIP A. M. 2002, The Economic Impact of Sports Stadium Construction: The Case of The Construction Industry in St. Louis, MO, Journal of Urban Affairs, Vol. 24, No. 2, pp. 159 – 173.

[85] HERNANDEZ-MARTIN R. 2007, Tourism Events: Impact On Imports, International Journal of Event Management Research Vol 3, No. 1, 15 – 28

[86] ROBERT A., BAADE & VICTOR A., MATHESON. 2001, 'Home Run or Wild Pitch? —Assessing the Economic Impact of Major League Baseball's All-Star Game', Journal of Sports Economics, Vol. 2, No. 4, pp. 307 – 327.

[87] ROBERT H., CHEW GING L. & BALA R. 2002, The Socio-economic Determinants of International Soccer Performance, Journal of Applied Economics, Vol. 5, No 2, pp. 253 – 272.

[88] SEOKHO L. & JOHN L. CROMPTON. 2003, The Attraction Power and Spending Impact of Three Festivals in Ocean City, Maryland. Event Management, Vol. 8, pp. 109 – 112.

[89] SIMON S., RICHARD C. 2005, Economic Impact and Place Marketing Evaluation: a Case Study of The World Snooker Championship, International Journal of Event Management Research Vol 1, No. 1, 13 – 29.

[90] STEPHEN E. & BRIAN C. 1998, Olympic Games: catalyst of urban change, Leisure Studies, Vol. 17, pp. 187 – 206.

[91] SVEN A. H. & CHRISTER P. 2000, How Salt Lake City and Its Rival Bidders Campaigned For The 2002 Olympic Winter Games, Event Management, Vol. 6, pp. 65 – 83.

[92] TEKLE S. , RUTH T. 2004, Discriminating Factors of First-time and Repeat Visitors to Wine Festivals, Current Issues in Tourism Vol. 7, No. 2, 134 – 145.

[93] THOMAS A. D. 2001, Development of a Scale to Measure Resident Attitudes Toward the Social Impacts of Community Festivals, Part 2: Verification of The Scale, Event Management, Vol. 7, pp. 25 – 38.

[94] TIMO T. 2005, Economic impacts of cultural events on local economies: an input-output analysis of the Kaustinen Folk Music Festival, Tourism Economics, Vol. 11, No. 3, pp. 431 – 451.

[95] TOM B. , LEONIE L. 2007, Volunteers and Mega Sporting Events: Developing a Research Framework, International Journal of Event Management Research Vol 3, No. 1, pp. 29 – 41.

[96] TREVOR M. 1998, Taxpayer Subsidies for Major Sporting Events, Sport Management Review, Vol. 1, pp. 25 – 43.

[97] TREVOR M. & LARRY D. 2005, Public Sector Support for Sport Tourism Events: The Role of Cost-benefit Analysis, Sport in Society Vol. 8, No. 2, pp. 338 – 355.

[98] WARREN W. , MCHONE & BRIAN R. 2000, Practical Issues in Measuring the Impact of a Cultural Tourist Event in a Major Tourist Destination, Journal of Travel Research, Vol. 38, No. 1, pp. 300 – 303.

[99] XIE P. F. & SMITH S. 2000, Improving forecasts for world's fair attendance: incorporating income effects, Event Management, Vol. 6, No. 1, pp. 15 – 23.

[100] XIAO H. & SMITH S. 2004, 'Residents' perceptions of Kitchener-Waterloo Oktoberfest: An inductive analysis', Event Management: An International Journal, vol. 8, no. 2, pp. 161 – 175.

[101] YINGMIAO Y. & DOUGLAS MICHELE T. 2000, Issues in Tourism Event Economic Impact Studies: The Case of the Albuquerque Internation-

al Balloon Fiesta', Current Issues in Tourism, Vol. 3, No. 2, pp. 138 – 149.

[102] YOLANDE J., ELCOCK. 2005, Sports tourism in Barbados: the development of sports facilities and special events, Journal of Sport Tourism, Vol. 10, No. 2, pp. 129 – 134.

[103] ZHELIKO B. & MILAN R. 2003, Sports Events as a Form of Tourist Product, Relating to the Volume and Character of Demand, Journal of Sport Tourism, Vol. 8, No. 4, pp. 260 – 269.

附件二 被分析的其他学术文献

[1] ADAM B. & JOANNE M. 2001, Literature Review: The Impact of Major Sporting Events. Manchester Institute for Popular Culture, Manchester Metropolitan University.

[2] ALAN VAN DER HILST. 2004, 'The Use of Public Funds for Stadium Construction: Is it Welfare Improving?'

[3] ALEXANDER M. & SOILIOU D N. 2004, Economic Incentives of the Olympic Games. University of Pittsburgh.

[4] ALEXANDER R. and ULRICH W. 2007, Economics and Olympics: An Efficiency Analysis. Institute for Empirical Research in Economics, University of Zurich.

[5] ALINA P., PETER F. & GUNTER W. 2007, Economic and Fiscal Effects of the 2006 FIFA World Cup™ in Germany: The Case of the World Cup™ Games in Munich. University of the Federal Armed Forces of Germany, Munich Department of Economical and Organizational Sciences.

[6] ANTONIA M. M. & ANA P S. 2007, Market Impact Of International Sporting and Cultural Events.

[7] ARNE F., WOLFGANG M., and PHILIPP Z. 2007, 'How to Win the Olympic Games-The Empirics of Key Success Factors of Olympic Bids'.

[8] BILL O. T. Events in the Environment-a Description of the Sirocco Wetland Concert and its Consequences.

[9] BJORN S. , ELVIN W. , ROB V W. 2005, Mapping the Olympic Growth Machine: World-City Networks and the Transnational Capitalist Class.

[10] BRUCE K. JOHNSON & JOHN C. W. 1998, Estimation of the Value of Public Goods Generated by Improved Sport Stadiums and Arenas Using the Contingent Valuation Method.

[11] BRUCE K. , JOHNSON, PETER A. , GROOTHUIS and JOHN C. W. 2000, The Value of Public Goods Generated by a Major League Sports Team: The CVM Approach.

[12] BRUCE K. , JOHNSON, MICHAEL J. , MONDELLO, JOHN C. , WHITE-HAED. 2005, The Value of Public Goods Generated by a National Football League Team.

[13] BRUCE S. 2004, The Supply Constraint Problem in Economic Impact Analysis: An Arts/Sports Disparity.

[14] CHARLENE H. 2000, Olympic Games and the Citizens: A Look at the Potential Impact of Hosting the Games.

[15] CORINNE B. , CHARLOTTE P. 2004, Festivals and Product Life Cycle: An Exploratory Study in the Rhône-Alpes Region.

[16] CHRIS G. , SIMON S. , and RICHARD C. 2006, The economic impact of major sports events: a review of ten events in the UK.

[17] COBI. 2005, 'Barcelona: Urban Transformation and 92 Olympic Games'.

[18] DANIEL K. N. , JOHNSON, AYFER A. 2000, Coming to Play or Coming to Win: Participation and Success at the Olympic Games.

[19] DEAN B. 2003, Estimating the Impact of the San Diego Chargers to the Local Economy.

[20] DENNIS C. and CRAIG A. , DEPKEN. 2006, 'Mega-Events: Is the Texas-Baylor game to Waco what the Super Bowl is to Houston?'

[21] DENNIS C. and DAVID G. 2007, 'NASCAR as a Public Good'. Ekrem Tufan. 2004, 'Do World Cup Football Matches Affect Istanbul Stock Exchange?'.

[22] ELIZABETH F. , LEO J. and MARGARET D. Assessing the Social Impacts of Events: Scale Development.

［23］ EMMA Wood. Events, Civic Pride and Attitude Change in a Post-Industrial Town: Evaluating the Effect of Local Authority Events on Residents' Attitudes to the Blackburn Region.

［24］ FLORIAN H. and WOLFGANG M. 2007, Short-term to long-term employment effects of the Football World Cup 1974 in Germany.

［25］ FLORIAN H. and WOLFGANG M. 2007, 'Labour Market Effects of the 2006 Soccer World Cup in Germany'.

［26］ GERALD C. N., EDWARD C. 2002, Compensating Differentials and the Social Benefits of The NFL.

［27］ GIULIA P. 2005, 'Waiting for 2005's World Skiing Championship: an Experimental Assessment of Tourism Sustainability in Sondrio Province'.

［28］ GRAHAM M. and RITCHIE B. When Disaster Strikes: The Effect of Relying on Events for Rural Economies.

［29］ BOLHMONN H. R. and VAN HEERDEN J. H. 2005, 'The Impact of Hosting a Major Sport Event on the South African Economy'.

［30］ HARRY D. 2007, Economic Impact of 10K Race on the Greater Charleston, SC Area.

［31］ HEINRICH R. B. 2006, 'Predicting the Economic Impact of the 2010 FIFA World Cup on South Africa'.

［32］ HEINZ R., JURG S., CHRISTIAN S. 2006, Economic Impact Analysis Of Berne 2010 -Former Candidate For The XXI Olympic Winter Games.

［33］ HOLGER P. 2002, 'Aspects of Olympic Games Tourism'.

［34］ HOLGER P. 2002, 'Economic dimension of the Olympic Games'.

［35］ ALI-KNIGHT J. & MARTIN R. 2005, 'Festivals and the City: An examination of the influence of festivals on the cultural image and representation of Edinburgh'.

［36］ JEAN-MARC F., CHRISTOPHE P., OLIVIER V. 2004, Impact of Overwhelming Joy on Consumer Demand: The Case of a Soccer World-Cup Victory.

［37］ JOHN R. M. & MATTHEW C. 2005, Estimating the Economic Impact of the Sydney Olympic Games.

[38] JOHN A. The Role of Events in the Promotion of Cities.

[39] JOSEP M. P. 2004, 'Olympic marketing: historical overview'.

[40] JOSEPH T. 2003, 'The Olympic Movement and the environment'.

[41] KATHERINE M. , AMY S. , ELVIN W. 2005, 'The City as an Image-creation Machine: A Critical Analysis of Vancouver's Olympic Bid'.

[42] KURT B. & JONAS N. 2002, Tourist Accommodation Effects of Festivals.

[43] JANEK R. , SIVA K. M. , GARY B. R. & CARLOTTA D. R. 2000, The Atlanta Olympics and its Impact on Sydney 2000 Organisational Strategies.

[44] JOE J. G. 2000, A Future for Event Management: The Analysis of Major Trends Impacting the Emerging Profession.

[45] LARRY D. , PETER F. , RAY S. 2005, Economic Impacts of Special Events: A Re-assessment.

[46] LAURENCE C. 2002, Using the Olympics to optimise tourism benefits.

[47] LEE T. 2006, 'How does Hosting the Olympic Games Impact Employment in the Host City?'

[48] LEI S. & CHINMOY G. 2003, Assessing the Economic Effect of Corporate Partnerships with Major Sport Organizations.

[49] LIONEL M. 2003, Bidding For The Olympics: A Local Affair?: Lessons learned from the Paris and Madrid 2012 Olympic bids.

[50] MALFAS M. E. , THEODORAKI B. , HOULIHAN. 2004, Impacts of the Olympic Games as mega-events.

[51] MALCOLM S. G. & RONALD W M. 2003, 'The Economic Impact of a Sporting Event: A Regional Approach'.

[52] MLATE H. , WOLFGANG M. , and BERND S. 2007, 'Mega-sporting Events as Experience Goods'.

[53] MARCO F. , FABIO I. & MICHEAL M. 2007, 'The Impact Of Wide-scale Sport Events On Local Development: An Assessment Of The XXth Torino Olympics Through The Sustainability Report'.

[54] MARKUS K. and BERND R. 1999, 'Local Investment and National Impact: The Case of the Football World Cup 2006 in Germany'.

[55] MEG H. , JULIA M. , and ROBERT V. W. 2006, 'Vancouver's promise of the world's first Sustainable Olympic Games'.

[56] NUNO P. 2004, 'Sport tourism: Regional Promotion Stategies'.

[57] PATRICK C. 2005, 'Paying to Play: An Analysis of Government Funding for the FedEx Forum'.

[58] RAZAQ R. 2003, 'The Impact of Festivals on Cultural Tourism'.

[59] RICHARD C. 2002, 'Impact of the Games on Olympic host cities'.

[60] RICK R. , TOM D. , BLAIN S. , 1999, 'Community Festivals: Measuring Community Support and Opposition. '

[61] ROBERT A. B. and VICTOR M. 2000, 'Bidding for the Olympics: Fool's Gold?'

[62] ROBERT A. B. and VICTOR M. 2001, 'An Assessment Of the Economic Impact of the American Football Championship, The Super Bowl, On Host Communities'.

[63] ROBERT A. B. , VICTOR A. M. 2000, 'The Quest For The Cup: Assessing The Economic Impact Of The World Cup'.

[64] ROBERT A. B. and VICTOR M. 2003, 'High Octane? Grading The Economic Impact Of The Daytona 500'.

[65] ROBERT A. B. & VICTOR A. M. 2002, 'Super Bowl or Super (Hyper) Bole? Assessing The Economic Impact of America's Premier Sports Event'.

[66] ROBERT A. B. 1994, 'Stadiums, Professional Sports, and Economic Development: Assessing the Reality'.

[67] ROBERT A. B. , ROBERT B. , and VICTOR M. 2006 'Selling the Big Game: Estimating the Economic Impact of Mega-Events through Taxable Sales'

[68] ROBERT A. B. , ROBERT B. , & VICTOR A. M. 2007, 'Down, Set, Hike: The Economic Impact of College Football Games on Local Economies'.

[69] ROBERT A. B. , ROBERT B. , and VICTOR M. 2005, 'Selling the Big Game: Estimating the Economic Impact of Mega-Events through Taxable Sales'.

[70] ROBERT A. B. , VICTOR A. M. 2006, 'The Paradox of Championships

"Be Careful, Sports Fans, What You Wish For"'

[71] ROBERT D. 2006, 'Legal Aspects of Bidding For And Hosting Major Sports Events'.

[72] ROBERT H., LEE C. G., VICTOR M. and BALA R. 2003, 'Comparing the Socio-Economic Determinants of Men's and Women's International Football Performance'.

[73] ROY P. 2005, 'Citizen participation in the Olympic Games'.

[74] SCARLETT C. and KAMILLA S. 2006, 'The 2010 Football World Cup as a political construct: the challenge of making good on an African promise'.

[75] SERGIO C., GENNARO I. 2006, 'Stakeholders Event Evaluation: Notte Blanca Case Study'.

[76] STEFAN K. 2005, 'Do we need an Economic Impact study or a Cost-Benefit Analysis of a Sports Event?'.

[77] STEPHANE G., PAOLA C. 2001, 'Impact of a sponsorship activity on the brand perceptions within an international context: the America's Cup and Louis Vuitton case'.

[78] STEPHANIE J and WOLFGANG M. 2007, 'Regional Income and Employment Effects of the 1972 Munich Olympic Summer Games'

[79] STEPHEN E., BRIAN C. 2003, 'Urban transformation from hosting the Olympic Games'.

[80] THOMAS A. D. 1999, 'Development of a Scale to Measure Local Resident Perceptions of the Social Impacts of Community Festivals'.

[81] THOMAS B., CHRISTIAN L, JULIA J & LUKAS B. 2006, 'The impact of Megaevents on destination Images - The Case of the Annual Meeting of the WEF in Davos'.

[82] THOMAS D., ARMIN F., DAVID H., UWE S. 2006, 'Seemingly Irrelevant Events Affect Economic Perceptions and Expectations: The FIFA World Cup 2006 as a Natural Experiment'.

[83] VICTOR A. M. and ROBERT A. B. 2005, 'The Paradox of Championships: Be Careful What You Wish For, Sports Fans'.

[84] VICTOR A. M. and ROBERT A. B. 2004, 'Mega-Sporting Events in

Developing Nations：Playing the Way to Prosperity?'.

[85] VICTOR A. M. and ROBERT A. B. 2005，'Have Public Finance Principles Been Shut Out in Financing New Sports Stadiums for the NFL in the United States?'.

[86] VICTOR A. M. 2004，'Is Smaller Better? A Comment on "Comparative Economic Impact Analyses" by Michael Mondello and Patrick Rishe'.

[87] VICTOR A. M. and ROBERT A. B. 2005，'Striking Out? The Economic Impact of Major League Baseball Work Stoppages on Host Communities'.

[88] VICTOR A. M. and ROBERT A. B. 2005，'A Fall Classic? Assessing the Economic Impact of the World Series'.

[89] VICTOR A. M. & FERNALD H. 2003，'Research Note：Contrary Evidence on the Economic Impact of the Super Bowl on the Victorious City'.

[90] VICTOR A. M. and ROBERT A. B. 2003，'An Economic Slam Dunk or March Madness? Assessing the Economic Impact of the NCAA Basketball Tournament'.

[91] VICTOR A. M. 2003，'European Football：A Survey of the Literature'.

[92] VICOTR A. M. and ROBERT A. B. 2004，'Padding Required：Assessing the Economic Impact of the Super Bowl'.

[93] VICTOR A. M. 2003，'Upon Further Review：An Examination of Sporting Event Economic Impact Studies'.

[94] VICTOR A. M. 2004，'Economic Multipliers and Mega-Event Analysis'.

[95] DOUGLASS W. S. &JUDY R. 2005，'Review of Non-market Value Estimation for Festivals and Events'.

[96] WOLFGANG M. 2007，'One year later：A re-appraisal of the economics of the 2006 soccer World Cup'.

附件三　评估报告中的赛事相关资料

赛事名称	举办时间	评估类型
巴塞罗那奥运会	1992	事后
亚特兰大奥运会	1996	事前

赛事名称	举办时间	评估类型
欧洲各站 F1 大奖赛（共 11 站）	1997	事后
羽毛球世界杯赛	1997	事后
欧洲青年拳击锦标赛	1997	事后
板球测试赛（第一轮）	1997	事后
国际田联田径大奖赛	1997	事前
欧洲青年游泳锦标赛	1997	事后
英国女子高尔夫球公开赛	1997	事后
欧洲短池游泳锦标赛	1998	事后
英国电子竞技邀请赛	1998	事后
卑斯省北部冬季运动会	1998	事后
欧洲蹦极表演赛	1999	事后
美洲杯帆船赛	1999	事后
柔道世界杯赛	1999	事后
世界室内攀岩锦标赛	1999	事后
悉尼奥运会	2000	事前
2000 年悉尼奥运会及残奥会	2000	事前
辛辛那提网球系列赛	2000	事后
伦敦马拉松赛	2000	事后
欧洲田径锦标赛	2000	事后
世界业余拳击锦标赛	2001	事后
世界半程马拉松赛	2001	事后
国际田联世界田径锦标赛	2001	事后
国际田联世界半程马拉松锦标赛	2001	事后
英联邦运动会	2002	事后
英国 F1 大奖赛	2002	事后
盐湖城冬奥会	2002	事前
卑斯省夏季运动会	2002	事后
国际滑雪邀请赛	2002	事后
北美土著运动会	2002	事后
铁人三项世界杯赛	2003	事后
世界室内田径锦标赛	2003	事后

赛事名称	举办时间	评估类型
橄榄球世界杯赛	2003	事后
美洲杯帆船赛	2003	事后
加拿大冬季运动会	2003	事后
世界公路自行车锦标赛	2003	事后
世界青年锦标赛	2003	事后
全国男子冰壶锦标赛	2004	事后
欧洲冠军杯赛	2004	事后
月光经典杯足球巡回赛	2004	事后
贝尔国王杯赛	2005	事后
加拿大夏季运动会	2005	事后
美国运通杯高尔夫球锦标赛	2005	事后
菲斯蔓杯滑雪世界杯赛	2005	事后
卑斯省北部冬季运动会	2005	事后
国际泳联世界锦标赛	2005	事后
英联邦运动会	2006	事后
德国足球世界杯赛	2006	事前
国际柔道锦标赛	2006	事后
2006 年莱德杯赛	2006	事后
山地自行车赛	2006	事后
都灵冬奥会	2006	事前
U – 20 世界杯足球赛	2007	事后
世界冬季特殊奥林匹克运动会	2009	事前
2010 年范库弗峰冬奥会	2010	事前
南非足球世界杯赛	2010	事前
世界马术比赛	2010	事前
2010 年冬奥运及残奥会（申办未成功的城市）	2010	事前
2012 年奥运会（申办未成功的城市）	2012	事前
2012 年伦敦奥运会及残奥会	2012	事前
2018 年足球世界杯赛	2018	事前

附件四　信度检验

一　学术文献

（1）第一轮

	1	2	3	4	5	6	7	8	9	10	11	12	13	14	15	16	17	18	19	20
1	7																			
2		8																		
3			6																	
4				10																
5					9															
6						11														
7							5													
8								4												
9									7											
10										6										
11											9									
12												7								
13													8							
14														7						
15															4					
16																3				
17																	7			
18																		6		
19																			5	
20																				7

（2）第二轮

	1	2	3	4	5	6	7	8	9	10	11	12	13	14	15	16	17	18	19	20
1	7																			

	1	2	3	4	5	6	7	8	9	10	11	12	13	14	15	16	17	18	19	20
2		8																		
3			7																	
4				9																
5					9															
6						10														
7							6													
8								5												
9									8											
10										7										
11											9									
12												6								
13													9							
14														9						
15															4					
16																5				
17																	7			
18																		5		
19																			6	
20																				8

（3）第一轮与第二轮相同的个数

	1	2	3	4	5	6	7	8	9	10	11	12	13	14	15	16	17	18	19	20
1	7																			
2		7																		
3			6																	
4				8																
5					9															
6						9														
7							5													
8								4												

续表

	1	2	3	4	5	6	7	8	9	10	11	12	13	14	15	16	17	18	19	20
9									6											
10										8										
11											8									
12												6								
13													8							
14														7						
15															4					
16																3				
17																	6			
18																		5		
19																			5	
20																				7

$A = 2 \times 128 / (136 + 144) = 0.91$

$CR = 2 \times 0.91 / \{ 1 + [(2 - 1)] \times 0.91 \} = 0.91$

二 评估报告

（1）第一轮

	1	2	3	4	5	6	7	8	9	10
1	7									
2		8								
3			7							
4				6						
5					5					
6						6				
7							8			
8								6		
9									7	
10										8

（2）第二轮

	1	2	3	4	5	6	7	8	9	10
1	8									
2		7								
3			7							
4				8						
5					4					
6						6				
7							7			
8								8		
9									7	
10										6

（3）第一轮与第二轮相同的个数

	1	2	3	4	5	6	7	8	9	10
1	7									
2		7								
3			7							
4				6						
5					4					
6						6				
7							7			
8								6		
9									7	
10										6

$A = 2 \times 63 / (68 + 68) = 0.93$

$CR = 2 \times 0.93 / \{1 + [(2-1)] \times 0.93\} = 0.93$

附件五　体育赛事综合影响事前评估研究
专家咨询评议表（第一轮）

编号

尊敬的专家：

您好！鉴于您的学识和成就，我们诚挚邀请您参加我们的专家调查！

首先，我们非常感谢您能参加这项研究的德尔菲法（Delphi）专家调查，感谢您在百忙中抽出时间来完成问卷填写工作，我们对您所付出的辛勤劳动表示最诚挚的谢意！

研究和制订体育赛事综合影响事前评估指标体系是体育赛事规范化、标准化管理的基础工作，是关系到体育赛事申办、运作决策科学性和合理性的关键。澳大利亚、英国、加拿大、美国等西方发达国家都在积极研究制定符合当地实际的评估体育赛事综合影响的指标体系，这些指标体系的研究和应用过程对上述国家体育赛事产业的发展起到了一定的促进作用。当前我国中央和地方政府对体育赛事的需求有增无减，因此，政府对体育赛事综合影响事前评估理论与方法的需求也甚为迫切；国内部分学者在对体育经纪公司的访谈中了解到体育赛事项目事前评估问题是他们当前关心和急需解决的重要问题。基于此，我们选取体育赛事项目评估作为研究领域，旨在建立一套适合我国国情，系统、科学、可行的，具有良好信度、效度、敏感性及可操作性强的体育赛事综合影响事前评估指标体系，以科学、全面地评估体育赛事可能对举办地带来的综合影响。

在前期的研究中，我们利用三重绩效评估框架，从经济、社会和环境三个纬度对国外227篇体育赛事影响和评估方面的学术文献和60份具体赛事的评估报告进行了内容分析，最终得出了有关体育赛事综合影响的框架体系。

本次专家调查目的是通过集合体育及相关领域专家、学者和实践工作者的意见，在体育赛事综合影响框架体系的基础上，进一步获取体育赛事综合影响的事前评估指标体系。预计进行2-3轮调查。请您按照填答要求进行填答，答案无所谓正确与否，只要是您的真实意见即可。您的意见对我们的研究和我国体育赛事综合影响事前评估指标体系的完善很重要。

由于时间紧迫，请您最好能在 10 月 30 日前将填好的问卷寄回。为了感谢您的大力支持，在调查结束后我们将向您支付一定的报酬。再次向付出辛勤劳动的您表示万分的感谢！并真诚期待您对本研究的任何建议与意见。

上海体育学院经济管理学院

国家社科基金项目《体育赛事项目事前评估体系研究》课题组

2008. 10. 8

联系地址：上海体育学院经济管理学院，杨浦区清源环路 650 号，200438

电话：021—51253519，13681950086

联系人：黄海燕，E-mail：haixi021@126.com

体育赛事综合影响事前评估指标体系专家评价表

填写说明：

1. 在填写前，请您先详细阅读相关资料说明。

2. 修改请在表格的空格中进行，并请简单说明修改理由：可以增、删、改指标；新增加指标也请按要求填写相应内容。

3. 根据您的判断，对每一指标的重要性、可操作性、敏感性进行五级评价，在相应的空格中打"√"。从"很好"到"很差"，表示指标的重要性依次降低，或者指标的可行性依次降低。

（1）指标的重要性：是指在评估指标体系中，该指标的重要程度和代表性。指标越重要，代表性越好，能够较好地体现体育赛事对举办地的影响，指标的重要性就越高。

（2）指标的可操作性：是指在实际评估工作中，获取该指标的难易程度和可信程度。指标越容易获得，可信程度越高，指标的可操作性就越高。如果指标数据难以获取，或者获取可靠数据比较困难，或者获取的数据难以保证可靠，或者需要大量人财物力，指标的可操作性就越低。

（3）指标的敏感性：是指在实际评估中，指标对赛事的举办与否具有较好的反映能力，即灵敏度。

一　一级指标评价

表 1　一级指标评价表

指标属性　　　评语　　　指标	重要性					可操作性					敏感性				
	很好	较好	一般	较差	很差	很好	较好	一般	较差	很差	很好	较好	一般	较差	很差
1. 经济影响															
2. 社会影响															
3. 环境影响															

您认为上述评价指标分类恰当吗？

（1）恰当　　　　　（2）基本恰当　　　　　（3）不恰当

如果您有更好的建议，请写在下面，我们衷心欢迎您的指导！

_____

_____

_____

二　二级指标评价

表 2　经济影响评价表

指标属性　　　评语　　　指标	重要性					可操作性					敏感性				
	很好	较好	一般	较差	很差	很好	较好	一般	较差	很差	很好	较好	一般	较差	很差
正面															
1.1 赛事给举办地带来的新的消费额															
1.2 对举办地宏观经济的积极影响															
1.3 城市知名度和城市形象的提升															
1.4 赛事组织者获得收益															

续表

指标属性 \ 指标 \ 评语	重要性					可操作性					敏感性				
	很好	较好	一般	较差	很差	很好	较好	一般	较差	很差	很好	较好	一般	较差	很差
负面															
1.5 赛事运作的经济风险															

表 3　社会影响评价表

指标属性 \ 指标 \ 评语	重要性					可操作性					敏感性				
	很好	较好	一般	较差	很差	很好	较好	一般	较差	很差	很好	较好	一般	较差	很差
正面															
2.1 提高居民生活质量															
2.2 居民自豪感															
负面															
2.3 交通拥挤成本															
2.4 噪音污染															
2.5 扰乱举办地居民的正常生活															

表 4　环境影响评价表

指标属性 \ 指标 \ 评语	重要性					可操作性					敏感性				
	很好	较好	一般	较差	很差	很好	较好	一般	较差	很差	很好	较好	一般	较差	很差
正面															
3.1 改善环境															
负面															
3.2 环境破坏与资源消耗															

如果您有更好的建议，请写在下面，我们衷心欢迎您的指导！

_____

_____

_____

_____

三　三级指标评价

表5　1.1 赛事给举办地带来的新的消费额

指标属性 评语 指标	重要性					可操作性					敏感性				
	很好	较好	一般	较差	很差	很好	较好	一般	较差	很差	很好	较好	一般	较差	很差
1.1.1 外来观众及游客的人数															
1.1.2 外来观众及游客的消费量															
1.1.3 赛事组织在本地的支出额															

表6　1.2 对举办地宏观经济的积极影响

指标属性 评语 指标	重要性					可操作性					敏感性				
	很好	较好	一般	较差	很差	很好	较好	一般	较差	很差	很好	较好	一般	较差	很差
1.2.1 对举办地 GDP 的贡献率															
1.2.2 给举办地创造的就业岗位数															
1.2.3 对旅游等产业 GDP 的贡献率															

表7　1.3 提升城市知名度和城市形象

指标属性 评语 指标	重要性					可操作性					敏感性				
	很好	较好	一般	较差	很差	很好	较好	一般	较差	很差	很好	较好	一般	较差	很差
1.3.1 参与赛事的国家数															
1.3.2 参与报道的媒体数量															
1.3.3 参与报道的媒体级别															

表 8 1.4 赛事组织者获得收益

指标属性 \ 指标	重要性					可操作性					敏感性				
评语	很好	较好	一般	较差	很差	很好	较好	一般	较差	很差	很好	较好	一般	较差	很差
1.4.1 赛事运作收入															

表 9 1.5 赛事运作的经济风险

指标属性 \ 指标	重要性					可操作性					敏感性				
评语	很好	较好	一般	较差	很差	很好	较好	一般	较差	很差	很好	较好	一般	较差	很差
1.5.1 赛事运作成本															

表 10 2.1 提高居民生活质量

指标属性 \ 指标	重要性					可操作性					敏感性				
评语	很好	较好	一般	较差	很差	很好	较好	一般	较差	很差	很好	较好	一般	较差	很差
2.1.1 是否能使居民获得休闲机会															
2.1.2 是否能增强居民体育健身意识															
2.1.3 是否能提供居民学习新事物、新技能的机会															
2.1.4 是否能提供居民直接参与的机会															

表 11 2.2 居民自豪感

指标属性 \ 指标	重要性					可操作性					敏感性				
评语	很好	较好	一般	较差	很差	很好	较好	一般	较差	很差	很好	较好	一般	较差	很差
2.2.1 居民自豪感的价值量															

表 12　2.3 交通拥挤成本

指标属性 评语 指标	重要性					可操作性					敏感性				
	很好	较好	一般	较差	很差	很好	较好	一般	较差	很差	很好	较好	一般	较差	很差
2.3.1 额外时间成本															
2.3.2 环境污染成本															
2.3.3 交通事故成本															

表 13　2.4 噪音污染

指标属性 评语 指标	重要性					可操作性					敏感性				
	很好	较好	一般	较差	很差	很好	较好	一般	较差	很差	很好	较好	一般	较差	很差
2.4.1 噪音污染的损害价值量															

表 14　2.5 扰乱举办地居民的正常生活

指标属性 评语 指标	重要性					可操作性					敏感性				
	很好	较好	一般	较差	很差	很好	较好	一般	较差	很差	很好	较好	一般	较差	很差
2.5.1 犯罪率上升程度															

表 15　3.1 改善环境

指标属性 评语 指标	重要性					可操作性					敏感性				
	很好	较好	一般	较差	很差	很好	较好	一般	较差	很差	很好	较好	一般	较差	很差
3.1.1 是否进行环保宣传															
3.1.2 是否进行城市环境治理															

表16　3.2 环境破坏与资源消耗

指标属性	重要性					可操作性					敏感性				
指标　　　评语	很好	较好	一般	较差	很差	很好	较好	一般	较差	很差	很好	较好	一般	较差	很差
3.2.1 破坏自然环境的面积															
3.2.2 产生的垃圾量															
3.2.3 二氧化碳等有害气体排放量															
3.2.4 水资源消耗量															
3.2.5 能源消耗量															

如果您有更好的建议，请写在下面，我们衷心欢迎您的指导！

_____

_____

_____

_____

一级指标专家权威程度量化表

填写说明：

1. "指标熟悉程度"表。根据您对该评价指标的熟悉程度，在相应的空格中打"√"。

2. "判断依据及影响程度量化表"表。对指标进行判断时，通常不同程度上受到四个方面因素的影响：理论分析、实践经验、同行了解、直觉。请您根据这四个方面因素影响您作出判断的程度大小，分别在相应空格中打"√"。

表17　指标熟悉程度

评价因素　　　评语　　　指标	指标熟悉程度					
	很熟悉	熟悉	较熟悉	一般	较不熟悉	很不熟悉
体育赛事经济影响						
体育赛事社会影响						
体育赛事环境影响						

表 18　判断依据与影响程度量化表

评价因素 指标	理论分析			实践经验			国内外同行的了解			直觉		
评语	大	中	小	大	中	小	大	中	小	大	中	小
经济影响												
社会影响												
环境影响												

体育赛事综合影响事前评估指标体系的相关背景材料

体育赛事综合影响评估属于结果评估的范畴，即对体育赛事给举办城市带来的各种影响进行的评价。Getz 认为，体育赛事评估可以分为事前评估、过程评估和事后评估三个基本阶段。本书所指的体育赛事综合影响事前评估是指在赛事举办前（筹备申办阶段），对赛事可能给举办地所带来的各种影响定量或定性的评估。

由于体育赛事的类别很多，而且各种类别体育赛事的性质相差较大，为了研究的方便，笔者对体育赛事的类型进行了限制。本书研究的体育赛事特指国际性的大型单项体育赛事。它一般都具有较大的影响力，受关注程度也较高，如 F1、网球大师杯赛、中国网球大奖赛、环青海湖自行车赛，等等。

此外，需要重点说明的是，与体育赛事场馆建设有关的影响不在本文的评估框架体系内，其原因主要是体育场馆的投资巨大，通常情况下都需要单独进行工程项目评估。

一　《专家评议表》的形成

为了能够建立一套适合我国国情的，系统、科学、可行的，具有良好信度、效度及可操作性强的体育赛事综合影响事前评估指标体系，以科学、全面地评估体育赛事可能对举办地带来的综合影响。经课题组讨论，决定通过两个阶段达到这一目标：第一阶段是运用内容分析法探寻现有体育赛事评估相关研究和评估报告中所涉及的体育赛事综合影响的类型，建立体育赛事综合影响框架体系；第二阶段是在第一阶段研究成果的基础上，利用德尔菲法构建体育赛事综合影响事前评估的指标体系。本次专家调查是第二阶段德尔菲法的第一轮。关于本项目第一阶段的研究结果具体如下。

1. 学术期刊的内容分析结果

笔者对227篇学术文献进行内容分析，主要目的是为了确定在这些学术文献中，体育赛事的哪些影响提及频次较多，以最终形成体育赛事的综合影响框架体系，这是分析体育赛事综合影响评估指标的重要环节。笔者对体育赛事综合影响的内容分析利用三重效益分析框架，具体包括经济影响、社会影响和环境影响三部分，而且在每一个影响方面又根据体育赛事影响的性质分为正面影响和负面影响两种。

通过对227篇相关学术文献的分析，本书共得到了243种体育赛事可能的影响，如此之多的体育赛事影响种类是笔者在文献分析之前所始料不及的，但仔细分析后发现：由于是英文文献的原因，有很多种体育赛事的影响意思基本相同，只是用词略有区别，而且有很多种影响可以进行相互合并。考虑本文后面分析的需要，决定对这243种体育赛事的影响种类进行整理和归类。

在对上述影响种类整理和归类过程中，笔者共经历了3个步骤。一是将体育赛事243种影响翻译成中文，并将意思基本相同的种类进行归类，如"Civic Pride Providing"和"pride through participating in the event"两个词组中文意思基本相近，均表示"提高城市居民自豪感"的涵义，笔者在将这两个词组翻译成中文时就进行了汇总。经过第一轮的处理，共得出86种影响；二是以频次出现较多的影响类型为基础，通过对出现频次较多的影响种类的微调，将出现频次较少的赛事影响类型进行整合，如在体育赛事正面的经济影响中"对举办地旅游业的积极影响"共出现82次，同时，"对举办地商业、服务业的积极影响"出现25次，"对体育产业的积极作用"出现5次。考虑到这些影响的种类均为体育赛事相关产业，故在这一轮中，笔者将这三个种类进行了合并，名称改为"对旅游等相关产业的积极影响"。经过第二轮的处理，文献分析结果中体育赛事的综合影响类型减少到32种；三是在第二轮分析的基础上，将存在不在一个层次上的种类进行合并，尽量保持所选择的综合影响的种类在同一个层次上，如"提供就业机会和岗位"和"对举办地宏观经济的积极影响"这两个词组并不在同一个层次上，前者包含于后者之中，故对此进行了合并。经过第三轮的处理，本书得到体育赛事的 23 种综合影响的类型，形成了体育赛事综合影响的基本框架（见表 1）。

表 1 学术文献的体育赛事综合影响

	体育赛事综合影响	出现频次	所占百分比（%）
经济影响（正面）	对举办地宏观经济指标的积极影响	208	91.6
	对体育赛事相关产业的拉动	154	67.8
	给举办地带来新的消费	122	53.7
	提升城市知名度和城市形象	118	52.0
	改善体育场馆和基础设施条件	96	42.3
	赛事组织者获得收益	6	2.6
经济影响（负面）	赛事运作成本高，投资风险大	25	11.0
	体育场馆等设施利用率低	21	9.3
	影响正常的商业活动	12	5.3
	财政负担增大	8	3.5
	通货膨胀，物价上涨	6	2.6
社会影响（正面）	居民的自豪感	40	17.6
	提高居民生活质量	34	15.0
	促进体育与文化发展	25	11.0
	提高居民素质	14	6.2
	提供交流与沟通的平台	8	3.5
社会影响（负面）	交通堵塞及过度拥挤	46	20.3
	扰乱举办地居民的正常生活	32	14.1
	犯罪及破坏公物行为	25	11.0
	噪音污染	18	7.9
	安全隐患及恐怖主义	8	3.5
环境影响（正面）	改善环境	20	8.8
环境影响（负面）	环境破坏及资源浪费	18	7.9

2. 评估报告分析结果

目前，国外已经有一部分学者对包括体育赛事的相关文献进行分析，以探索关于该领域的研究现状及趋势。在研究中，他们提出了一个共同的问题：即从理论层面上对体育赛事影响评估的文献较多，而涉及具体赛事影响的评估或从实际操作的角度对体育赛事影响进行评估的文献很少。此外，尽管也有一些文章对不同体育赛事所产生的影响进行了比较分析，但对具体体育赛事影响评估报告进行分析的文章几乎没有。其主要原因是由于体育赛事影响评估工作一般是由政府体育、旅游部门主持或委托第三方完成的，通常不会在学术期刊发表，故对这些评估报告的分析就成了学者们的研究盲点。但对这些评估报告进行分析的一个最大好处就是，它可以从实际操作的角度提出具体体育赛事影响的类型。这也是本文所重点关注的。因此，笔者在分析上述学术文献的基础上，对所搜集到的 60 篇未公开发表的体育赛事影响的评估报告进行了内容分析，具体结果如表 2。

表 2 评估报告中的体育赛事综合影响

	体育赛事综合影响	出现频次	所占百分比（%）
经济影响（正面）	对举办地 GDP 的积极贡献	45	75.0
	给举办地创造的就业机会	38	63.3
	给举办地带来的新的消费	34	56.7
	对体育赛事相关产业的拉动	25	41.7
	举办地居民收入增加	22	36.7
	给举办地政府带来的税收收入	20	33.3
	提高城市知名度和城市形象	5	8.3
经济影响（负面）	赛事运作成本高	2	3.3
社会影响（正面）	居民的自豪感	8	13.3
	提高居民生活质量	5	8.3
社会影响（负面）	交通堵塞、过度拥挤及噪音污染	9	15.0
	扰乱举办地居民的正常生活	4	6.6
环境影响（负面）	资源消耗	2	3.3

3. 结果汇总

通过对学术文献和评估报告的内容分析，笔者分别得到了两套关于体育赛事综合影响的基本框架，即上述表 1（简称框架一）和表 2（简称框架二）。在此基础上，笔者将这两个基本框架中所提及的赛事综合影响指标进行汇总，最终得到一个较为全面、完整的体育赛事综合影响框架体系。经过对这两套赛事综合影响基本框架的分析发现，两套框架中所包含的赛事综合影响的指标基本相同。在框架一的 13 个指标中，有 9 个指标与框架二的指标几乎一致，另外 4 个指标，即"对举办地 GDP 的积极贡献""给举办地创造的就业机会""举办地居民收入增加""给举办地政府带来的税收收入"都是框架二中"对举办地宏观经济指标的积极影响"指标的下属指标。因此，笔者将框架一和框架二中的所有指标进行汇总，并对此进行了初步分层，最终得到了的体育赛事综合影响框架体系（见表 3）。在这一框架体系中，共有 29 个指标，其中二级指标 16 个，三级指标 13 个。在 16 个二级指标中，体育赛事经济影响方面的指标最多，共 10 个；社会影响指标次之，共 4 个，环境影响指标最少，只有 2 个。

表 3　体育赛事综合影响框架体系

一级指标	二级指标	三级指标
经济影响（正面）	对举办地宏观经济指标的积极影响	对举办地 GDP 的积极贡献
		给举办地政府带来的税收收入
		给举办地创造的就业机会
		举办地居民收入增加
	给举办地带来的新的消费	—
	对体育赛事相关产业的拉动	—
	提升城市知名度和城市形象	—
	改善体育场馆和基础设施条件	—
	赛事组织者获得收益	—
经济影响（负面）	赛事运作成本高，投资风险大	财政负担增大
	体育场馆等设施利用率低	—
	影响正常的商业活动	—
	通货膨胀，物价上涨	—
社会影响（正面）	居民的自豪感	—
	提高居民生活质量	使居民获得休闲机会
		促进体育与文化发展
		增强居民体育健身意识
		提高居民素质
		提供交流与沟通的平台

续表

一级指标	二级指标	三级指标
社会影响 （负面）	扰乱举办地居民的正常生活	交通堵塞及拥挤
		噪音污染
		犯罪及破坏公物行为
	安全隐患及恐怖主义	—
环境影响 （正面）	改善环境	—
环境影响 （负面）	环境破坏及资源浪费	—

4. 综合处理和文献复习阶段

在上述内容分析结果的基础上，根据本书研究的要求，笔者对内容分析所得的结果进行了综合处理，得到了专家问卷的一级指标、二级指标以及部分三级指标，对于不能在内容分析中反映的其他三级指标，笔者通过文献复习，对相应的三级指标进行了补充，形成了目前德尔斐法第一轮的专家问卷。

二 一级指标的确定

笔者在确定体育赛事综合影响评估的一级指标时，并未根据内容分析的结果得出具体的一级指标，而是在内容分析前就确定了这一框架。该框架的产生基于三重效益评估理论，这一理论倡导从经济、社会和环境三个维度来展开分析，目前三重效益评估已经成为西方事件影响研究成果中最常见的方法之一，很多体育赛事影响方面的评估均采用这一框架体系，故笔者决定也利用三重效益评估法，从经济、社会、环境三个纬度对体育赛事的综合影响进行分析。

三 相关指标解释

（一）一级指标解释

（1）经济影响：体育赛事的经济影响是指由于举办体育赛事而给举办地带来的除非市场价值以外的净经济变化。体育赛事给举办地带来的经济影响分为三个层级，即直接影响、间接影响和引致影响。

（2）社会影响：这里所指的社会影响主要是指对体育赛事对举办地居民、社会结构、社会文化等方面的影响。

（3）环境影响：是指举办体育赛事对自然生态环境所产生的各种影响，如废水、垃圾、能源消耗等。

（二）二、三级指标解释

1.1 赛事给举办地带来的新的消费额：是指由于体育赛事的举办，举办地经济体系中新增加的消费量，如外地观众和游客在举办地的消费、赛事组织者等在举办地的消费。

1.1.1 外来观众及游客的人数：由于举办体育赛事而使赛事举办地增加的非本地观众和游客的人数。

1.1.2 外来观众及游客的消费量：前来观看体育赛事的外地游客和观众在赛事举办地期间的各种消费。

1.1.3 赛事组织在本地的支出额：赛事组织方为了筹办体育赛事而在举办地的各种支出。

1.2 对举办地宏观经济的积极影响：因为赛事的举办而对举办地总体经济的影响，如对举办地 GDP 的影响、就业的影响、居民收入的影响、第三产业的影响，等等。

1.2.1 对举办地 GDP 的贡献：由于举办体育赛事而给赛事举办地的国民生产总值带来的增量。

1.2.2 给举办地创造的就业岗位数：由于举办体育赛事而给举办城市新增的临时和永久的就业岗位数量。

1.2.3 对旅游等产业 GDP 的贡献率：由于举办体育赛事而给赛事举办地的旅游等产业的 GDP 带来的增量。

1.3 城市知名度和城市形象的提升：赛事举办地由于举办体育赛事而使城市知名度在全球或某个区域范围内得以提升，城市形象得以改善。

1.3.1 参与赛事的国家数：指前来参加体育赛事的运动员所来自的国家数目。

1.3.2 参与报道的媒体数量：报道某一体育赛事的媒体数量，包括电视媒体、平面媒体、网络媒体等。

1.3.3 参与报道的媒体级别：参与体育赛事报道的媒体的等级。如中央媒体、地方媒体、境外主流媒体等。

1.4 赛事组织者获得收益：由于运作体育赛事而给赛事组织者带来的收益。

1.4.1 赛事运作收入：赛事组织者的赛事运作所得收入。

1.5 赛事运作的经济风险：某一组织或团体为举办体育赛事而投入资金所产生的经济风险。

1.5.1 赛事运作成本：由于举办体育赛事而投入的所有成本，包括申办费、赛事运作费用等。

2.1 提高居民生活质量：由于举办体育赛事而使举办地居民各方面水平的提高。

2.1.1 是否能使居民获得休闲机会：体育赛事的举办能否使居民通过参与或观看电视转播，而在紧张工作之余获得放松。

2.1.2 是否能增强居民体育健身意识：体育赛事的举办能否激发居民对体育的热情，未来更多地参与体育活动。

2.1.3 是否能提供居民学习新事物、新技能的机会：所举办的体育赛事能否通过志愿者等形式给居民提供相关培训和学习的机会。

2.1.4 是否能提供居民直接参与的机会：举办的体育赛事能否使居民直接参与其中。

2.2 居民自豪感：由于体育赛事在本地举办而使举办地居民有自豪的感觉。

2.2.1 居民自豪感的价值量：举办地居民对赛事产生的自豪感的意愿支付。

2.3 交通拥挤成本：由于体育赛事而造成的交通拥挤所产生的成本。

2.3.1 额外时间成本：由于交通拥挤而造成的时间浪费的成本。

2.3.2 环境污染成本：由于交通拥挤而造成的环境污染的成本。

2.3.3 交通事故成本：由于交通拥挤而造成的交通事故的成本。

2.4 噪音污染：由于体育赛事的举办而给举办城市，尤其是赛场周边带来的噪音污染。

2.4.1 噪音污染的损害价值量：居民为了减少这种噪音污染的意愿支付。

2.5 扰乱举办地居民的正常生活：由于举办体育赛事而给举办地居民正常生活的影响。

2.5.1 犯罪率上升程度：由于举办体育赛事而造成的犯罪率的提高。

3.1 改善环境

3.1.1 是否进行环保宣传：赛事组织方有没有对城市居民进行环保宣传工作。

3.1.2 是否进行城市环境治理：由于赛事举办而促使城市环保部门对城市环境的治理工作。

3.2 环境破坏与资源消耗：由于举办体育赛事而给举办地造成的环境破坏和资源消耗

3.2.1 破坏自然环境的面积：由于体育赛事的筹备而破坏的自然环境的面积。

3.2.2 产生的垃圾量：体育赛事的观众、志愿者、组织人员在赛事举办期间所产生的垃圾量。

3.2.3 二氧化碳等有害气体排放量：由于体育赛事的举办而给举办地所带来的二氧化碳等有害气体的排放量。

3.2.4 水资源消耗量：由于举办体育赛事而造成的水资源消耗。

3.2.5 能源消耗量：由于举办体育赛事而造成的能源消耗。

附件六　体育赛事综合影响事前评估研究
专家咨询评议表（第二轮）

尊敬的专家：

在您的热情支持下，第一轮专家咨询已顺利完成。在此，我们向付出宝贵时间和辛勤劳动的您表示万分的感谢！第一轮专家的积极系数是100%，很多专家除了认真填写各项表格外，还对指标体系设计提出了建设性意见，占有效咨询专家的42.9%。

我们通过对第一轮回收咨询表的统计分析，并综合各专家的意见，对指标体系进行了修改，形成第二轮专家咨询表，本次咨询的主要目的是确定指标的权重。所有填答问题我们只用于研究分析，恳请各位专家放心填答，不要出现漏答。

我们知道，您在体育赛事或相关领域有着很高的理论水平和丰富的实践经验，基于此，您的任何意见和指导对我们无疑是非常重要的。我们真诚期望继续得到您的指导和协助。由于时间紧迫，恳请您在繁忙事务中抽出时间填答咨询表并尽快反馈。对于您在百忙之中给予我们的热情支持，我们表示衷心感谢！

此次同时寄出的还有一份专家咨询收款回执单，很抱歉请您先填写相关信息，并随同您已经填写好的第二轮专家评议表一起寄回给我们，随后我们会尽快将专家咨询费寄给您，谢谢您的大力配合！

顺祝您身体健康！工作顺利！

上海体育学院经济管理学院

国家社科基金项目《体育赛事项目事前评估体系研究》课题组

2008.11.20

1. 定义

算术均数：表示专家意见的集中程度，算术均数越大，说明对应的指标的重要性越高，可操作性越好，敏感度越强。本研究咨询中专家对各级指标的重要性、可操作性和敏感性进行判断，分为很好、较好、一般、较差、很差，分别赋值9、7、5、3、1分，因此算术均数取值在1—9分。

标准差：表示专家意见的协调程度，说明专家对该指标相对重要性、相对可操作性和相对敏感性的波动程度，或者说是协调程度。标准差越小，专家们对该指标的协调程度越高。

2. 第一轮专家意见说明

在第一轮专家咨询中，共有6位专家对指标体系提出了建议。

有的专家提出"不同的赛事，对经济、社会和环境的影响是不一样的，并建议对赛事进行分类"。这一点在相关背景材料中已经说明，为了研究的方便，本书对体育赛事的类型进行了限制，特指的国际性的大型单项体育赛事。

有的专家提出一级指标中除了经济影响、社会影响、环境影响之外，还应包括对赛事本身的影响。这一点需要说明的是，本书所研究的体育赛事综合影响是指"赛事对举办地的影响"，不包括对赛事自身的影响。

有的专家提出在负面的社会影响中还应该包括"赛后场馆的闲置"这一指标。这一点在相关背景材料中已经说明，本研究中与"体育场馆建设有关的影响"不在本书的评估框架体系内。

有的专家提出在赛事经济影响中"赛事给举办地带来的新的消费额"应包含在"对举办地宏观经济的积极影响中"。这一点需要说明的是，从现有研究成果看，体育赛事给举办地带来的新的消费额确实是赛事给举办地宏观经济产生积极影响的主要动力，两者有关联，因此专家提出的建议是合理的，但考虑到赛事给举办地带来的新的消费额在赛事经济影响中非常重要，占有举足轻重的地位，故本书在指标设置中决定将其定为二级指标。

此外，很多专家对指标的增减问题也提出了实质性建议，经过认真分析，笔者采纳了专家的大部分意见，具体体现在对指标体系的修改方面。

3. 指标体系修改情况

根据第一轮专家咨询的结果，综合考虑以下几个方面的因素，包括专家关于指标重要性、可操作性和敏感性的评分结果（算术均数、标准差等）、目前我国体育赛事产业发展的现状和水平、所选指标与体育赛事综合影响的紧密程度以及指标之间的相互替代性等，我们对指标体系草案进行了一定的修改，形成了第二轮专家咨询问卷。

（1）删除的指标

二级指标：交通拥挤成本、噪音污染。

三级指标：外来观众及游客人数、额外时间成本、环境污染成本、交通事故成本。

（2）增加的指标

二级指标：对赛事相关产业的拉动；安全隐患及恐怖主义。

三级指标：政府税收增加量；居民收入增长额；政府财政支出额；交通堵塞及拥挤成本；消费指数的上升程度；安全隐患及恐怖主义事件发生的概率。

（3）修改的指标

二级指标：将"赛事组织者获得收益"改为"赛事运作获得会计收益"；将"环境破坏与资源消耗"指标分拆为"环境污染与破坏"及"资源消耗"两个指标。

三级指标：将"赛事运作收入"和"赛事运作成本"两个指标合并为"赛事收入与成本的差额"；将"犯罪率上升程度"改为"犯罪及破坏公物行为"。

体育赛事综合影响事前评估理论与方法体系研究
专家咨询意见（第二轮）

填表说明：请您将您的意见填在下表的"第二轮专家咨询意见"栏

内，在填写时可以参考第一轮专家咨询的结果（结果解释见附件一，新增的指标以"＊"标注，没有参考数据）

（1）指标的重要性：在评估指标体系中，该指标的重要程度和代表性。指标越重要，代表性越好，能够较好地体现体育赛事对举办地的影响，指标的重要性就越高。

（2）指标的可操作性：在实际评估工作中，获取该指标的难易程度和可信程度。指标越容易获得，可信程度越高，指标的可操作性就越高。如果指标数据难以获取，或者获取可靠数据比较困难，或者获取的数据难以保证可靠，或者需要大量人财物力，指标的可操作性就越低。

（3）指标的敏感性：是指在实际评估中，指标对体育赛事的举办与否具有较好的反映能力，即灵敏度。

您在评价指标的重要性、可操作性和敏感性时，请根据您的判断对指标进行评分，分值范围为1—10分，分值越高，说明该指标越重要、可操作性越强或敏感性越高。

（4）在填写专家"对指标的熟悉程度"时，请您根据您对体育赛事综合影响相关指标的熟悉程度进行评估，且将评价等级填写在相应的空格中。"对指标的熟悉程度"分为1、2、3、4、5五个等级，等级越高，表明您对该指标的熟悉程度越高。

（5）如果您对指标名称、表述或其他方面有不同看法，请将您的意见或建议填写在"您的意见或建议"栏内，若需增加指标，请填写在"＊＊（填写您建议增加的指标）"空格里，同时对增加的指标进行各项评分。我们期待您的宝贵意见！

（6）请您对重要性、可操作性和敏感性三者之间进行分值分配。如果以总分100分为标尺，您认为在指标选择中，对于指标的重要性、可操作性和敏感性，应当如何分配它们之间的分值，才比较合适？

	分值
指标重要性	
指标可操作性	
指标敏感性	
总分	100分

一 一级指标评价表

一级指标	第一轮专家咨询结果						第二轮专家咨询意见				
	重要性		可操作性		敏感性		重要性 (1—10)	可操作性 (1—10)	敏感性 (1—10)	您对指标的熟悉程度 (1—5)	您的意见或建议
	算数平均数	标准差	算数平均数	标准差	算数平均数	标准差					
1. 经济影响	8.14	1.51	7.62	1.89	7.71	1.86					
2. 社会影响	8.57	0.85	7.46	1.20	8.43	0.94					
3. 环境影响	7.00	1.92	7.15	2.23	7.57	1.83					

二 二级评价指标

一级指标	二级指标	第一轮专家咨询结果						第二轮专家咨询意见				
		重要性		可操作性		敏感性		重要性 (1—10)	可操作性 (1—10)	敏感性 (1—10)	您对指标的熟悉程度 (1—5)	您的意见或建议
		算数平均数	标准差	算数平均数	标准差	算数平均数	标准差					
经济影响	正面影响											
	1.1 赛事给举办地带来的新的消费额	8.00	1.71	6.86	1.99	7.14	2.14					
	1.2 对举办地宏观经济的积极影响	7.29	1.54	6.29	1.86	6.57	1.60					
	1.3 对赛事相关产业的拉动											

续表

一级指标	二级指标	第一轮专家咨询结果						第二轮专家咨询意见				
		重要性		可操作性		敏感性		重要性（1—10）	可操作性（1—10）	敏感性（1—10）	您对指标的熟悉程度（1—5）	您的意见或建议
		算数平均数	标准差	算数平均数	标准差	算数平均数	标准差					
经济影响	1.4 城市知名度和城市形象的提升	8.69	0.75	7.62	1.50	8.23	1.30					
	1.5 赛事运作获得会计收益	6.43	1.83	8.29	0.99	7.14	1.99					
	负面影响											
	1.6 赛事运作的经济风险	8.00	1.52	7.14	1.66	7.71	1.49					
	正面影响											
社会影响	2.1 居民自豪感	7.86	1.51	6.86	1.66	7.00	2.00					
	2.2 提高居民生活质量	6.71	1.54	5.86	2.18	6.00	2.32					
	2.3 扰乱举办地居民的正常生活	6.85	1.52	6.54	1.66	6.54	1.66					
	负面影响											
	2.4 安全隐患及恐怖主义											
环境影响	正面影响											
	3.1 改善环境	8.00	1.04	7.71	0.99	7.77	1.3					
	负面影响											
	3.2 环境污染与破坏	6.29	2.55	6.29	2.30	6.23	2.52					
	3.3 资源消耗	6.29	2.55	6.29	2.30	6.23	2.52					

三 三级评价指标

二级指标	三级指标	第一轮专家咨询结果						第二轮专家咨询意见				
		重要性		可操作性		敏感性		重要性 (1—10)	可操作性 (1—10)	敏感性 (1—10)	您对指标的熟悉程度 (1—5)	您的意见或建议
		算数平均数	标准差	算数平均数	标准差	算数平均数	标准差					
赛事给举办地带来的新的消费额	1.1.1 外来游客的消费	7.86	1.51	6.29	2.02	6.29	2.02					
	1.1.2 赛事组织在本地的支出额	7.29	2.05	7.43	1.95	6.29	2.30					
对举办地发观经济的积极影响	1.2.1 对举办地 GDP 的贡献率	7.43	1.95	6.00	1.88	6.29	2.43					
	1.2.2 政府税收收入增加额											
	1.2.3 新增就业岗位数	7.86	1.88	7.14	2.14	7.29	2.33					
	1.2.4 居民收入增加额											
对赛事相关产业的拉动	1.3.1 对赛事相关产业 GDP 的贡献率	7.71	1.27	6.71	1.54	6.57	2.24					
城市知名度和城市形象的提升	1.4.1 参与赛事的国家数	8.38	0.96	8.38	1.26	8.08	1.32					
	1.4.2 参与报道的媒体数量	8.54	0.88	8.54	0.88	8.23	1.01					
	1.4.3 参与报道的媒体级别	8.69	0.75	8.69	0.75	8.08	1, 04					
赛事运作获得会计收益	1.5.1 赛事收入与成本的差额	8.29	1.27	8.14	1.70	7.57	1.99					
赛事运作的经济风险	1.6.1 政府财政支出额											

续表

二级指标	三级指标	第一轮专家咨询结果						第二轮专家咨询意见				
		重要性		可操作性		敏感性		重要性（1—10）	可操作性（1—10）	敏感性（1—10）	您对指标的熟悉程度（1—5）	您的意见或建议
		算数平均数	标准差	算数平均数	标准差	算数平均数	标准差					
居民自豪感	2.1.1 居民自豪感的价值量	7.71	1.49	6.71	1.90	7.14	1.83					
提高居民生活质量	2.2.1 是否能使居民获得休闲机会	6.86	1.46	6.29	1.49	6.00	1.71					
	2.2.2 是否能增强居民体育健身意识	7.14	1.99	5.86	1.70	6.29	2.30					
	2.2.3 是否能提供居民学习新事物、新技能的机会	6.29	2.30	5.57	2.14	5.57	2.41					
	2.2.4 是否能提供居民直接参与的机会	6.29	2.43	5.71	2.30	5.86	2.44					
扰乱举办地居民的正常生活	2.3.1 交通堵塞及拥挤成本	7.14	1.66	7.00	1.57	6.86	1.83					
	2.3.2 噪声污染的损害价值量	6.14	1.88	5.43	1.79	5.43	1.95					
	2.3.3 犯罪及破坏公物行为	6.43	1.99	6.43	1.99	6.14	2.32					
	2.3.4 消费指数的上升程度											
改善环境	3.1.1 是否进行环保宣传	7.57	1.99	7.29	1.90	6.86	2.14					
	3.1.2 是否进行城市环境治理	8.29	0.99	8.00	1.30	7.71	1.27					
环境破坏	3.2.1 破坏自然环境的面积	7.00	2.08	6.71	2.05	6.43	2.28					
	3.2.2 产生的垃圾量	7.00	1.57	7.00	1.57	6.57	1.79					
	3.2.3 二氧化碳等有害气体排放量	6.14	2.80	5.43	2.85	5.43	2.95					
资源消耗	3.3.1 水资源消耗量	6.71	1.73	6.29	2.30	6.14	1.88					
	3.3.2 能源消耗量	7.00	1.57	6.71	1.90	6.29	2.02					

附件七 2009 年"上海 ATP1000 大师赛"事前评估表

各位专家：

您好！本部分是国家社科项目《体育赛事项目事前评估理论与方法体系研究》的实证部分。在理论部分，我们已经通过内容分析法（分析内容：国外学术文献和评估报告）和德尔菲法（两轮，14 位国内赛事领域专家），最终得到了一般意义上的体育赛事综合影响事前评估指标体系。为了验证这一指标体系运用的可行性，我们拟对 2009 年上海 ATP1000 大师赛做一个实证分析。请各位专家根据 2009 年上海 ATP1000 大师赛的实际情况，对每个指标的重要程度进行评判，以便我们在实际评估中对评估指标进行选择。

上海体育学院经济管理学院

国家社科基金项目《体育赛事项目前评估理论与方法体系研究》课题组

2009.2.15

指标名称	很重要	较重要	一般	较不重要	不重要
1 经济影响					
1.1 给举办地带来的新的消费					
1.1.1 外来游客的消费额					
1.1.2 赛事组织在本地的支出额					
1.2 对宏观经济指标的积极影响					
1.2.1 对 GDP 的贡献率					
1.2.2 政府税收收入增加量					
1.2.3 新增就业岗位数					
1.2.4 居民收入增加额					
1.3 对赛事相关产业的拉动					
1.3.1 对赛事相关产业 GDP 的贡献率					
1.4 提升城市知名度和城市形象					
1.4.1 参与赛事的国家数					
1.4.2 参与报道的媒体数量					

续表

指标名称	很重要	较重要	一般	较不重要	不重要
1.4.3 参与报道的媒体级别					
1.5 赛事运作获得会计收益					
1.5.1 赛事收入与成本的差额					
1.6 赛事运作的经济风险					
1.6.1 政府财政支出额					
2 社会影响					
2.1 居民的自豪感					
2.1.1 居民自豪感的价值量					
2.2 提高居民生活质量					
2.2.1 居民获得休闲机会的概率					
2.2.2 居民增强体育健身意识的概率					
2.2.3 居民学习新事物、新技能机会的概率					
2.2.4 居民直接参与赛事及相关活动的概率					
2.3 扰乱举办地居民的正常生活					
2.3.1 交通堵塞及拥挤成本					
2.3.2 噪音污染的损害价值量					
2.3.3 犯罪及破坏公物行为					
2.3.4 消费指数的上升程度					
2.4 安全隐患及恐怖主义					
2.4.1 安全隐患及恐怖主义事件发生的概率					
3 环境影响					
3.1 改善环境					
3.1.1 对居民进行环保宣传的概率					
3.1.2 进行城市环境治理的概率					
3.2 环境污染与破坏					
3.2.1 破坏自然环境的面积					
3.2.2 产生的垃圾量					
3.2.3 二氧化碳的排放量					
3.3 资源消耗					
3.3.1 水资源消耗量					
3.3.2 能源消耗量					

图书在版编目(CIP)数据

体育赛事综合影响事前评估 / 黄海燕著. -- 北京：
社会科学文献出版社，2017.12
ISBN 978 - 7 - 5201 - 1842 - 2

Ⅰ.①体… Ⅱ.①黄… Ⅲ.①运动竞赛 - 组织管理 -
研究 Ⅳ.①G808.22

中国版本图书馆 CIP 数据核字（2017）第 289586 号

体育赛事综合影响事前评估

著 者／黄海燕

出 版 人／谢寿光
项目统筹／邓泳红
责任编辑／梅 玫 陈 雪

出 版／社会科学文献出版社·皮书出版分社 （010）59367127
地址：北京市北三环中路甲 29 号院华龙大厦 邮编：100029
网址：www.ssap.com.cn
发 行／市场营销中心 （010）59367081 59367018
印 装／三河市东方印刷有限公司

规 格／开 本：787mm × 1092mm 1/16
印 张：18 字 数：291 千字
版 次／2017 年 12 月第 1 版 2017 年 12 月第 1 次印刷
书 号／ISBN 978 - 7 - 5201 - 1842 - 2
定 价／98.00 元